正說

清朝十二帝

閻崇年◎著

聯經

天命汗努爾哈赤

　　近些年中外出版有關努爾哈赤的傳記、論著、小說以及影視作品達六十多部，説明努爾哈赤是史學界研究的一個熱點，是文藝界創作的一個熱點，也是老百姓關注的一個熱點。

　　在二三十年前並不是這樣。筆者在文革期間寫過一部《努爾哈赤傳》書稿，文革結束後，某出版社擬出版。在討論選題時，一位負責人説，「三家村」鄧拓、吳晗、廖沫沙的傳記還沒有出版，怎麼就出版寫外國人的傳記呢！這本書稿因被擱下，直到1983年才由北京出版社出版。可見當時人們對努爾哈赤陌生到何種程度。

　　現在，努爾哈赤不僅在國內成為熱點，在國外也備受關注。一位西方學者説，西方人最關注的中國古代英傑人物是成吉思汗和努爾哈赤。在中國燦若星漢的歷史人物中，不乏秦皇、漢武、唐宗、宋祖這樣的傑出帝王，而他們為什麼更鍾情於成吉思汗和努爾哈赤？主要原因可能是兩人都是少數民族人，由少數民族入主中原，統治以漢族為主、人口眾多的多民族國家，不能不説是個奇蹟。同成吉思汗相比，努爾哈赤的傳奇色彩似乎更濃。在中國自秦始皇以降兩千多年的皇朝歷史中，屹立二百年以上的大

1

一統皇朝只有西漢、唐、明、清。大清帝國佔據中國歷史舞台長達二百六十八年，為自秦以降整個中國皇朝歷史的八分之一。而漢高祖劉邦、唐高祖李淵、明太祖朱元璋，都是漢人，只有清太祖努爾哈赤是少數民族人。努爾哈赤在中華文明史上開創了一個時代，由他奠基的大清帝國，到康乾盛世時，成為當時世界上人口最多、幅員最遼闊、經濟富庶、文化繁榮、國力強盛的大帝國。努爾哈赤作為大清帝國的奠基人，作為一個新時代的開創者，對清代歷史有不可磨滅的影響：既播下了「康乾盛世」的種子，也埋下了「光宣衰世」的基因。這就是努爾哈赤死後近三百八十年的今天，人們研究、關心努爾哈赤的關鍵所在。

清宮廷畫家繪滿洲創始女神《佛庫倫像》

近一個世紀以來，史學家研究努爾哈赤，有很多成果，也有很多謎團。努爾哈赤至少留下了十二樁歷史疑案——先世之謎、姓氏之謎、身世之謎、幽弟之謎、殺子之謎、族名之謎、八旗之謎、建元之謎、大妃之謎、葉赫老女之謎、炮傷之謎和遺詔之謎，等等。這些歷史迷霧，還是由滿學家和清史學家們去研究、去廓清吧！我們要探討的是努爾哈赤人生的兩個最大謎底：一個是他事業成功的謎底——努爾哈赤由僻處邊塞的一個拾松子、採蘑菇的少年，成長為偉大的政治家、軍事家，在歷史舞台叱咤

風雲的謎底是什麼？其成功的奧妙何在？另一個是努爾哈赤晚年，特別是他六十八歲那年遭遇「寧遠之敗」，戰無不勝的神話隨之破滅，使得一代天驕鬱鬱而終的謎底又是什麼？

十大功績與成功之謎

有一本美國歷任總統的合傳，提到各屆總統值得歷史學家肯定的歷史功績，有的一二件，多者也不過三四件，有的一件沒有。

努爾哈赤活了六十八歲（1559～1626），他從二十五歲（1583）起兵，到生命結束，政治軍事生涯四十四年。歷史學家盤點努爾哈赤的歷史貢獻，舉其大端，共有十件。

統一女真各部

金亡後，女真各部紛爭不已，強淩弱，眾暴寡，元、明三百年來，未能實現統一。努爾哈赤興起，採用「順者以德服，逆者以兵臨」的策略，經過三十多年的征撫，實現了女真各部的大統一。今天世界上有那麼多的民族內部的爭鬥廝殺，其原因之一是沒有一位傑出的民族領袖能將本民族各種利益集團協調統一起來。可見，努爾哈赤促成女真——滿洲的民族大統一，確是一件非常了不起的事。

統一東北地區

明中期以後皇權衰落，已不能對東北廣大地區實行有效管轄。努爾哈赤及其

努爾哈赤的盔甲

子皇太極經過艱苦努力，統一了東北：「自東北海濱，迄西北海濱，其間使犬、使鹿之邦，及產黑狐、黑貂之地，不事耕種、漁獵為生之俗，厄魯特部落，以至幹難河源，遠邇諸國，在在臣服。」就是說，擁有東起鄂霍次克海，西北到貝加爾湖，西至青海，南瀕日本海，北跨外興安嶺的地域，實際轄境約有500萬平方公里，和明朝實際控制面積大致相等。東北地區的重新統一，結束了長期相互殺伐擄掠，「介冑生蟣虱」、「黎民遭塗炭」的悲慘局面。這就為康熙二十八年（1689）中俄《尼布楚條約》的簽訂奠定了基礎。如果沒有努爾哈赤對東北的統一，後來沙俄東侵，日本南進，列強爭逐，東北疆域會被誰人佔有，實在難卜。

制定滿族文字

金滅亡後，通曉女真文的人越來越少，到明朝中期已逐漸失傳。滿語屬阿爾泰語系滿—通古斯語族，滿洲沒有文字。努爾哈赤興起後，建州與朝鮮、明朝的來往公文，由一個名叫龔正陸的漢人用漢文書寫；在向女真人發佈軍令、政令時，則用蒙古文，一般女真人既看不懂，也聽不懂。明萬曆二十七年（1599），努爾哈赤命巴克什額爾德尼和紥爾固齊噶蓋，用蒙古字母拼寫滿語，創制滿文，這就是無圈點滿文（老滿文），皇太極時改進為有圈點滿文（新滿文）。滿文是拼音文字，有6個母音字母、22個輔音字

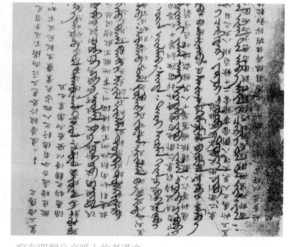

寫在明朝公文紙上的老滿文

母和10個特定字母。滿語文成為清朝官方語言和文字。當時,東北亞滿—通古斯語族的各民族,除滿洲外都沒有文字。滿文記錄下東北亞地區文化人類學的珍貴資料,並成為滿漢、中西文化交流的重要橋樑。後來耶穌會士通過滿文將「四書」、「五經」翻譯到西方。所以,努爾哈赤主持創制滿文,是滿族發展史上的一塊里程碑,也是中華文化史和東北亞文明史上的一件大事。

創建八旗制度

努爾哈赤利用女真原有的狩獵組織形式,創建八旗制度。原來女真人狩獵時各出一支箭,每十人中立一個總領,總領稱牛錄額真(牛錄,大箭的意思;額真,首領的意思),後來這個相當於狩獵小組組長的牛錄額真成為一級官名,牛錄成為最基層的組織。屯墾田地,徵丁披甲,納賦服役,都以牛錄為計算單位。努爾哈赤在此基礎上加以改組、發展、擴大和定型,創立八旗制度。規定:每三百人設一牛錄額真,五個牛錄設一甲喇額真,五個甲喇設一固山額真。固山是滿洲戶口和軍事編制的最大單位,每個固山有特定顏色的旗幟,所以漢語譯固山為「旗」。原有黃、白、紅、藍四旗,後又增添四旗,在原來旗幟的周圍鑲邊,黃、白、藍三色旗鑲紅邊,紅色旗鑲白邊。這樣,共有八種旗幟,稱為「八旗」,即滿洲八旗。後來又逐漸增設蒙古八旗和漢軍八旗,統稱八旗,實際是二十四旗。八旗制度「以旗統軍,以旗統民」,平時耕田打獵,戰時披甲上陣。八旗制度以八旗為紐帶,將全社會的軍事、政治、經濟、行政、司法和宗族聯結成為一個組織嚴密、生氣蓬勃的社會機體。八旗制度是努爾哈赤的一個創造,是清朝的一個核心社會制度,也是清朝定鼎燕京、入主中原、統一華夏、穩定政權的一個關鍵。

促進滿族形成

建州女真的統一，女真各部的統一，東北地區的統一，諸族的融合，各部的聯姻，八旗的創建，滿文的創制，使得新的滿族共同體出現在中華

近年復建的赫圖阿拉城汗王殿

民族大家庭之中。滿族是以建州女真為核心，以海西女真為主體，吸收部分漢人、蒙古人、達斡爾人、錫伯人、朝鮮人等組成的一個新的民族共同體。為反映這個滿族共同

體形成的事實，皇太極於天聰九年（1635）十月十三日，詔諭曰：「我國建號滿洲，統緒綿遠，相傳奕世。自今以後，一切人等，止稱我國滿洲原名，不得仍前妄稱。」從此，滿洲族的名稱正式出現。滿洲族初為東北邊隅小部，繼而形成民族共同體，以至發展到當今千萬人的大民族。滿洲族肇興的領袖，就是清太祖努爾哈赤。

建立後金政權

創大業者，必立根本。如果一個邊疆少數民族首領不能創建一個政權，他就不能企望在中國建立一個王朝。萬曆四十四年（1616），努爾哈赤作為一個僻處邊境一隅的滿洲族首領，以赫圖阿拉為中心，參照蒙古政權、特別是中原漢族政權的範式，登上汗位，建立後金。從此有了鞏固的

根據地，以支持其統一事業的進一步發展。爾後，他克瀋陽、佔遼陽，奪廣寧、據義州。都城先遷遼陽，繼遷瀋陽。其子皇太極，於天聰十年（1636）四月，改元崇德，國號大清。自天命元年（1616）至宣統三年（1911），共歷二百九十六年。努爾哈

《滿洲實錄‧努爾哈赤建元即位》

赤「經始大業，造創帝基」，是大清帝國的開創者和奠基人。

豐富軍事經驗

努爾哈赤戎馬生涯長達四十四年，史稱他「用兵如神」，是一位優秀的軍事統帥。他締造和指揮的八旗軍，在17世紀前半葉，不僅是中國最富有戰鬥力的一支軍隊，而且是世界上最強大的一支騎兵。努爾哈赤統帥這支軍隊，先後取得古勒山之役、烏碣岩之役、哈達之役、輝發之役、烏拉之役、撫清之役、薩爾滸之役、葉赫之役、開鐵之役、瀋遼之役、廣寧之役和覺華島之役十二次大捷。其中古勒山之戰、薩爾滸之戰、瀋遼之戰、廣寧之戰和覺華島之戰，為其精彩之筆。他在軍事謀

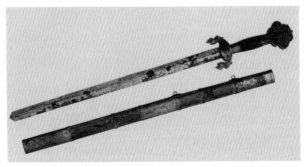

努爾哈赤御用劍

7

略上，在指揮藝術上，集中兵力、各個擊破、圍城攻堅、裏應外合、鐵騎馳突、速戰速決，體現了高超的智慧。在薩爾滸之戰中，他採取「恁爾幾路來，我只一路去」的兵略，創造了中國軍事史上集中兵力、以少勝多的經典戰例。他在軍隊組織、軍隊訓練、軍事指揮、軍事藝術等方面的作為，都可圈可點。特別是在作戰指揮藝術上，他對許多軍事原則，如重視偵察、臨機善斷、誘敵深入、據險設伏、巧用疑兵、驅騎馳突、集中兵力、各個擊破、一鼓作氣、速戰速決、用計行間、裏應外合等，都能熟練運用並予以發揮，豐富了中華古代軍事思想的寶庫。

制定撫蒙政策

自秦、漢以來，北方遊牧民族一直是中央王朝的心頭大患。為此，秦始皇削平諸侯後連接六國長城為萬里長城。至明代，京師兩次遭北騎困擾，明英宗甚至成了瓦剌兵的俘虜。徐達與戚繼光為固邊防，也大修長城。努爾哈赤興起後，對蒙古採取了既不同於中原漢族皇帝、也不同於金代女真皇帝的做法。他用編旗、聯姻、會盟、封賞、圍獵、賑濟、朝覲、重教等政策，加強對蒙古上層人物及部民的聯繫與轄治。後漠南蒙古編入八旗，成為其軍政的重要支柱；對喀爾喀蒙古實行旗盟制；對厄魯特蒙古實行外扎薩克制。其聯姻不同於漢、唐的公主下嫁，而是互相婚娶，真正成為兒女親家。這是歷朝中央政權（元朝除外）對蒙古治理政策的重大創革。中國兩千年古代社會史上的北方遊牧民族難題，至清朝才算得以解決。後康熙帝說：「昔秦興土石之工，修築長城。我朝施恩於喀爾喀，使之防備朔方，較長城更為堅固。」清朝對蒙古的撫民固邊政策，其肇始者就是努爾哈赤。

推進社會改革

努爾哈赤在四十多年的政治生涯中，不斷地推進社會改革。在政權機

制方面，他逐步建立起以汗為首，以五大臣、八大貝勒為核心的領導羣體，並通過固山、甲喇、牛錄三級組織，將後金社會的軍民統制起來。爾後，創立八和碩貝勒共議國政制——並肩同坐，共議大政，斷理訴訟，舉廢國汗，即實行貴族共和制。但此制度在努爾哈赤死後未能繼續實施。在經濟機制方面，他先後下令實行牛錄屯田、計丁授田和按丁編莊制度，將牛錄屯田轉化為八旗旗地，奴隸制田莊轉化為封建制田莊。隨着八旗軍民遷居遼河流域，女真由牧獵經濟轉化為農耕經濟，在社會文化方面，也初步實現了由牧獵文化向農耕文化的轉變。

決策遷都瀋陽

此前，遼設五京，沒有瀋陽；金設五京，也沒有瀋陽；元朝東北行政中心在遼陽；明朝遼東軍政中心，先在廣寧，後在遼陽。天命十年即天啟五年（1625），努爾哈赤決定遷都瀋陽，但遭到貝勒諸臣反對。理由是：近來正在修建東京遼陽，宮室已經建好，老百姓的住所還沒有最後完工。本來年景就不好，遷都要大興土木、勞民傷財。天命汗力主遷都瀋陽，説：

> 瀋陽形勝之地，西征明，由都爾鼻渡遼河，路直且近；北征蒙古，二三日可至；南征朝鮮，可由清河路以進；且於渾

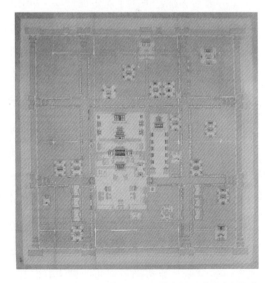

清人繪《盛京宮闕圖》

盛京皇宮大政殿與十王亭

> 河、蘇克蘇滸河之上流，伐木順流下，以之治宮室、為薪，不可
> 勝用也；時而出獵，山近獸多；河中水族，亦可捕而取之。朕籌
> 此熟矣，汝等寧不計及耶！

　　努爾哈赤綜合考量了歷史與地理、社會與自然、政治與軍事、民族與
物產、形勝與交通等因素，而作出遷都瀋陽的重大決策。於是，瀋陽第一
次成為都城。努爾哈赤遷都瀋陽，促進了遼河地域的經濟開發。他注重採
獵經濟，發明人參煮曬法，使部民獲得厚利，「滿洲民殷國富」。他關注
採煉業，萬曆二十七年（1599），建州「始炒鐵，開金、銀礦」，開始較大
規模地採礦、冶煉。他尤為重視手工業生產，包括軍器、造船、紡織、製
瓷、煮鹽、冶鑄、火藥等。明朝也稱其「製造什物，極其精工」。他對進
入女真地區的工匠「欣然接待，厚給雜物，牛馬亦給」。他曾說，有人以
東珠、金銀為寶，那是什麼寶呢！天寒時能穿嗎？飢餓時能吃嗎？……能
製造出國人所製造不出的物品的工匠，才是真正之寶。遷都瀋陽後，經努
爾哈赤、皇太極父子兩代的開發，瀋陽及遼河地區的經濟與社會得到全
面、迅速發展，並帶動了東北地域經濟與文化的發展。清朝遷都北京後，
瀋陽成為陪都。似可以說，近代遼河流域、瀋海地帶的區域經濟開發，清

太祖努爾哈赤是其經始者。

　　努爾哈赤一生打過十二次大勝仗，留下十大歷史功績，他的人生軌蹟可以説是光彩奪目。人們在談論努爾哈赤時，多沉迷於他巔峰時刻的輝煌，卻常常忽略他攀援過程的艱辛。努爾哈赤幼年喪母，繼母那拉氏刻薄寡恩，家庭不睦，兄弟們鬧着分家。父親塔克世聽了繼母的挑唆，給他的產業極少，不夠維持生活。努爾哈赤青少年時代吃盡了苦，挖人參、採蘑菇、揀榛子、摘木耳、拾松子，然後將這些東西運到撫順馬市去賣，以此來維持生活。在他二十五歲那年，更大的不幸降臨了，其祖父和父親同時死於明軍攻城的炮火。這一事件，對努爾哈赤以後的人生道路產生了決定性的影響。

　　關於這件事的前因後果，還要從王杲之死談起。在當時的建州女真中，以王杲勢力最強。王杲曾帶兵進犯明遼東首府遼陽，殺死指揮王國棟。後王杲被俘，被解送到北京問斬。王杲死後，他的兒子阿台為報父仇，襲殺明軍。萬曆十一年 (1583) 二月，明將李成梁提兵直搗阿台的住地古勒寨。阿台妻子的祖父是努爾哈赤的祖父覺昌安。覺昌安為了使孫女免於戰難，也為着減少城內居民傷亡，便同努爾哈赤的父親塔克世一同進城，打算勸説阿台投

盛京城鐘樓舊影

清太祖努爾哈赤像

降。建州女真圖倫城的城主尼堪外蘭，裏通明朝，導引攻城，向城上守軍喊話說：「李太師有令，誰殺死阿台，誰就做古勒城的城主！」果然，城裏出現內奸，城被攻破，覺昌安和塔克世也死於戰火。努爾哈赤得到父、祖蒙難的噩耗，捶胸頓足，悲痛欲絕。他質問道：「我祖、父為何被害？你們與我有不共戴天之仇！」明朝派官員謝過說：「非有意也，是誤殺耳！」明軍送還覺昌安和塔克世的遺體，朝廷賞給努爾哈赤「敕書三十道，馬三十匹」，還封他為指揮使。但是，努爾哈赤怒氣未消，又不敢直接同明朝衝撞，便遷怒於尼堪外蘭。是年五月，努爾哈赤以報父、祖之仇為名，以「十三副遺甲」，率領百餘人的隊伍，向尼堪外蘭的駐地——圖倫城進攻，拉開了女真統一戰爭的歷史帷幕。

經過十二次大的戰役，這位苦難青年先是統一了女真各部，繼而統一了東北全境，並成為後金大汗。

努爾哈赤成功的秘密在哪裏？四百多年來，人們有多種解釋。一位教練經過研究認為，一個運動員取得世界大賽的金牌，大約需要156個因素（其中有主有次）。那麼一個偉大的政治家、軍事家的成功，更是需要多種因素的和諧統一。我認為，努爾哈赤的成功，其前提是苦難生活的磨

礎。繼母的寡恩，使他養成自立的性格；馬市的交易，使他大開眼界，廣交朋友；父、祖蒙難，刺激他毅然擺脫常人的平庸生活，踏上王者的征服之路。而更關鍵的因素在於他實現了「四合」——天合、地合、人合、己合。

一説天合

司馬遷説：「究天人之際，通古今之變。」「天」，可以理解為「上天」、「天命」、「天道」、「天意」、「天時」等，這裏説的主要是「天時」。「天時」有大天時，有小天時。魏源説：「小天時決利鈍，大天時決興亡。」明末清初，中國歷史的「天時」到了一個大動盪、大變革的時期。當時的世界上，俄國尚未東越烏拉爾山，葡萄牙到了澳門尚未對明朝形成威脅，日本豐臣秀吉侵略朝鮮兵敗。女真東面的朝鮮，外禍內亂，衰落不堪；西面的蒙古，四分五裂，林丹汗孤立；北面的扈倫，彼此紛爭，

薩爾滸之戰遺址

貝勒落馬；南面的大明，南倭北虜，內憂外患，極端腐敗。努爾哈赤得了大天時，取得了大成功。據統計：《清太祖高皇帝實錄》共 83875 字，其中「天」字 312 個。

葉赫城遺址

　　薩爾滸大戰之勝，原因之一在於得天時。萬曆四十七年（1619）三月初一日，赫圖阿拉地區大雪封山，江河冰凍。明軍四路出師，長途跋涉，山路崎嶇，叢林密佈，冰雪封路，沒能按照原定計劃如期合圍赫圖阿拉；後金兵將熟悉地形，便於設伏，分路出擊。努爾哈赤巧妙利用天時，在明軍形成合圍之前，集中兵力，逐路擊破，奪得勝利。

二說地合

　　地利主要指地形、地勢、地域。赫圖阿拉是一個山環水繞、氣候溫濕、土壤肥沃的寶地，那裏西距撫順二百里，既為關山阻隔利於暗自發展，又有大路通達遼瀋利於驅兵進取。努爾哈赤在這裏建立並擴大基地，這個基地後來發展成東到日本海、東北到庫頁島、北跨外興安嶺、西到青海、西北到貝加爾湖、南到長城的廣大領域。這裏有糧食、皮毛、人參、林木、礦藏等，可以形成一個獨立的自給自足的經濟體系。

　　以瀋遼之戰為例。明軍本來依靠瀋陽、遼陽兩城，佔地利；努爾哈赤在平原攻城，不佔地利。但努爾哈赤設計將城裏的明軍誘出城外，進行野戰，發揮騎兵優長，變不利為有利，取得勝利。

三說人合

人合主要指人際關係。團結一切可以團結的力量，化消極因素為積極因素。當時的政治舞台上，以後金努爾哈赤為一方，明朝萬曆帝、泰昌帝、天啟帝為另一方。明朝皇帝對北方少數民族政策的基本點，就是一個「分」字，分而弱之，間而治之。分則弱，合則強。努爾哈赤則針鋒相對，採取一個「合」字。熊廷弼說：「昔建州諸夷，若王兀堂、王杲、阿台輩嘗分矣，而合之則自奴酋始。」

關於「人合」，可以舉兩個例子。

第一個例子：努爾哈赤率軍攻打翁科洛城，被對方的鄂爾果尼一箭射中，鮮血一直流到腳面。努爾哈赤繼續堅持戰鬥。這時候又有一個叫洛科的人，一箭射到努爾哈赤脖子上。此箭帶反鉤，他往下拔箭，立刻血流如注，他拄着弓從房頂一步一步下來後就休克了。後來攻下翁科洛城，鄂爾果尼和洛科都被抓住了。部下要對他們施以亂箭穿胸之刑，這是當時最殘酷的刑法。努爾哈赤說，兩軍對壘，他們是為自己的主人來射我，這樣的勇士太難得了。不僅給兩人鬆綁，還都授了官。別人一

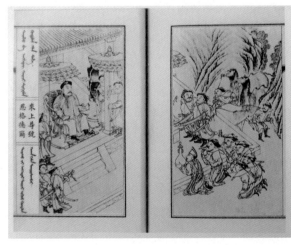

《滿洲實錄‧努爾哈赤上尊號》

看，射他的人都可以寬免，可以授官，那他的自己人，只要做出成績就更可以做官、可以升官了！於是，大家都同心協力地效忠努爾哈赤，在戰場

上勇敢殺敵。

第二個例子，是葉赫老女的例子。葉赫老女是葉赫貝勒布揚古的妹妹，可能長得比較漂亮吧，為了聯絡建州，十三歲就許給了努爾哈赤。但是許完之後並不把她嫁過來，而是隨後又許給哈達的貝勒、輝發的貝勒、烏拉的布占泰，結果這三個部落都被努爾哈赤滅掉。蒙古扎魯特部的介賽也要娶她，葉赫老女誓死不從。介賽就要報復。布揚古又把他妹妹許給喀爾喀部達爾漢貝勒的兒子莽古爾岱。建州得知這個消息之後，貝勒們非常氣憤，認為這個女人許給上（努爾哈赤）已經二十年了，現在又把她許給莽古爾岱，真是奇恥大辱啊！要發兵把她奪回來。努爾哈赤説，為了我們共同的利益可以打他，可為了一個女人打他不好。這個女人是許配給我的，我都沒有生氣，你們那麼生氣幹什麼？結果三十三歲的葉赫老女就嫁給了蒙古的莽古爾岱。這件事情反映了努爾哈赤能夠以大局為重，以和為貴，妥善處理各種關係。

四説己合

雖有天合、地合、人合，若沒有己合，事業也不會成功。己合主要是胸懷開闊、心境豁達，能夠把握自己。這是一個人取得事業成功的基本素質。

萬曆二十一年（1593），葉赫糾合哈達、烏拉、輝發等九部聯軍三萬，分三路向建州古勒山而來。過了渾河之後，晚上軍隊支灶做飯，灶火像天上的星星一樣。探騎回報時臉色都變了，當時努爾哈赤兵不滿一萬，建州官兵人心惶惶。努爾哈赤得到報告時已經是晚上，他聽後照常打着呼嚕就睡着了。妻子富察氏趕緊把他推醒，説：「敵兵壓境了，你怎麼還睡覺啊？你是方寸亂了，還是害怕了？」努爾哈赤説：「要是我方寸亂了，害怕了，我能睡着嗎？起先我不知道這九部聯軍什麼時候來，老是惦記這事。現在知道他們已經來了，我心裏就踏實了。」説完又呼呼睡着了。第

二天早晨，他帶領眾貝勒等祭堂子，爾後統軍出發，一舉奪得了古勒山之戰的勝利。

己合很重要。一個人的健康與長壽，同己合至關密切。與努爾哈赤對立的明朝三個皇帝——萬曆帝好發脾氣、荒淫無度，只活了五十八歲；繼位的泰昌帝登極一個月吞下紅色藥丸死去，只活了三十九歲；天啟帝才活了二十三歲。至於努爾哈赤的子孫們——皇太極脾氣大，特別任性，高血壓，患心腦血管病，突然去世，享年五十二歲。皇太極如能做到「己合」，多活十年，那麼遷都北京、定鼎中原，坐在金鑾殿的一定是皇太極而不是順治。清初有「三祖一宗」，即：清太祖努爾哈赤、清世祖順治、清聖祖康熙和清太宗皇太極。努爾哈赤是清帝國的奠基人，所以廟號太祖；順治入關、定鼎燕京、統一中原，所以廟號世祖；康熙「經文緯武，寰宇一統，雖曰守成，實同開創焉」，所以其廟號也是「祖」。皇太極卻只能得到一個「宗」字。

清太祖努爾哈赤一生善於「天合、地合、人合、己合」，實現了最大的人生價值；而正當他處於事業巔峰的時候，命運卻讓他意外地遭遇了明

明《全遼志·遼東總圖》

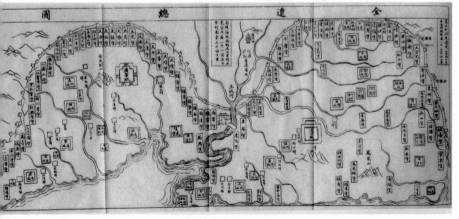

朝書生袁崇煥，他的喜劇人生不得不在悲劇的氛圍中謝幕。

兵敗寧遠及悲劇之因

努爾哈赤一生經歷過許多重大戰役，所向告捷，攻無不克。明天啟二年即天命七年（1622），努爾哈赤大敗明遼東經略熊廷弼和遼東巡撫王化貞，奪取明遼西重鎮廣寧（今遼寧北寧市）。熊廷弼因兵敗失地而被斬，傳首九邊；王化貞也因兵敗棄城而丟官，下獄論死。明廷委任天啟帝的老師、大學士孫承宗為遼東經略。孫承宗出關赴任，巡察邊務，整頓部伍，儲備糧料，積極防禦。他還任用袁崇煥修築寧遠城，加強戰備。整整四年，沒有大的戰事。然而，孫承宗是東林黨的領袖，與以大太監魏忠賢為首的閹黨勢不兩立，雖然身為帝師、大學士，但在黨爭中也受到排擠，辭官回京。接替孫承宗任遼東經略的，是閹黨分子高第。高第上任後，採取消極防禦方略，命山海關外的兵力全部撤到關內。明軍官兵，棄城丟械，湧向關內，兵民塞路，哭聲震野！身為寧前道的袁崇煥拒不

寧遠城東門

從命。寧遠（今遼寧興城）是明軍在遼西失陷廣寧後最重要的軍事堡壘，後金軍進攻明朝首當其衝的就是寧遠城。袁崇煥率領萬餘兵民，獨守孤城寧遠。他佈置火炮——將新從海外引進的西洋大炮（又稱紅夷大炮、紅衣大炮）安放在城上；堅壁清野——將城外的商民、糧草撤到城內，焚燬城外房舍；軍民聯防——安排百姓巡邏放哨、運送火藥；激勵士氣——刺血

宣誓，激以忠義，並親自向官
兵下拜，官兵都決心與袁崇煥
同死生、共赴難。袁崇煥將一
切佈置妥當，靜待敵人來攻。

清太祖諡冊

　　明天啟六年即天命十一年
（1626）正月，六十八歲的努爾
哈赤親率六萬八旗軍，號稱二
十萬大軍，渡過遼河，如入無
人之境，向孤城寧遠猛撲。守城者袁崇煥，四十二歲，進士出身，沒有指
揮過作戰。

　　二十三日，努爾哈赤命離寧遠城五里安營，橫截山海之間的大路。努
爾哈赤採取「先禮後兵」的策略，先放回被俘漢人捎勸降書給袁崇煥說：
「獻城投降，高官厚賞；拒絕投降，城破身亡！」袁崇煥回答說：「義當
死守，豈有降理！」二十四日，努爾哈赤派兵猛力攻城。城堞上，箭頭如
傾盆雨；懸牌上，矢鏃如刺蝟皮。後金兵攻城不下，努爾哈赤命軍士冒死
鑿城挖洞。後金兵將城牆鑿開三四處高約兩丈的洞口，明守軍拋火球、扔
火把燒挖城之敵。當城牆快被挖穿時，袁崇煥親自帶兵用鐵索裹着棉絮蘸
油點燃，垂下來燒挖城之敵。他的戰袍被射破，肩臂受傷，仍舊堅定指

揮，不下火
線。二十五
日，袁崇煥命
用西洋大炮從
城上往下轟
擊，重創八旗
軍。努爾哈赤

清太祖諡寶

福陵圖

對這種新引進的西洋大炮，其來源、特點、性能、威力，一無所知，毫無準備。炮過之處，死傷一片。官兵害怕，畏縮不前。努爾哈赤親自督陣，後金將領持刀驅兵向前，快到城下，畏炮又退。有史料記載：城上西洋大炮擊中黃龍幕，傷一大頭目，用紅布包裹，官兵抬去，放聲大哭。對上述史料，清史界有不同見解。有學者認為：這個「大頭目」就是天命汗努爾哈赤。

努爾哈赤一生戎馬馳騁四十四年，幾乎沒有打過敗仗，可謂常勝統帥。但他佔領廣寧後，年事已高，體力衰弱，深居簡出，怠於理政。他對寧遠守將袁崇煥沒有仔細研究，對寧遠守城炮械也未曾偵知實情。他只看到明朝經略易人等有利因素，而未全面分析彼己，便貿然進兵，圖刻期攻取。但是，寧遠不同於廣寧，袁崇煥也不同於王化貞。努爾哈赤以矛制炮，以短擊長，以勞攻逸，以動圖靜，吞下了驕帥必敗的苦果。後金有一位叫劉學成的人上書分析寧遠之敗的原因，說：「因汗輕視寧遠，故天使汗勞苦。」直言不諱地指出：天命汗努爾哈赤驕傲輕敵，致使兵敗寧遠。

勝利會腐蝕聰明，權力會衝昏頭腦。天命汗晚年，被勝利和權力腐

蝕、蒙蔽，犯下錯誤，吞下苦果。天命十一年（1626）正月的寧遠之敗，是努爾哈赤起兵以來所遭遇到的最重大挫折。此後，他鬱鬱寡歡，陷入苦悶。八月十一日，在瀋陽東四十里的靉堡憂憤而死。《左傳》曰：「君以此始，必以此終。」努爾哈赤以兵馬起家稱汗，又以兵敗寧遠身死，這是歷史的偶然，還是歷史的必然？

瑕不掩瑜，清太祖努爾哈赤雖然在晚年有過一些失誤，犯過一些錯誤，但他仍不失為一位傑出的歷史人物。他把女真社會生產力發展所造成的各部統一與社會改革的需要加以指明，把女真人對明朝專制統治者實行民族壓迫的不滿情緒加以集中，並擔負起滿足這些社會需要發起者的責任。他在將上述的社會需要、羣體願望，由可能轉變為現實、由意向轉化為實際的過程中，能夠剛毅沉着、豁達機智、知人善任、賞罰分明，組成堅強穩定的領導羣體。其時，南有明朝，西有蒙古，東有朝鮮，北有海西。努爾哈赤沒有四面樹

福陵隆恩門

敵，更沒有四面出擊，而是佯順明朝，結好朝鮮，籠絡蒙古，用兵海西；對海西女真各部又採取遠交近攻、聯大滅小、先弱後強、各個吞併的策略；進而形勢坐大，黃衣稱朕，揮師西進，遷鼎瀋陽。他通過建立八旗和創制滿文，以物質與精神這兩條紐帶，去組織、協調、聚結、激發女真的

社會活力，實現歷史賦予女真統一各部與改革社會的任務，並為大清帝國建立和清軍入關統一中原奠下基石。至於大清王朝奠基禮的完成，還有待於他的兒子皇太極。

努爾哈赤個人小檔案

姓名：愛新覺羅・努爾哈赤　　　**出生**：明嘉靖三十八年（1559）

屬相：羊　　　　　　　　　　　**卒年**：天命十一年（1626）

享年：六十八歲　　　　　　　　**謚號**：初謚武皇帝，改謚高皇帝

廟號：太祖　　　　　　　　　　**陵寢**：福陵（瀋陽東陵）

父親：塔克世　　　　　　　　　**母親**：喜塔拉氏，後尊為宣皇后

初婚：十九歲，配偶佟佳氏　　　**配偶**：十六人，皇后葉赫那拉氏

子女：十六子，八女　　　　　　**繼位人**：皇太極（太宗）

最得意：薩爾滸之戰奪得勝利　　**最失意**：兵敗寧遠

最不幸：父、祖被殺害　　　　　**最痛心**：殺死長子褚英

最擅長：謀略

相關閱讀書目推薦

（1）閻崇年：《努爾哈赤傳》，北京出版社，1983 年

（2）閻崇年：《天命汗》，吉林文史出版社，1993 年

（3）閻崇年：《清朝通史・太祖朝》，紫禁城出版社，2003 年

崇德帝皇太極

　　愛新覺羅·皇太極是努爾哈赤第八子，在八大貝勒中排名第四，又被稱為四貝勒。皇太極十二歲喪母，二十歲帶兵打仗，三十五歲登極，在位十七年，五十二歲去世，是清朝繼努爾哈赤之後又一位傑出的政治家、軍事家。

　　皇太極生活在這樣一個時代——當時，中國上空有四顆耀眼的明星：一顆是清太宗皇太極（1592～1643），一顆是明崇禎帝朱由檢（1611～1644），一顆是農民軍領袖李自成（1606～1645），再一顆是蒙古察哈爾部林丹汗（1592～1634）。這四個人，各代表自己民族或集團的利益，參與了那場空前慘烈而又可歌可泣的政治角逐。最後結局是：林丹汗敗死青海打草灘，時年四十三歲；崇禎帝逼迫皇后自殺、砍傷親生女兒、走上煤山自縊，時年三十四歲；李自成在紫禁城做了一天皇帝，敗死在湖北九宮山，時年四十歲。林丹汗、崇禎帝、李自成的基業，最後都歸了皇太極和他的子孫們。

　　皇太極成為最大的贏家絕非偶然，不論是文治還是武功，他顯然都比對手技高一籌。

文治：革弊圖新

皇太極在文治的棋盤上，調整關係，革弊圖新，有四步高棋。

革除弊政，調劑滿漢

努爾哈赤晚年，特別是進入遼河平原以後，實行了一些錯誤政策——大量遷民，按丁編莊，清查糧食，強佔田地，滿漢合居，殺戮諸生，遭到遼東漢民的反抗，民族矛盾十分尖銳。漢人有的向飲用水、食鹽中投毒，有的把豬毒死出售，有的攔路擊殺單獨出行的滿人，有組織的武裝暴動也此起彼伏。努爾哈赤卻沒有停止對漢人的奴役和屠殺，繼續執行高壓政策。結果矛盾進一步激化，人口逃亡，丁壯銳減，田園荒蕪，「民將餓死」，寇盜橫行。

皇太極繼位之後，對其父汗的失誤之策，適時做出調整：

對漢民：他提出「治國之要，莫先安民」，強調滿洲、蒙古、漢人之間的關係「譬諸五味，調劑貴得其宜」。他決定：漢人壯丁，分屯別居；漢族降人，編為民戶；善待逃人，放寬懲治——「民皆大悅，逃者皆止」。

對漢官：漢官原從屬滿洲大臣，自己的馬不能騎，自己的牲畜不能用，自己的田不能耕；官員病故，妻子要給貝勒家為奴。皇太極優禮漢官，以此作為籠絡

皇太極的鹿角椅

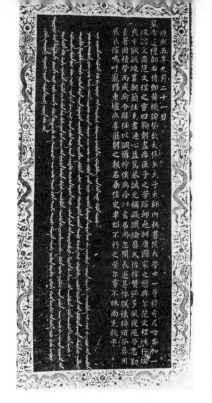

康熙五年（1666年）《范文程諭祭碑》（拓片）

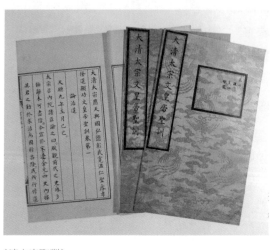

《清太宗聖訓》

漢族上層人物的一項重要政策。對歸降的漢官給予田地，分配馬匹，進行賞賜，委任官職。皇太極重用漢官，范文程是一個例子。「太宗即位，召直左右」，參與軍政大計。每逢議事，總問：「范章京知道嗎？」遇有奏事不當之處，總是說：「為什麼不和范章京商量呢？」大家說：「范章京也這麼說。」太宗就認可。有一次范文程在皇宮裏進食，對着滿桌佳餚美味，想起老父親，停箸不食。太宗明白他的心思，立即派人把這桌酒席快馬送到其家。後來，范文程做到內秘書院大學士，這是清朝漢人任相之始。

對漢儒：「士為秀民，士心得，則民心得矣」，誰擁有更多的優秀人才，並發揮其才能智慧，誰就能戰勝對手。大明有人才卻不能用；大順沒有鴻儒俊彥，牛金星不過是個舉人；而決定大清能否在這場龍虎鬥中取勝的關鍵也在

於能否大量地使用人才。努爾哈赤對明朝生員屠殺過多，對所謂通明者「盡行處死」，其中「隱匿得免者」僅約三百人，都淪為八旗包衣下的奴僕。皇太極下令對這些為奴的生員進行考試，各家主人不得阻撓。這是後金科舉考《清太宗聖訓》試的開端，結果得中者共二百人。他們從原來為奴的身份，盡被「拔出」，獲得自由，得到獎賞。後又舉行漢人生員考試，取中二百二十八人，從中錄取舉人，加以重用。這項舉措，反響強烈，「仁聲遠播」。

族名滿洲，建號大清

皇太極做了兩件大事，影響千古，永存史冊。一件是改族名女真為滿洲。天聰九年（1635）十月十三日，天聰汗皇太極發佈改族名為滿洲的命令，從此，滿洲族（簡稱滿族）的名稱正式出現在中華和世界的史冊上；另一件是改國號大金為大清。天聰十年四月十一日，皇太極在瀋陽皇宮大政殿舉行即皇帝位的典禮，改國號「大金」為「大清」，改年號「天聰」為「崇德」。因為皇太極有兩個年號，所以清朝出現了十二帝十三朝的現象。皇太極為什麼要把國號改為「大清」呢？有一個傳說：努爾哈赤早年逃難時騎着一匹大青馬，慌急趕路，馬被累死。努爾哈赤難過地說：「大青啊大青，將來我得了天下，國號就叫大清！」當然這只是一個傳說，不

清太宗設
六部文檔

27

必深究。皇太極改國號、稱皇帝意在表明：自己不僅是滿洲的大汗，而且是蒙古人、漢人以及所有人的大汗，是大清國臣民的皇帝。

「南面獨坐」，完善體制

隨着後金的發展，皇太極改革並完善政權機構。一是，除掉二貝勒阿敏、三貝勒莽古爾泰，又挾制大貝勒代善，廢除大汗同三大貝勒並坐制，改為皇太極「南面獨坐」，強化君主極權；二是，鞏固和完善八旗制度，逐步設立八旗漢軍，以管理漢軍及其眷屬的軍、政、民等事宜，並擴編八旗蒙古，加強對蒙古的統轄；三是，創設蒙古衙門（崇德三年改稱理藩院），以專門處理民族事務；四是，仿效明制設立內三院、六部、都察院，形成內三院、六部、都察院和理藩院所謂「三院六部二衙門」的政府架構，基本完善了政府組織的體制和架構。

造紅衣炮，創建重軍

天聰汗皇太極在經過寧遠之戰、寧錦之戰和北京之戰三次重大失敗之

皇太極的馬鞍

皇太極的腰刀

後，終於明白了一個道理：戰敗的重要原因是自己沒有最新式武器——紅衣大炮。此炮為西洋人製造，稱作「紅夷大炮」；滿洲忌諱「夷」字而諧

音為「衣」，稱作紅衣大炮。天聰五年（1631）正月，後金仿製的第一批紅衣大炮在瀋陽造成，定名為「天佑助威大將軍」。從此，滿洲終於有了自己製造的紅衣大炮。這是八旗兵器史上劃時代的大事，也是八旗軍事史上的一座里程碑。皇太極在八旗軍設置新營「重軍」，就是以火炮等火器裝備的重型新兵種——炮兵。從此，清軍有的強大騎兵明軍沒有，明軍有的紅衣大炮清軍也開始擁有。

樹立在韓國漢江南岸的『大清皇帝功德碑』

　　這樣，皇太極糾正了他父親晚年所犯下的錯誤，使得後金軍政事業有了新的發展。皇太極死後被謚為「文皇帝」，這個「文」字恰恰說明他一生文治功業的特徵。

武功：四向開拓

　　皇太極在武功的棋盤上，四面出擊，開拓疆域，也有四步高棋。

向東出兵，兩征朝鮮

　　天聰元年（1627）正月，皇太極命二大貝勒阿敏等率軍東征朝鮮。阿敏統率大軍，過鴨綠江，佔領平壤。三月，雙方在江華島殺白馬、黑牛，

焚香、盟誓，定下「兄弟之盟」。崇德元年（1636）皇太極稱帝大典時，朝鮮使臣拒不跪拜，雙方撕扯，仍不屈服。皇太極認為：這是朝鮮國王效忠明朝、對清不從的表現。十二月，皇太極以此為藉口，第二次對朝鮮用兵。皇太極親自統率清軍渡鴨綠江，前鋒直指朝鮮王京漢城。朝鮮國王李倧逃到南漢山城。皇太極也率軍到南漢山城駐營。第二年正月，李倧請降，奉清國正朔，向清帝朝貢。於是，皇太極在漢江東岸三田渡設壇，舉行受降儀式，確立了清同朝鮮的「君臣之盟」。皇太極兩次用兵朝鮮，達到一石三鳥的目的———一是改變了朝鮮依違於明朝和清朝之間的立場，二是得到了來自朝鮮的物資供應，三是解除了南攻明朝的「東顧之憂」。

向北用兵，征撫索倫

皇太極向北用兵，兵鋒直指黑龍江上游、中游和下游地域。皇太極的策略是：「懾之以兵，懷之以德。」達斡爾頭人巴爾達齊居住在精奇里江（今結雅河）多科屯。皇太極將宗室女兒嫁給巴爾達齊，使之成了其額駙（駙馬，侄女婿）。

正面陰刻『天聰汗之牌』的蒙古文信牌

不久，索倫部的許多首領相繼到瀋陽朝貢，表示歸順。崇德年間，皇太極兩次發兵索倫，征討博穆博果爾。雙方在黑龍江上游雅克薩（今俄

羅斯阿爾巴津）、呼瑪爾（今呼瑪）等地遭遇，經過激戰，清軍獲勝，但損失很大。博穆博果爾率餘部北逃。皇太極採用「聲南擊北」的計謀，預先埋伏蒙古騎兵截其逃路，將率眾逃到齊洛台（今俄羅斯赤塔）的博穆博果爾擒獲。皇太極征撫並用，以撫為主，終於使貝加爾湖以東、外興安嶺以南、烏蘇里江至鄂霍次克海的廣闊地域歸屬於清朝。

清太宗時所製『皇帝之寶』

向西用兵，三征蒙古

明清之際，中國蒙古分為三大部：漠南蒙古即內蒙古、漠北蒙古即外蒙古、漠西蒙古即厄魯特蒙古。漠南蒙古位於明朝和後金之間，並同明朝定有共同抵禦後金的盟約。漠南蒙古察哈爾部林丹汗，是元太祖成吉思汗的後裔。他勢力強大，自稱是全蒙古的大汗。明廷每年給林丹汗大量「歲賞」，使其同後金對抗。努爾哈赤時漠南蒙古東邊諸部多歸服後金，但察哈爾部是漠南蒙古諸部對抗努爾哈赤父子的堅強堡壘。皇太極即位後，西向三次用兵，其主要目標是察哈爾部的林丹汗。天聰二年（1628），皇太極利用漠南蒙古諸部的矛盾，同反對林丹汗的喀喇沁等部結盟，首次親統大軍進攻林丹汗。抵敖木倫，獲得勝利，俘獲一萬一千餘人，並乘勝追到興安嶺。四年後，皇太極再次率軍遠征林丹汗，長途奔襲至歸化城（今呼和浩特市）。林丹汗聞訊，驚慌失措，星夜逃遁。皇太極回軍，途中獲得明塞外民眾數萬、牲畜十餘萬。此後，察哈爾部眾叛親離，分崩瓦解。林

丹汗逃至青海打草灘，出痘病死。天聰九年（1635），皇太極命多爾袞等統軍三征察哈爾部。林丹汗的繼承人、其子額哲率部民千戶歸降，並獻上傳國玉璽。據說這顆印璽，從漢朝傳到元朝，元順帝北逃時還帶在身邊，他死後，玉璽失落。二百年後，一個牧羊人見一隻羊三天不吃草，而用蹄子不停地刨地。牧羊人好奇，挖地竟得到寶璽。後來寶璽到了林丹汗手中。皇太極得到「一統萬年之瑞」，如同自己的統治地位得到上天的認可，大喜。他親自拜天，並告祭太祖福陵。對敵二十餘年的察哈爾舉部投降，廣闊的漠南蒙古歸附清朝。

向南用兵，五入中原

皇太極向明朝用兵，先後取得大淩河之戰和松錦之戰的勝利，並五次向關內用兵。第一次是天聰三年（1629），皇太極親自帶領大軍，繞道蒙古地區，攻破大安口，圍攻北京城；第二次是天聰八年，皇太極親統大軍，蹂躪宣府、大同一帶；第三次是崇德元年（1636），皇太極命多羅郡王阿濟格等率軍入關，到延慶，入居庸，取昌平，逼京師。接着，阿濟格統軍下房山，破順義，陷平谷，佔密雲，圍繞明都，蹂躪京畿。此役，清軍阿濟格奏報：凡五十六戰皆捷，共克十六城，俘獲人畜十七萬。他們凱旋時，「豔服乘騎，奏樂凱歸」，還砍木書寫「各官免送」四個大字，以戲藐大明皇朝；第四次是崇德三年，皇太極派多爾袞率軍入關，兵鋒直抵濟南。在長達半年的時間裏，多爾袞轉戰兩千餘里，攻克濟南府城暨三州、五十五縣，獲人、畜四十六萬；第五次是崇德七年，皇太極派阿巴泰率軍入關，橫掃山東一帶，俘獲人口三十六萬、牲畜三十二萬餘頭。皇太極五次大規模入塞，攻打北京，擄掠中州，陷落濟南，其膽識、氣魄、謀略確為雄奇。但他多次派兵入塞，屠城、殺戮、焚燬、搶掠，卻是兵略中之最下者。

謀略：謀位施計

皇太極為什麼能取得上述的文治武功？原因很多，但關鍵在於謀略。謀略是關乎政治家、軍事家心智高下、事業成敗、民族盛衰、國家興亡的大事。下面講四個例子。

精心謀劃，繼承汗位

滿族先人女真像許多遊牧民族一樣，汗位繼承沒有實行嫡長制。努爾哈赤身後的大位由誰來繼承？當時沒有一個制度。努爾哈赤生前為着鞏固權位，先幽死胞弟舒爾哈齊，又殺死長子褚英。努爾哈赤晚年在汗位繼承問題上非常煩惱，他沒有指定繼承人，而是宣佈《汗諭》：實行八和碩貝勒共議推舉新汗和廢黜大汗的制度。所以，他死後，屍骨未寒，汗位之爭立起。當時在諸貝勒中，以四大貝勒的權勢最大，地位最高；此外，還有多爾袞、多鐸。四大貝勒是：大貝勒代善、二貝勒阿敏、三貝勒莽古爾泰、四貝勒皇太極。皇太極在四大貝勒中，座次和年齒均列第四，為什麼卻能登上後金大汗的寶座？因為皇太極在大位爭奪中，長期而巧妙地運用了謀略。

當時的形勢是：二貝勒阿敏是皇太極的堂兄，其父舒爾哈齊

盛京皇宮大政殿內寶座

盛京皇宮崇政殿內景

獲罪被圈禁至死。阿敏自己也犯下大過，自然沒有資格也沒有條件爭奪汗位繼承權；三貝勒莽古爾泰是皇太極的五兄，有勇無謀，生性魯莽，軍力較弱。他的生母富察氏曾因過失獲罪，莽古爾泰竟親手殺死母親。這種人，名聲差，可做統兵大將，但不能做一國之君，更沒有條件爭奪汗位；惟有大貝勒代善，有資格、有條件也有可能繼承汗位。代善性格寬柔、深得眾心，且軍功多、權勢大。努爾哈赤曾預示日後由其襲受汗位，說：「百年之後，我的幼子和大福晉交給大阿哥收養。」大阿哥就是代善。皇太極雖懷大志、藏玄機、有帝王之才，但同代善爭奪汗位，各方面均處於不利的地位，於是不得不暗做手腳。

這裏面有一個故事：努爾哈赤小福晉德因澤向天命汗告訐大福晉兩次備佳餚送給大貝勒，大貝勒受而食之；又送給四貝勒，四貝勒受而未食。又說，大福晉經常派人去大貝勒家，還曾深夜外出宮院。努爾哈赤派人調查屬實。他不願家醜外揚，便藉故處大福晉。這件事在滿洲貴族中曝光後，大貝勒代善的威望大降，已無力爭奪汗位。有人說小福晉德因澤告發大福晉是受到皇太極的指使，以藉大福晉同大貝勒代善難以說清道明的「隱私」，施一箭雙雕之計：既使大貝勒聲名狼藉，又使大福晉遭到懲處。大福晉在這次事件中受了點「傷」，但沒有「死」，不久又得到努爾

哈赤的寵愛。

　　大福晉就是多爾袞、多鐸的生母大妃烏拉那拉‧阿巴亥。阿巴亥十二歲嫁給努爾哈赤，共同生活二十五年。她當時三十七歲，正值盛年，丰姿饒豔。阿巴亥生有三子：當時阿濟格二十二歲、多爾袞十五歲、多鐸十三歲。多爾袞、多鐸兄弟也有資格同皇太極爭奪皇位。要削弱多爾袞、多鐸的力量，最好的辦法就是處死大妃。努爾哈赤死後，皇太極和幾個貝勒稱先汗有遺言，以大福晉殉葬。在皇太極等四大貝勒的威逼下，阿巴亥自縊而死（一說被用弓弦勒死）。阿巴亥死後，多爾袞、多鐸年幼，失去依靠，沒有力量同皇太極爭奪大位。據《清史稿‧索尼傳》記載，多鐸曾說：「當立我，我名在太祖遺詔。」由此看來，努爾哈赤生前或有遺詔，可是至今沒有發現。多爾袞死後議罪，一大罪名就是曾說：「太宗文皇帝之繼位，原係奪立。」所以，皇太極到底是繼位還是奪位？至今學界仍有不同意見。

　　代善失名、多爾袞失母，皇太極在大位爭奪中處於有利地位。新汗的

盛京皇宮中外朝與內廷的分界──鳳凰樓

莊妃居住的永福宮

推舉議商，在廟堂之外進行。代善的兒子貝勒岳託、薩哈璘到其父的住所，說：「四貝勒（皇太極）才德冠世，深契先帝聖心，眾皆悅服，當速繼大位。」代善說：「這是我的夙願！你們所說，天人允協，誰不贊同。」這樣，父子三人議定。第二天，諸王、貝勒、貝子聚於朝。代善將他們的意見告訴二貝勒阿敏、三貝勒莽古爾泰及諸貝勒。沒有發生爭議就取得共識。皇太極經過長達十五年的精心謀劃，終於登上大位。

皇太極初登大汗寶座時，四大貝勒並肩而坐，處理軍政大事，四人輪流分值。爾後，皇太極除掉二貝勒阿敏、三貝勒莽古爾泰，脅服大貝勒代善，終於「南面獨坐」，穩固了權力。

一后四妃，籠絡蒙古

皇太極在盛京立五宮──「一后四妃」，都是蒙古族，都姓博爾濟吉特氏，分屬於蒙古科爾沁部和察哈爾部。皇太極娶異族的「一后四妃」，

主要是出於籠絡蒙古的政治考慮。

皇后博爾濟吉特氏，是蒙古科爾沁貝勒莽古思的女兒。成婚那年，皇太極二十三歲，博爾濟吉特氏十五歲。皇太極繼位後，博爾濟吉特氏成為後金第一夫人，稱中宮——清寧宮大福晉。崇德元年（1636），皇太極登上皇帝寶座後，妻以夫貴，博爾濟吉特氏成為中宮皇后。

皇太極寵愛的還有四位皇妃：

第一位是關雎宮（東宮）宸妃，是中宮皇后的侄女，也是永福宮莊妃的姐姐，天聰八年（1634）同皇太極結婚。這時她二十六歲，皇太極也已四十三歲。

第二位是麟趾宮（西宮）貴妃那木鍾，為蒙古阿霸垓郡王額齊格諾顏之女。她原是蒙古林丹汗囊囊福晉，林丹汗死後，投順後金。同年，皇太極娶其為妻。那木鍾貴妃後生下一子名博穆博果爾和一女。她的兒子博穆博果爾及其王妃，日後演繹出一段生動離奇的故事，留待談到順治皇帝時再講。

第三位是衍慶宮（次東宮）淑妃巴特馬·璪，原是蒙古察哈爾林丹汗的竇土門福晉。林丹汗死後，她攜部眾降金，不久被皇太極納娶。她撫養蒙古一女，皇太極「命睿親王多爾袞娶焉」。

第四位永福宮（次西宮）莊妃，俗稱大莊妃，名布木布泰，是科爾沁貝勒寨桑之女，也是中宮皇后博爾濟吉特氏的侄女、關雎宮宸妃的妹妹。莊妃十三歲嫁給皇太極，這年皇太極三十四歲。皇太極即皇帝位後，封她為永福宮莊妃。莊妃作為一個女人，人生中最大的事，就是生下兒子福臨，即後來的順治皇帝。這年她二十六歲。莊妃的故事後面再講。

為了聯絡蒙古，皇太極以次女下嫁林丹汗之子額哲，命濟爾哈朗娶林丹汗遺孀蘇泰太后為福晉，長子豪格及二兄代善、七兄阿巴泰分別同察哈爾部聯姻，從而構成錯綜複雜的姻盟。

松錦用兵，精於謀略

崇德四年（1639），皇太極開始在遼西同明軍進行決戰。清軍圍困錦州，明守將祖大壽告急。崇禎帝派洪承疇為總督，率八位總兵、十三萬步騎、四萬馬匹，解錦州之圍。洪總督採取「步步為營，且戰且守，待敵自困，一戰解圍」的兵略，於崇德六年即崇禎十四年（1641）七月，進軍至松山。兩軍初戰，「清人兵馬，死傷甚多」，幾至潰敗。消息傳到盛京，皇太極帶病急援。史載：「上行急，鼻衄不止，承以椀（碗）」，鼻子流血不止，用碗接着，馬不停蹄，晝夜兼行五百餘里，趕到松山。他部署：埋下伏兵，斷敵退路；襲劫積粟，斷敵糧道；高橋設伏，擊敵逃兵；大路列陣，截敵援兵。經激戰，獲大勝。《清太宗實錄》記載：「是役也，計斬殺敵眾五萬三千七百八十三，獲馬七千四百四十匹、駱駝六十六、甲冑九千三百四十六副。明兵自杏山，南至塔山，赴海死者甚眾，所棄馬匹、甲冑以數萬計。海中浮屍漂盪，多如雁鶩。」洪承疇退縮到松山城中。清軍破城，洪承疇被俘。明朝得報洪承疇殉國，朝廷祭奠、褒揚，哪知洪承疇不但未死還投靠了清朝，鬧了一個大笑話。

洪承疇像

自萬曆四十六年即天命三年（1618）撫順第一次交鋒，至崇禎十七年即順治元年（1644）清軍入關，在近三十年間，對明清興亡產生極其深遠影響的主要是三大戰役，這就是薩爾滸之戰、瀋遼之戰和松錦之戰。薩爾

滸之戰是明清正式軍事衝突的開端，標誌着雙方軍事態勢的轉化──明遼東軍由進攻轉為防禦，後金軍由防禦轉為進攻；瀋遼之戰是明清激烈軍事衝突的高潮，標誌着雙方政治形勢的轉化──明朝在遼東統治的終結，後金在遼東統治的確立；松錦之戰標誌着明清遼東軍事衝突的結束，雙方遼西軍事僵局的打破──明軍頓失關外的軍事憑藉，清軍轉入新的戰略進攻，為定鼎燕京、入主中原奠下基礎。

設反間計，除袁崇煥

天聰汗皇太極的事業發展過程中，有一件事很值得大書一番，這就是巧設反間計，除掉袁崇煥。

事情要從頭說起。天命十一年（1626）正月，努爾哈赤在寧遠之戰中，攻而未克，不久鬱鬱而死。皇太極親臨戰場，目睹了八旗戰史上這場最慘痛的失敗。父汗死了，皇太極要報仇！於是，他發動了寧錦之戰。天聰元年（1627）五月，皇太極在寧遠、錦州戰敗。寧遠、寧錦兩役的失敗，使皇太極認識到：袁崇煥是他經山海關進入中原通道上的「攔路虎」。所以，皇太極用了一計：繞道山海關，攻打北京城；調動袁崇煥「勤王」，實施「反間計」，除掉袁崇煥。

天聰三年十月，皇太極親率大軍，避開山海關，繞道內蒙古，進攻北京城。這時袁崇煥被崇禎帝重新起用為兵部尚書、薊遼督師。他曾奏報，遼東防守堅固，敵軍不會通過；但薊鎮一帶防務空虛，應當加以重視。

袁崇煥像

朝廷對他的奏報不予理睬。當袁崇煥在山海關巡視的時候,得到皇太極進攻京師的軍報。他急點九千騎兵,日夜兼馳,前往救援,同敵決戰,保衛北京。

袁崇煥駐兵於北京廣渠門外,兵無糧,馬無草,白天作戰,夜間露宿。袁崇煥身先士卒,中箭頭的衣甲像刺蝟皮似的。袁崇煥連獲廣渠門和左安門兩捷,京師轉危為安。皇太極就使用《三國演義》中周瑜利用蔣幹盜書使曹操中反間計的手法,設計陷害袁崇煥。此計,《清史稿‧鮑承先傳》記載:

> 翌日,上誡諸軍勿進攻,召承先及副將高鴻中授以祕計,使近陣獲明內監繫所並坐,故相耳語云:「今日撤兵,乃上計也。頃見上單騎向敵,有二人自敵中來,見上,語良久乃去。意袁經略有密約,此事可立就矣。」內監楊某佯臥竊聽。越日,縱之歸,以告明帝,遂殺崇煥。

昭陵正紅門

十二月初一日，崇禎帝中了皇太極的反間計，以議軍餉為名，命袁崇煥至紫禁城。當時，北京城戒嚴，九門緊閉。袁崇煥坐在筐裏，被人吊到城上。袁崇煥到了紫禁城平台，崇禎帝並未議餉，而是下令將他逮捕，下錦衣衞獄。第二年八月十六日，一代名將袁崇煥在北京西市被凌遲處死。《明季北略》記載：袁崇煥受刑時，人們咬牙切齒，買從袁身上割下的肉就酒喝，喝一口，罵一聲。這個記載，未必可靠。但説明當時京城上下都中了皇太極的反間計，誤認為袁崇煥「通敵」。事情的真相一直到清朝修《明史》，在滿文檔案中看到當時的記載才大白於天下。事過百多年後，袁崇煥的冤案可笑地由他的死對頭的後人乾隆帝給予平反。

皇太極用反間計使得大明崇禎帝「自毀長城」。《明史·袁崇煥傳》説：「自崇煥死，邊事益無人，明亡徵決矣！」

皇太極心機之深、謀略之高、手段之辣，令人歎為觀止。這自然與其先天稟賦有關，但所處環境和人生經歷則是更重要的原因。

皇太極出生那年，父親努爾哈赤三十四歲，生母那拉氏十八歲。他的生母是葉赫部貝勒揚佳努的愛女，名孟古，稱孟古格格。十四歲嫁給努爾哈赤，二十九歲撒手歸天。十二歲的皇太極自此失去母愛。那拉氏之死，在很大程度上是心情抑鬱所致。孟古從結婚到患病、逝世，建州同葉赫部一直敵對。古勒山一戰，孟古的堂兄布齋貝勒，戰馬在廝殺中被木墩絆倒，死於非命。努爾哈赤命人將布齋的遺體劈作兩段，將其一半歸還。從此建州與葉赫結下不共戴天之仇。孟古病危，覺得自己在世的日子不多了，請求見生母一面。努爾哈赤派人往葉赫迎接，葉赫貝勒不許。孟古終未得見生母，抱憾九泉。

皇太極少年喪母，又沒有同母的兄弟姐妹，可以説是孤苦伶仃！而他的家庭，卻是一個大家族。他有4個叔父，僅二叔穆爾哈齊門下就有11個堂兄弟，三叔舒爾哈齊門下有9個堂兄弟，其中阿敏貝勒門下有6位侄

昭陵圖

子、濟爾哈朗貝勒門下有11位侄子。而他還有15位同父異母兄弟，親兄弟的子侄多達一百四五十人。他的7位同父異母的兄長由5位福晉所出，這5位福晉都是建州本部人，惟獨其生母出於葉赫部，而葉赫又同建州結下血海深仇。這種家庭環境，對皇太極少年時代的成長有着重大影響。

第一，皇太極外祖父為女真著名領袖，生母那拉氏是一位聰明靈秀的格格。受遺傳影響，皇太極也聰敏過人。而其他兄弟（除多爾袞外）的外祖父都名不見史傳，這個背景增強了他政治上的自信心。

第二，少年喪母，使皇太極在生活中遇到諸多的艱難與困苦，磨煉了他的獨立性格與頑強意志。

第三，沒有母親呵護，沒有同母兄弟姐妹，格外勢孤力單，養成了皇太極深沉多慮、慎言少語的性格，鍛煉了他圓通合羣，善於運用周邊因素的能力。

第四，皇太極因舅父同建州有世仇，長期冤怨相報，使他在家族中處於不利地位，促成他工於心計。

泰化否，否生泰。少年喪母，自是人生中的一大不幸。然而，挫折於懦弱者會磨損意志，於堅強者會愈挫愈奮。以清初的四位君主來說，太祖

努爾哈赤十一歲喪母，太宗皇太極十二歲喪母，世祖福臨六歲喪父，聖祖玄燁八歲喪父、十歲喪母。努爾哈赤雖少年喪母，卻培養了獨立品格。同樣，皇太極失去母親的關愛，卻促使他學習、仰慕父汗，也更錘煉他獨立、慎思、頑強、拼搏的品格。似可以說：皇太極在對內轄制和對外征服的過程中能夠挫敗羣雄，是同他挫折長智慧、困厄磨意志的特殊家庭環境和人生經歷分不開的。

這樣一代英傑，本來可以創立更大的功業。但是，皇太極在五十二歲時卻遽然辭世，他離世的當天還在進行政務活動。天不假年，使他無緣端坐在紫禁城的寶座上，俯瞰天下，傲視八荒。他死後葬在昭陵，陵前的石像中有一對石馬，即「昭陵二駿」，相傳是仿照其生前喜愛的坐騎——大白、小白雕製的。

皇太極的死，標誌着大清皇朝一個朝代的結束，也標誌着大清皇朝奠基工程的完結。太祖、太宗兩代整整六十年的奮爭，為後來清軍入關、定鼎燕京、統一中原，奠下了基礎，準備了條件。《清史稿·太宗本紀》對皇太極如此評價：「允文允武，內修政事，外勤討伐，用兵如神，所向有功。」這個評論，大體公平。但是，傑出英雄，也有失算。《清史稿》道出他「儲嗣未定」和「大勛未集」兩大遺憾，這一點留待下面講到順治帝時再詳述。

皇太極個人小檔案

姓名：愛新覺羅・皇太極	**出生**：明萬曆二十年（1592）十月二十五日
屬相：龍	**卒年**：崇德八年（1643）
享年：五十二歲	**諡號**：文皇帝
廟號：太宗	**陵寢**：昭陵（瀋陽北陵）
父親：努爾哈赤	**母親**：那拉氏，後尊為孝慈高皇后
初婚：二十二歲，配偶博爾濟吉特氏	**配偶**：十五人，博爾濟吉特氏為皇后
子女：十一子，十四女	**繼位人**：福臨（世祖）
最得意：松錦之戰奪得勝利	**最失意**：兵敗寧錦
最不幸：生母早亡	**最痛心**：愛妃早死
最擅長：韜略	

相關閱讀書目推薦

（1）孫文良、李治亭：《清太宗全傳》，吉林文史出版社，1983 年
（2）閻崇年：《袁崇煥研究論集》，（台）文史哲出版社，1994 年
（3）閻崇年：《清朝通史・太宗朝》，紫禁城出版社，2003 年

順治帝福臨

清世祖章皇帝愛新覺羅・福臨，六歲登極，是清代歷史上有名的少年天子。年號順治：順，意順利；治，意治理。就是順利治國，華夏一統的意思。

少年福臨的命運，恰如他的名字一樣：「福」從天上降「臨」。為什麼這樣說呢？

天下：未曾求，已然在手

大清皇位，從天而降

如前文所說，清崇德八年(1643)八月初九日夜亥刻，皇太極帶着「儲嗣未定」的遺憾猝死。皇太極在白天還處理政務，夜裏就離開人世。他死之前，沒有留下任何遺言，也沒有交代由誰繼位。由於事出突然，諸王貝勒也沒有一點準備。經過一段時間的忙亂和哀悼，一場激烈的皇位爭奪戰在皇宮崇政殿打響。那一天是八月十四日，也就是皇太極死後的第六天。

努爾哈赤有遺詔，規定皇位的繼承須由滿洲貴族討論決定。當時主要

有七個人的意見舉足輕重：四個親王，即禮親王代善、鄭親王濟爾哈朗、睿親王多爾袞、肅親王豪格；還有三位郡王，即英郡王阿濟格、豫郡王多鐸和潁郡王阿達禮。當時，最有希望奪得大位的是肅親王豪格和睿親王多爾袞。

豪格（1609～1648）的有利條件主要有：第一，為皇太極長子，三十五歲（比多爾袞年長三歲），正值壯年；第二，人才出眾，史稱他「容貌不凡，有弓馬才」，「英毅，多智略」；第三，久經戰陣，屢獲軍功；第四，皇太極生前親掌的正黃、鑲黃和正藍三旗大臣擁護豪格繼位，尤其是兩黃旗貝勒大臣更是誓死效忠。

多爾袞（1612～1650）的有利條件主要是：第一，是努爾哈赤第十四子、皇太極之弟，時年三十二歲；第二，受到父親的鍾愛。史載，努爾哈赤曾留下遺言：九王子（多爾袞）當立而年幼，由代善攝位。而代善鑑於情勢，轉而擁立皇太極；第三，多爾袞兄弟為正白旗和鑲白旗的旗主貝勒，這兩旗支持多爾袞；第四，有兩位胞兄弟阿濟格和多鐸的支持，在上述七王中，多爾袞兄弟佔了三個席位；第五，多爾袞

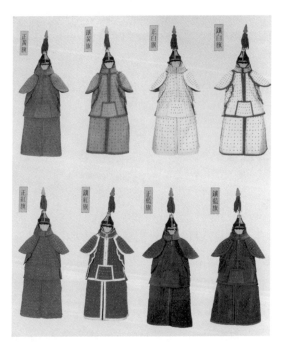

八旗甲冑

多次統軍出征，「倡謀出奇，攻城必克，野戰必勝」，屢立大功。

八旗甲冑從實力對比看，豪格有正黃、鑲黃和正藍三旗支持，多爾袞有正白、鑲白兩旗支持。那麼，其餘三旗——代善父子掌管的正紅和鑲紅兩旗、濟爾哈朗掌管的鑲藍旗——的意見就至關重要。

十四日黎明，兩黃旗大臣在大清門盟誓，擁護豪格繼承皇位，並部署兩黃旗巴牙喇（即護軍營，

多爾袞像

為禁軍中護衛皇帝的部隊）張弓挾矢，環衛崇政殿。圖爾格、遏必隆又傳令其牛錄下的護軍，備好甲冑弓矢，護衛大清門。議商皇位繼承人的貴族會議在崇政殿的東廡殿舉行，由年紀最長（六十一歲）、地位最高的禮親王代善主持。黃旗索尼和鄂拜首先倡言「立皇子」，多爾袞以其資歷不夠，令他們退下。索尼和鄂拜雖然退出，但兩黃旗巴牙喇包圍了宮殿，兩黃旗暫時佔了上風。但兩白旗並不示弱，豫郡王多鐸、英郡王阿濟格兄弟發言，力勸多爾袞即帝位。多爾袞見形勢緊張，正在猶豫。多鐸聲言：「你如果不答應，應當立我。我的名字在太祖遺詔！」多爾袞不同意立多鐸，說：「肅親王（豪格）的名字也在遺詔裏，不獨王（多鐸）也！」多

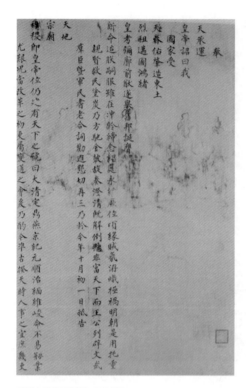

《順治登極詔書》（局部）

鐸又說：「不立我，論長當立禮親王（代善）！」禮親王代善表示自己老了，提出豪格乃「帝之長子，當承大統」。豪格覺得有兩黃、正藍和兩紅旗的支持，大局可定。於是，謙辭說：「福少德薄，非所堪當！」他本是假意謙讓，想讓眾人「堅請不已」，然後順勢登上皇帝寶座，這樣不是顯得既謙恭又眾望所歸嗎？但是，兩白旗並不相讓。豪格內心憤懣，隨即暫退。在爭執激烈的氣氛下，兩黃旗大臣佩劍向前說：「我們這些人吃先帝的，穿先帝的，先帝對我們的恩情有天大。要是不立先帝的兒子，我們寧可以死追隨先帝於地下！」禮親王代善見形勢不對，以年老不預朝政為由離席，英郡王阿濟格隨後以不立多爾袞失望退出，豫郡王多鐸沉默不發一言。這就出現「定議之策，未及歸一」的僵局。

　　在這劍拔弩張、互不相讓的緊要關頭，表面憨厚而內心機敏的鄭親王濟爾哈朗，提出一個折衷方案：讓既是皇子、又非豪格的福臨繼位。多爾袞權衡利弊：如果自己強行繼位，勢必引起兩白旗與兩黃旗火拼，其後果可能是兩敗俱傷；讓豪格登極，自己既不甘心，也怕遭到豪格報復；而讓年幼的福臨繼位，則可收到一石三鳥之利——打擊豪格，自己攝政，避免

內訌。所以，多爾袞說：「我贊成由皇子繼位，皇子當中豪格提出他不繼位，那就請福臨繼位。福臨年紀小，鄭親王濟爾哈朗和我輔政。」豪格也不好反對。

於是，六歲的福臨意外地坐上了大清國皇帝的寶座。這有點像天助神佑，但也並非找不出事理的根據來。正如一位哲人說過的，在權力爭奪的平行四邊形諸力中，兩條邊的兩個不同方向的分力鬥爭的結果，既不是這條邊的力，也不是那條邊的力，而是對角線的力，就是兩個分力所產生的一個合力。福臨，幸運地成了這條權力鬥爭中的「對角線」。

遷鼎燕京，從天而降

清順治元年即明崇禎十七年（1644），李自成帶領農民軍下太原、佔大同，陷宣府、破居庸，掠昌平、焚皇陵。三月十九日黎明，李自成軍攻陷北京。崇禎帝朱由檢在瘋狂殺死、殺傷自己的妻女之後，於煤山（今景山）自縊而死，大明皇朝滅亡。

李自成攻佔北京城的軍報，傳到大清都城盛京。多爾袞急召智囊范文程等決策。范文程

《崇禎皇帝自縊圖》17世紀法國繪畫

分析了明崇禎帝死後的軍事與政治形勢，建議利用忠於明朝的官吏、縉紳、儒士、百姓對農民軍的不滿，興師入關，逐鹿中原。他起草宣諭官吏百姓的布告說：

> 我們的軍隊是為你們的皇帝報仇的，不是來殺你們的百姓的。現在我們要誅滅的，只有闖賊！官吏歸順我們，還是官復原職；百姓投奔我們，還讓你們重操舊業。我們的軍隊有嚴格的軍紀，肯定不會加害你們！

於是，攝政睿親王多爾袞於四月初九日領大將軍印，統率八旗滿洲、蒙古、漢軍等共約十四萬大軍，奔向山海關。

這時，山海關聚結着三大軍事集團：一個是明山海關總兵吳三桂所統領的明軍；一個是李自成親自帶領討伐吳三桂的二十萬大軍；另一個便是多爾袞所率領的清軍。他們分別代表三種政治勢力——大明、大順、大清。這三個軍事集團，反映了當時中國最強大的軍事力量。

從二十一日到二十三日，山海關大戰如火如荼。吳三桂降清，與清軍聯合。經過激戰，李自成大敗。

《攝政王諭官吏軍民人等令旨》

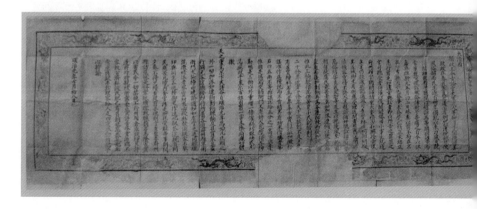

多爾袞取得山海關大捷後，以吳三桂軍為先導，率領八旗軍向北京進發。沿途官兵，獻城投降，奉表稱臣。李自成則於四月二十六日敗歸北京，四月三十日匆匆稱帝，接著放火燒燬紫禁城一些宮殿，棄京西走。

五月初二日，多爾袞率領清軍從朝陽門進入北京城。多爾袞進紫禁城，臨武英殿御政。

多爾袞御政中的一件大事，就是定都問題。睿親王多爾袞建議遷都北京，但英郡王阿濟格表示反對：「初得遼東，不行殺戮，故清人多為遼民所殺。今宜乘此兵威，大肆屠戮，留置諸王，以鎮燕都。而大兵則或還守瀋陽，或退保山海，可無後患。」多爾袞以太宗皇

明代《北京城宮闕圖》

太極遺言回答：「先皇帝嘗言，若得北京，當即徙都，以圖進取。況今人心未定，不可棄而東還。」

年方七歲的順治帝，自然採納多爾袞的遷都意見。同年十月初一日，順治帝因皇極殿（今太和殿）被李自成焚燬，便在皇極門（今太和門）張設御幄，頒詔天下，「定鼎燕京」。

祖、父二十八年奮鬥未能實現的遷鼎燕京的夢想，七歲的福臨卻實現了。他在多爾袞的輔佐下，「入關定鼎，奄有區夏」。所以，福臨身後得

到的廟號是「世祖」,而他的父親皇太極的廟號僅是「太宗」。

這一切都來得太突然,甚至於令人來不及思索;這一切又來得太輕易了,讓人不能不懷疑這是「天福降臨」。

福臨戲劇性地登上了政治舞台,並在這個舞台上活動了十八年。這十八年,他做了八年傀儡,其間主要是攝政王多爾袞在發號施令;後十年才逐步實現乾綱獨斷,當上了主角。順治朝的十八年:剃髮、易服、圈地、佔房、投充、逋逃,是其六大弊政。而定鼎北京,保護皇宮;攻佔南京,統一中原;廢除三餉,興利除弊;親善蒙古,治理西藏;懲治貪官,整頓吏治;崇文興教,傾心漢化,則是其六大功績。歷史學家對這段歷史的評價可說是毀譽參半。

福臨在人生的舞台上活動的時間十分短促,二十四歲時就匆匆謝幕。福臨的一生,短暫卻絕不平淡,他的親情,他的愛情,甚至他的死,都讓人褒貶不一,一言難盡。

人生:苦掙扎,實難如意

同母后的關係

順治的生母,就是有名的莊妃,也就是後來的孝莊太后。她十三歲嫁給皇太極,後來住在永福宮,被封為莊妃,所以稱為永福宮莊妃。皇太極登極為天聰汗時,她才十四歲。夫君死得太早,剛滿三十週歲就守寡,是她的不幸;但她的大幸卻是兒子做了皇帝,自己成為皇太后。莊妃本身不是皇后,兒子也不是皇長子,卻一口吞下兩枚幸福之果──兒子做皇帝、自己當太后。

一個三十歲的寡婦帶一個六歲的兒皇帝實在是不容易,讓人不由得聯想起明朝萬曆皇帝和他母后的故事:萬曆皇帝十歲繼位,上嫡母尊號為

「仁聖皇太后」，上生母尊號為「慈聖皇太后」。他的生母李太后原是宮女，在宮中沒有地位，吃飯時仁聖太后和萬曆帝坐着，慈聖太后卻站着。內廷有仁聖皇太后，外朝有大學士張居正，萬曆皇帝才十歲，她憑什麼鞏固自己的地位？這個女人太有心計了！一天，她說，她夜裏做了一個夢，夢中神託言，自己是九蓮菩薩轉生。於是，她捐資在北京阜成門外修建了一座慈壽寺，供奉九蓮菩薩。寺中還修建一座高塔，名「永安萬壽塔」，又叫「慈壽寺塔」。從此，再沒有人敢欺負這位現世「九蓮菩薩」。

孝莊太后倒沒有使用此類的策略。她深知，攝政王多爾袞才是自己最為穩固的靠山。關於孝莊后和多爾袞的關係，歷來有種種傳聞和猜測，最有名的是「太后下嫁」的公案。

民國初年出版的《清朝野史大觀》卷一，有三條專記太后下嫁一事。民國八年署名「古稀老人」編寫的《多爾袞軼事》則更記得有如親聞目睹，說「當時朝廷情勢，危於累卵」，「太后時尚年少，美冠後宮，性尤機警，……故寧犧牲一身，以成大業」。而多爾袞本來就好色成性，此時更以陳奏機密為由，出入宮禁。至今仍有人認為所謂「太后下嫁」確有其事，並提出種種理由，但是還沒有一條鐵證。

孝莊文皇后像

這些理由大致如下：第一，莊妃下嫁以保全兒子的皇位。這點前面已經講過，順治繼位是多種政治勢力複雜鬥爭和相互妥協的結果。第二，兄死弟可娶其嫂是滿洲習俗。滿洲確有這樣的習俗，但有這樣的習俗並不能證明多爾袞就一定娶了他的嫂子。第三，稱多爾袞為「皇父攝政王」。這是尊稱，如同光緒稱慈禧為「皇阿瑪」一樣。如果說，稱多爾袞「皇父攝政王」就證明太后曾下嫁的話，那麼叫慈禧「皇阿瑪」，恐怕要得出慈禧變性的結論來了。第四，蔣良騏所輯《東華錄》裏記載多爾袞「親到皇宮內院」云云。高陽認為，極有可能是指孝莊與多爾袞相戀的事實。相戀的事可能有，也可能無，但相戀不同於下嫁。第五，孝莊死後埋在清東陵的昭西陵（在皇太極盛京昭陵西面）。孝莊和康熙都作了解釋：太皇太后不願意驚動太宗的亡靈，而願意同兒孫在一起。第六，有人說見過《太后下嫁詔》。歷史不能憑某人一說，這根本沒有任何證據。第七，惟一比較直接的證據是明末張煌言（蒼水）的一首七言絕句《建夷宮詞》：「上壽觴為合巹尊，慈寧宮裏爛盈門。春官昨進新儀注，大禮恭逢太后婚。」我們作一個分析吧。它的標題叫《建夷宮詞》，「建」是建州，「夷」就是夷狄，明顯地帶有民族偏見。這個時候，張蒼水在江南，南明勢力和清朝是對立的，所以出在敵人之口，記在異國之文，不能成為歷史的證據。而且詩詞也不能直接作為歷史的證據，因為詩可以誇張，可以比附。孟森先生早就指出：「遠道之傳聞，鄰敵之口語，未敢據此孤證為論定也！」可以說，至今還沒有見到一條關於「太后下嫁」的史證。特別是當時作為清朝屬國朝鮮的《李朝實錄》沒有「太后下嫁」頒詔告諭的記載，而像這樣的大事，如果有，照例是應當詔諭屬國的。

我認為：孝莊太后同多爾袞的情愫可能有，「太后下嫁」的事確實無。不管下嫁與否，孝莊太后出於母子命運和大清江山的考慮，盡量籠絡多爾袞，倒是不用懷疑的。

這樣一對相依為命的母子，按理說應當母慈子孝、關係融洽。但事實似乎並非如此。關於順治皇帝和母后的關係，《清史稿‧后妃傳》僅有四句話的記載：第一句是「世祖即位，尊為皇太后」，這是例行公事；第二句是「贈太后父寨桑和碩忠親王，母賢妃」，這也是例行公事；第三句記載：「太后萬壽，上制詩三十首以獻」，這仍是例行公事；第四句記載：「上承太后訓，撰《內則衍義》，並為序以進」。僅僅以上四句話、60個字而已。而同一篇傳記，記載康熙同他祖母關係的則有715個字。從中透露出順治同母后的關係並不太協調。可能有的衝突是：

第一，順治小時候貪玩，母后管教過嚴，這是家庭中的常理。第二，順治的皇后是母后和叔父多爾袞給指定的。小皇后出身蒙古科爾沁貴族，從小嬌生慣養，順治不喜歡。雖然勉強成了親，但婚後經常發生口角。順治不顧母后和大臣的反對，強行廢掉了皇后。直到順治病危的時候，被廢的小皇后想要見他一面都不行。後來再立一個皇后，順治還是不喜歡。在立后問題上母子有矛盾。第三，順治喜歡董鄂妃，愛得死去活來。太后干涉，母子又發生矛盾。矛盾最激烈的就是第四個，順治放着皇帝不做，要出宮做和尚，母后當然堅決反對。第五，母后同多爾袞有着說不清道不明的關係，也讓小皇帝心裏不愉快。總之，母子之間的關係並不是太好。

同皇叔的關係

福臨的登極，既是幸運的，又是不幸的。說他幸運，是因為他小小年紀，大福降臨，成了皇上；說他不幸，是因為他做為兒童皇帝，無權無勢，形同傀儡。他與叔父多爾袞的關係也是雙重的：沒有多爾袞的支持，他無法登上皇帝寶座；但是只要有多爾袞在，他就要生活在皇叔攝政睿親王的陰影裏，有名而無實。

未成年的小皇帝，起初還有兩把保護傘：一是兩黃旗大臣的效忠，二

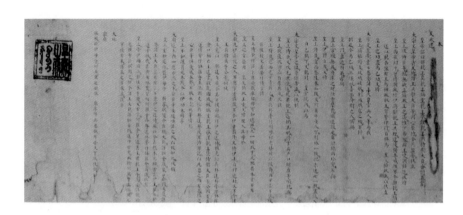

關於多爾袞母妻撤出廟享的詔書

是有皇兄豪格作為堅強後盾。但攝政睿親王多爾袞經過幾年謀劃，逐步運用各種手段對這些小皇帝的保障，同時也是對自己的阻礙勢力，一一加以翦除。

多爾袞在宣誓輔政之後，就一步一步地將朝政大權掌握在自己手中：第一步，取消軍國大事由八旗貝勒共議的制度，改由兩位攝政王決斷。這樣一來，兩位攝政王就凌駕於諸親王、郡王、貝勒之上。第二步，獨攬大權。諭告各衙門辦理的事務，有需要向睿、鄭二王報告的，都先向睿親王彙報。這樣一來，多爾袞實際上成了「首席攝政王」。第三步，分化黃旗。順治元年（1644）四月初一日，多爾袞利用都統何洛會等訐告豪格，把豪格定罪幽禁。通過這個案子，將豪格進行降罰。對像索尼這樣豪格的兩黃旗親信，或處以死刑，或籍沒家產，或貶官遠放。而對首先訐告者，給予升官、晉爵。這就嚴重地分化、削弱了兩黃旗。第四步，整死豪格。豪格的存在，對於多爾袞來說，是最大的政治威脅。先是，儘管豪格被廢降罰，但在清軍入關用人之際，還是讓豪格隨軍從征。豪格作戰勇敢，立下大功。順治在北京登極，分封諸王大臣，復封豪格為和碩肅親王。不

久，派豪格西征。豪格下西安，平陝西。又擊敗大西軍，射死張獻忠。順治五年二月，豪格凱旋歸京，即被訐告。多爾袞藉此又將豪格定罪，下獄。三月，豪格猝死，年僅三十九週歲。一說豪格帶了大軍凱旋的時候，到了盧溝橋，在宴會當中，被用弓弦勒死。還有一種傳說是在凱旋的時候被多爾袞設伏兵給殺了。多爾袞殺掉豪格後，還霸佔了豪格的妃子作為自己的福晉。

經過一番經營，多爾袞真正做到了大權獨攬，小皇帝也真正成了孤立無援。多爾袞的尊號從「叔父攝政王」到「皇叔父攝政王」，順治五年再尊為「皇父攝政王」，成了名義上的「太上皇」，實際上的皇帝。而小皇帝的處境則危如累卵，只能仰人鼻息，任人擺布。

多爾袞做了七年攝政王，在順治七年（1650）十二月死於喀喇城。第二年正月，順治親政。二月就宣佈多爾袞十大罪狀。籍其家產，罷其封爵，撤其廟享，誅其黨羽。不僅如此，傳教士衛匡國《韃靼戰記》一書記載說：據傳多爾袞的墳被挖了，多爾袞的屍體被拋棄荒野，還用棍子打多爾袞的屍體，用鞭子來鞭屍。更有甚者，把他的頭割下來，令他身首異地。我們不評論這件事情是不是過分，但是說明一個問題，就是順治對多爾袞之恨可謂咬牙切齒。

同愛妃的關係

《清史稿·后妃傳》記載順治帝有兩后、十五妃。但他的婚姻生活是個悲劇。

順治先後冊立兩位皇后。一位是他母親的侄女博爾濟吉特氏，由多爾袞做主定婚、聘娶。順治親政，冊為皇后。二人性格不合，順治廢掉皇后，降為側妃。另一位是孝惠章皇后，博爾濟吉特氏，順治十一年（1654）五月，年十四，聘為妃。六月，冊為皇后。她不久即受到順治帝的責斥。

順治孝惠章皇后

順治孝康章皇后（康熙生母）

但這位皇后能委屈圓通，又有太后呵護，才沒有被廢掉。

順治真正視為紅粉知己的是董鄂妃。順治帝對董鄂妃可謂是一見鍾情，至死不渝。有幾件事可以說明少年天子對董鄂妃的恩愛逾常。

一是晉升之速和典禮之隆。董鄂氏在順治十三年八月二十五日被冊為「賢妃」，僅一月餘，即九月二十八日再晉為「皇貴妃」。這樣的升遷速度，歷史上十分罕見。十二月初六日，順治帝還為董鄂妃舉行了十分隆重的冊妃典禮，並頒恩詔大赦天下。在有清一代近三百年歷史上，因為冊立皇貴妃而大赦天下的，這是絕無僅有的一次。

二是盡改惡習、專寵一人。據當時的傳教士湯若望記述，少年福臨「和一切滿洲人一個樣，而肉感肉慾的性癖尤其特別發達」，結婚之後，「人們仍聽得到他的在道德方面的過失」。可見，福臨確實沾染了滿洲貴族子弟那種好色淫縱之習。可是奇蹟出現了，自從遇到董鄂妃，少年天子變得專一起來。兩人情投意合，心心相印。可謂「長信宮中，三千第一」、「昭陽殿裏，八百無雙」，真是六宮無色、專寵一身。

枕上春夢剛三年，貴妃撒手人寰。董鄂妃本來就體弱多病，生了一個

男孩兒又百日而殤，這種打擊使得她一病不起，二十二歲就告別了深愛着她的少年天子。順治得知噩耗，痛不欲生，「尋死覓活，不顧一切，人們不得不晝夜看守着他，使他不得自殺」。順治帝輟朝五日，追諡董鄂妃為孝獻端敬皇后。並在戶部資金極為短缺的情況下，在景山建水陸道場，大辦喪事。將宮中太監與宮女三十人賜死，讓他們在陰間侍候自己的愛妃。同時令全國服喪，官員一月，百姓三日。順治帝還讓學士撰擬祭文，「再呈稿，再不允」。後由張宸具稿，「皇上閱之，亦為墮淚」。以順治帝名義親制的董鄂妃《行狀》數千言，極盡才情，極致哀悼，歷數董鄂氏的嘉言懿行，潔品慧德。

貴妃辭世，留給少年天子無盡的哀思。四個多月之後，福臨就溘然離世，追隨愛妃而去。

董鄂妃是何許人？她運用了什麼樣的魔力令這位至高無上的君主甘心為之生，為之死？

董鄂妃，又作棟鄂妃。她的來歷有三說：

一說是《清史稿·后妃傳》的記載：「孝獻皇后棟鄂氏，內大臣鄂碩女，年十八入侍。上眷之特厚，寵冠後宮。」

二說是董鄂妃為秦淮名妓董小宛。董小宛原為江南名士冒辟疆之妾。

江南名妓知書多藝，傾慕東林，如李香君與侯方域、柳如是與錢謙益、卞玉京與吳偉業、顧眉生與龔鼎孳，都是佳人配才子。持此說者認為，清軍南下，董小宛被擄到北京，先留在王府，後被太

順治追悼董鄂妃的《御制哀冊》、《御制行狀》

59

順治皇帝繪《墨筆山水》

后要了去。順治看了喜歡，就從孝莊太后那裏要到自己身邊，用滿洲姓董鄂氏。其實，只要將一些史料對比一下，就知道這個說法站不住腳。

根據冒辟疆《影梅庵憶語》記載，冒辟疆初識董小宛在崇德四年（1639），那一年董小宛十六歲，順治帝才兩歲。而順治娶董鄂妃時是十九歲，董鄂妃十八歲。如果董鄂妃就是董小宛，那麼此時她應當是三十三歲了，年歲顯然不合。同時，《影梅庵憶語》對董、冒二人從相識、完婚、蒙難到董小宛病死，都有比較詳盡的記錄。大致的情形是：

崇德四年（1639），董小宛十六歲。冒辟疆初遇董小宛。

崇德六年，冒辟疆又邂逅陳圓圓，稱其「令人欲仙欲死」，於是疏遠了董小宛。

崇德七年，陳圓圓被周奎購進京師，冒辟疆重逢董小宛。

崇德八年，董小宛二十歲，入冒辟疆家，為其妾。董小宛「卻管弦，洗盡鉛華，精學女紅」，一心一意做良家婦女。

順治二年（1645），董小宛二十二歲。清豫親王多鐸率軍渡江，破南京。冒辟疆在逃難中患病，「此百五十日，姬僅捲一破蓆，橫陳榻旁。寒則擁抱，熱則披拂，痛則撫摸，或枕其身，或衞其足，或欠身起伏，為之左右翼」。董小宛辛苦侍疾，無微不至。

順治四年，董小宛二十四歲。冒辟疆再病，「勺水不入口者二十餘

日」。「姬當大火爍金時，不揮汗，不驅蚊，晝夜坐藥爐旁，密伺余於枕邊足畔六十晝夜」。董小宛二度侍疾。

順治六年，董小宛二十六歲。冒辟疆患病，董小宛三度侍疾。

順治八年，董小宛二十八歲，病死。這不僅有冒辟疆的筆記，還有當時不少文人學士的悼念詩詞，均可證明當時董小宛確實死在冒府。

董小宛比順治大十四歲，同冒辟疆結婚九年未生育，並於順治八年病死，所以董小宛即董鄂氏之說實屬望風捕影，不能成立。

三說是董鄂妃原為順治的弟弟、襄親王博穆博果爾的妻子。這種說法主要來自於《湯若望傳》的記述：「順治皇帝對於一位滿籍軍人之夫人，起了一種

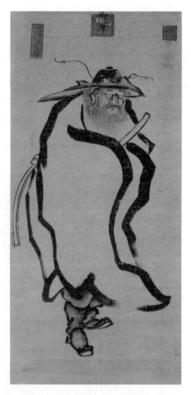

順治皇帝繪《鍾馗像》

火熱愛戀，當這一位軍人因此申斥他的夫人時，他竟被對於他這申斥有所聞知的天子親手打了一個極怪異的耳刮。這位軍人於是乃因怨憤致死，或許竟是自殺而死。皇帝遂即將這位軍人底未亡人收入宮中，封為貴妃。」根據陳垣先生的考索，董鄂妃似乎就是順治奪十一弟襄親王博穆博果爾之愛的那位女子，但有學者提出不同意見。

董鄂妃，這位神秘的女子，讓那麼多文人墨客夢繞魂牽，賦詩寄情；又讓那麼多歷史學家費盡心思，苦心考索。直到今天，她的身世依然是個待解之謎。

同洋人的關係

順治在明清兩代二十八位皇帝中，是一位尊崇耶穌會士、篤信佛教的皇帝。大體說來，順治親政後，前七年間湯若望耶穌會士勢力影響較大些，後四年間佛教勢力影響較大些。

順治帝尊崇耶穌會士，是受湯若望的影響。湯若望（Joannes Adam Schall von Bell），耶穌會士，德國人，明崇禎年間被徵參與天文推算，設

館於現在的北京宣武門內南堂。明亡清興，北京內城原居住民要遷往外城。湯若望以館內藏經、像為由，上書請求緩遷。他意外地得到諭准的滿文諭告，貼在堂門，得以免遷。順治元年(1644)，受

西方傳教士繪《湯若望與順治帝》

命修正曆法。新曆法稱《時憲曆》，修成頒行。他因此得了太常寺少卿銜，成了清朝的命官，開創了西洋傳教士掌管欽天監的先例。

順治帝親政後，湯若望不僅給皇太后治好了病，還給順治的未婚皇后博爾濟吉特氏治好了病。孝莊皇太后非常感謝他，請他參加順治皇帝的大婚典禮。皇太后尊湯若望為義父，順治尊稱他為「瑪法」(滿語「爺爺」的意思)。皇太后還將湯若望贈給她的十字聖牌掛在胸前。此後，順治一方面向湯若望請教天文、曆法、宗教等學問，另一方面向他請教治國之策。在順治十三、十四年間，順治曾二十四次親訪湯若望的館舍，與之長時間

晤談。湯若望也沒有辜負太后和皇帝的信任，「睹時政之得失，必手疏以秘陳」，先後向順治呈遞了三百多件奏帖，陳述自己的建議和見解，其中許多諫言被順治帝採納。順治很喜歡湯若望平易近人的作風，語言慈祥的奏疏。他對朝廷大臣說，湯若望對國君的愛是真誠的，不像有的大臣討好國君是為了得到功名利祿。

順治同湯若望的交往日益密切，以至超出君臣關係。順治允許湯若望隨時進入內廷，他也常到宣武門內湯若望的住所研討學問，參觀書房，遊覽花園，共進便餐。順治十九歲的生日，是在湯若望的家裏度過的。他們歡洽之情，如同家人父子。順治因為寵信湯若望，給他封了許多職爵：先加太僕寺卿，不久改太常寺卿。順治十一年（1654）賜號「通玄教師」。後又加封通政使，晉光祿大夫，升正一品。

湯若望想使順治皈依天主教，但因他已信佛教，而沒有受洗。順治帝病危時，議立嗣君。順治因皇子年齡太小（長子牛鈕已殤、次子福全九歲、三子玄燁八歲），想立皇弟；皇太后想立皇三子玄燁，徵詢湯若望的意見。湯若望以玄燁出過天花（可終生免疫），支持皇太后的意見。順治帝便一言而定玄燁繼承皇位。史書說湯若望「直陳萬世之大計」。陳垣先生評價說：「吾嘗謂湯若望之於清世祖，猶魏徵之於唐太宗。」

但在順治帝死後，湯若望被楊光先誣告而下獄。康熙帝親政後，給湯若望平反。因原封號「通玄教師」的「玄」字為康熙帝名諱，而改封為「通微教師」。湯若望的墓在今北京市車公莊大街6號院內。

同僧人的關係

順治成為一位篤信佛教的皇帝，有他生活環境的影響。早在他的祖父努爾哈赤時，藏傳佛教已傳到赫圖阿拉。努爾哈赤常手持念珠，並在赫圖阿拉建立佛寺。到皇太極時，盛京（瀋陽）興建實勝寺，藏傳佛教在後金

清『世祖章皇帝之寶』及上刻漢、滿文寶文

已產生較大影響。順治的生母是蒙古族人，自幼受到佛教的熏陶，又年輕寡居，以信佛解脫內心的孤獨與苦悶。再加上太監們的慫恿，順治帝稍長便信奉起佛教來。

順治十四年（1657），在太監的精心安排下，二十歲的順治在京師海會寺同憨璞聰和尚見面，兩人相談甚歡。順治帝欣賞憨璞聰的佛法智慧、言談舉止，便將他召入宮中。十月，順治帝又在皇城西苑中海的萬善殿，召見憨璞聰和尚，向他請教佛法，並賜以「明覺禪師」封號。他對佛教愈信愈虔，愈修愈誠。順治還召見玉林琇、木陳忞、茆溪森等和尚，讓他們在宮裏論經說法。順治請玉林琇為他起法名，「要用醜些字樣」，他自己選擇了「癡」字，於是取法名「行癡」、法號「癡道人」。玉林琇稱讚順治是「佛心天子」，順治在這些和尚面前則自稱弟子。

順治總有剃度出家的念頭。有一次他對木陳忞說，朕想前身一定是僧人，所以一到佛寺，見僧家窗明几淨，就不願意再回到宮裏。要不是怕皇太后掛念，那我就要出家了！在愛妃董鄂氏死後，他更是萬念俱灰，決心遁入空門。有記載統計，他在兩個月的時間裏，先後三十八次到高僧館舍，相訪論禪，徹夜交談，完全沉迷於佛的世界。順治命茆溪森為他淨

髮，要放棄皇位，身披袈裟，子身修道。茚溪森開始勸阻，他不聽，最後就剃成和尚頭了。這一下皇太后可着急了，火速叫人把茚溪森的師傅玉林琇召回京城。玉林琇到北京後非常惱火，當時命人架起柴堆，要燒死茚溪森。順治無奈，只好讓步。茚溪森得免一死。後來茚溪森臨終時作偈語說：「大清國裏度天子，金鑾殿上說禪道！」就是說的他同順治的特殊關係。

這件事過去不久，順治又聽從玉林琇的建議，命選僧一千五百人，在阜成門外八里莊慈壽寺從玉林琇受菩薩戒，並加封他為「大覺普濟能仁國師」。有一次，順治和玉林琇在萬善殿見面時，因為一個是光頭皇帝（新髮尚未長出），另一個是光頭和尚，不禁相視而笑。

順治是個既任性又脆弱、既多情又敏感的人。他接連受到情感上的打擊──愛子夭折、寵妃死亡、出家不成，他極度憂傷的精神垮了，他骨瘦如柴的身體也垮了！董鄂妃死後剛過百天，「癡情天子」順治，因患天花醫治無效，崩於養心殿。

有人說，順治並沒有死，而是出家了。這不符合事實。從現有材料來看，順治還是死了。順治帝患天花有歷史記載，清廷還曾禁止民間炒豆。還有更直接的證據。順治病危時，翰林院清孝陵掌院學士王熙起草《遺詔》。《王熙自定年譜》記載了這件事情：正月初二日，順治帝突然病倒，病情嚴重。第二天，召王熙到養心殿。初六日子夜，又召王熙到養心殿，說：「朕患痘，勢將不起。爾可詳聽朕言，速撰詔書。」王熙退到乾清門下西圍屏內，根據順治的意思撰寫《遺詔》，寫完一條，立即呈送。一天一夜，三次進覽，三蒙欽定。《遺詔》到初七日傍晚撰寫與修改完畢。當夜，順治就去世了。順治臨終前說：「祖制火浴，朕今留心禪理，須得秉炬法語……」順治帝死後被火化，由茚溪森和尚主持。四月十七日，茚溪森和尚在景山壽王殿為順治遺體秉炬火化。茚溪森死後，他的門

清孝陵

人編輯他的語錄《敕賜圓照茚溪森禪師語錄》，記載了這件事。所以，順治帝確是死了，而不是出家了。

　　順治帝死後，按照皇太后的懿旨、順治帝的遺囑，由八歲的玄燁繼承皇位，這就是康熙大帝。

福臨個人小檔案

姓名：愛新覺羅・福臨	**出生**：崇德三年（1638）正月三十日
屬相：虎	**卒年**：順治十八年（1661）
享年：二十四歲	**諡號**：章皇帝
廟號：世祖	**陵寢**：孝陵（清東陵）
父親：皇太極	**母親**：孝莊太后
初婚：十四歲，配偶博爾濟吉特氏	**配偶**：十九人，博爾濟吉特氏為皇后
子女：八子，六女	**繼位人**：玄燁（康熙）
最得意：懲治死後的睿親王多爾袞	**最失意**：想出家未成
最不幸：父親早故	**最痛心**：愛妃董鄂氏早死
最擅長：佛學	

相關閱讀書目推薦

（1）閻崇年：《清朝皇帝列傳・順治皇帝》，紫禁城出版社，2002 年
（2）周遠廉：《順治帝》，吉林文史出版社，1993 年
（3）宮寶利：《順治帝與多爾袞》，山西人民出版社，1999 年
（4）李治亭主編：《清朝通史・順治朝》，紫禁城出版社，2003 年

康熙帝玄燁

　　清聖祖仁皇帝愛新覺羅・玄燁，生於順治十一年（1654）三月十八日，屬馬。他八歲登極，在位六十一年，享年六十九歲，是中國歷史上有文字記載以來在位時間最長的君主。年號康熙：康，安寧；熙，興盛——取萬民康寧、天下熙盛的意思。又稱康熙帝。

　　康熙的父親是順治，祖母是孝莊太后，祖父是太宗皇太極，曾祖父是太祖努爾哈赤；兒子是雍正，孫子是乾隆。康熙是清朝第四位皇帝、清定都北京後的第二位皇帝，在清朝前六代皇帝中承上啟下，處於十分重要的地位。當時的大清，朝雖立而國未盛、民未安，守成和創業同等重要。上繼父祖鴻業，下開後世太平，實現民眾康寧、國家熙盛，是康熙帝面臨的時代課題。

　　事實證明，康熙承擔起了這項艱巨的歷史使命。少年康熙，就已經表現出卓爾不凡的才智和決斷力。這一點，可以從他智擒權臣鰲拜一事中看出來。

　　同父親順治一樣，康熙登極時也是兒童皇帝，太皇太后也要給他配備輔政大臣。為了避免再次出現類似於順治初年攝政睿親王多爾袞擅權獨斷

的局面，決定：不由皇族宗室中的長輩攝政，而在異姓功臣中選拔大臣輔政；增加輔政大臣為四人，以便相互制約。皇族宗親勛貴對輔政大臣實行監督，再由太皇太后總裁軍國大政。所以，康熙帝登位後，內有祖母太皇太后孝莊懿訓，外有索尼（正黃旗）、蘇克薩哈（正白旗）、遏必隆（鑲黃旗）、鰲拜（鑲黃旗）四大臣輔政。在四位輔政大臣中，索尼曾為太祖一等侍衛，四朝元老，功勛卓著，位居四輔臣之首，但他年老多病。蘇克薩哈爵位在遏必隆和鰲拜之下。四大臣輔政之初，尚能不結黨羽，和衷共濟，實踐他們在順治皇帝靈位前的誓言。但是後來逐漸形成鰲拜結黨營私、欺凌幼主的局面。

鰲拜首先拿蘇克薩哈開刀。

事情的導火線是土地問題。起先，順治初年實行圈地時，攝政王多爾袞利用權勢，將原定圈給鑲黃旗的永平府一帶的好地讓給正白旗，而另撥河間府一帶次地給鑲黃旗。這件事當時曾引起一場風波，但事過二十多年，旗民各安生業，舊怨也已淡忘。鰲拜卻舊事重提，讓正白旗與鑲黃旗互換土地，目的是討好自己和遏必隆所在的鑲黃旗，而打擊蘇克薩哈及其所在的正白旗。這件事引起朝野上下的普遍反對，正白旗人告到戶部。大學士、戶部尚書蘇納海認為不可，直隸總督朱昌祚以此舉會造成數十萬失業者而抗疏稱其不便，保定巡撫王登聯以圈撥擾民而疏請停止。鰲拜矯詔將這三位大臣誅殺。鰲拜借機又「一連七日強奏」，矯旨將輔政大臣蘇克薩哈及其子孫全部處死，並籍沒家產。鰲拜肆無忌憚，專橫跋扈，一些重大的朝政，在家中議定後便施行，不把少年天子玄燁放在眼裏。鰲拜目無君主，舉朝震驚。康熙帝雖內心對鰲拜極為不滿，在表面上卻同其周旋。

康熙六年（1667），玄燁十四歲。索尼援引先帝福臨十四歲親政的祖制，疏請康熙帝親政。康熙帝徵得祖母同意後，允索尼所奏，不久開始親政。親政時索尼已死，鰲拜成了首席輔政大臣。鰲拜與遏必隆同旗結黨，

鑲黃旗獨掌朝政，不僅無意收斂，反而更飛揚跋扈。康熙帝同太皇太后秘商後，決定拔除鰲拜。但鰲拜為三朝勛臣，握有重兵，遍置黨羽，不便輕動。

康熙帝便同索尼的第三子、侍衞索額圖，在宮中召集滿洲少年組成宮廷衞隊，天天演習「布庫」（摔跤）。鰲拜以為少年戲耍，沒有在意。一天，鰲拜奉召入內觀看「布庫」演習。康熙帝不露聲色，命滿洲「布庫」少年將鰲拜擒捕，並公佈其三十大罪。但康熙帝對鰲拜做出寬大處理，免於處死，終身監禁；對遏必隆僅革太師，後還公爵。這樣處理，不僅一舉清除了鰲拜及其同黨，而且穩住了鑲黃旗。當時，康熙帝年僅十四歲，其部署周密，沉着機智，處理得當，不失分寸，初露其胸懷謀略、臨機果決的政治家風範。

此後，康熙大帝革除舊制，施行新政，勤於國事，好學不倦，禦敵入侵，一統山河，治河重農，提倡文教，奠下了清朝興盛的根基，開創出「康乾盛世」的大局面。

對歷史：八大貢獻

康熙一生對中國歷史和世界文明的發展做出了重大的貢獻。概括說來，共有八點。

削平三藩，鞏固統一

三藩是指三個降清的明將：平西王吳三桂，鎮雲南；平南王尚可喜（子之信），鎮廣東；靖南王耿繼茂（父仲明、子精忠），鎮福建。三藩佔據要地，擁兵自重，成為清初的三個地方割據勢力，其中以吳三桂實力最強。從順治朝開始，軍費開支浩大，每年入不敷出。以順治十七年（1660）為例，國家正賦收入銀八百七十五萬兩，而雲南一省就要支出銀九

《吳三桂鬥鵪圖》

百多萬兩。竭全國之財力，尚不足一藩之需求。到了康熙初年，財政困難局面仍舊未見好轉。國家錢糧，大半耗於三藩。三藩在自己的獨立王國裏，設立稅卡，私行鑄錢，圈佔土地，掠賣人口。平西王吳三桂還自行選派官員，稱為「西選」。康熙帝除鰲拜後，三藩成為他最大的心病。他要削平三藩，強化皇權。

當時，朝廷上主張不可撤藩的佔絕大多數，支持撤藩的只有兵部尚書明珠、戶部尚書米思翰等少數官員。二十歲的康熙帝力排眾議，他認為：「三桂等蓄謀久，不早除之，將養癰成患。今日撤亦反，不撤亦反，不若先發。」於是，下令撤藩！

康熙撤藩一石激起千層浪。「東南西北，在在鼎沸」，京城裏有楊起隆舉事，察哈爾有阿爾尼叛亂。而且，先後發生京師大地震、太和殿火災，康熙帝愛后赫舍里氏也

尚可喜像

71

崩逝。朝裏與朝外，外叛與內變，天災與人禍，連連擊到年輕的康熙皇帝身上。一時間人心惶惶，京師不少官員甚至把家眷送歸江南鄉里。

臨大事，有靜氣。青年天子玄燁在危急時刻，持心堅定，氣靜不慌。原來主張不可撤藩的大學士索額圖、戶部侍郎魏象樞等，提出要處斬建議撤藩的大臣。康熙帝義正詞嚴：撤藩出自朕意，他們何罪之有？這就堅定了主張平叛的大臣的決心。他下詔削奪吳三桂的官爵，公佈其罪狀。不久又將留居京師的吳三桂之子應熊、孫世霖等逮捕處死。消息傳到吳軍，吳三桂正在吃飯，聞訊大驚。

康熙大閱盔甲

後西藏五世達賴喇嘛為吳三桂說情，請求朝廷「裂土罷兵」，遭到康熙帝的堅決駁斥。他為了安定驚恐的軍心、慌亂的民心，每天遊景山，觀騎射，以示胸有成竹。有人諷諫，康熙置若罔聞。事後他說：「當時我要是表現出一絲驚恐來，就會人心動搖，說不定會出現意外情況！」他的堅定決心和平靜心態，對於穩定大局和安定人心，起了很大的作用。

康熙帝佩刀像

經過八年平叛戰爭，終於取得削平三藩的勝利。羣臣請上尊號，康熙帝嚴辭拒絕。他認為，八年戰火，生民塗炭，應該務實，切戒虛名。隨後，他開始着手統一台灣。

統一台灣，開府設縣

明天啟四年（1624），荷蘭人侵佔台灣。順治十八年（1661），鄭成功從荷蘭人手中收復台灣。鄭成功死後，其子鄭經奉南明正朔（即承認南明的正統地位）。康熙二十二年（1683），康熙抓住鄭經死後，其子鄭克塽年幼、部屬內訌、台灣政局不穩的時機，以施琅為福建水師提督，率軍統一了台灣。而後設台灣府，隸屬於福建。台灣府下設三縣——台灣縣（今台南）、鳳山縣（今高雄）、諸羅縣（今嘉義），派總兵官一員、率官兵八千，駐防台灣。從而加強了中央對台灣的管轄，促進了台灣經濟文化的發展。

施琅像

抵禦外侵，締結和約

黑龍江地域在皇太極時已經歸屬清朝。清軍入關後，沙俄東進侵入中國黑龍江流域地區，佔領雅克薩（今阿爾巴津）、尼布楚（今涅爾琴斯克）、呼瑪爾（今呼瑪）等城。康熙統一台灣後，調派軍隊進行兩次雅克薩自衛反擊戰，取得勝利。康熙二十八年（1689），同俄國在尼布楚簽訂《中俄尼布楚條約》，規定了中俄兩國的東段邊界，從法律上劃定了以額爾古納河、格爾畢齊河和外興安嶺為界，整個外興安嶺以南、黑龍

《廣輿勝覽圖》中的俄羅斯人

烏蘭布通古戰場

江和烏蘇里江流域（包括庫頁島）都是中國的領土。這是中國歷史上同外國簽訂的第一個平等條約，表明康熙帝獨立自主外交的勝利。

親征朔漠，善治蒙古

努爾哈赤和皇太極解決了漠南蒙古問題，康熙則進一步解決了漠西蒙古和漠北蒙古的問題。從秦漢匈奴到明朝蒙古的民族難題，到康熙時才算得解。康熙説：「昔秦興土石之工，修築長城。我朝施恩於喀爾喀，使之防備朔方，較長城更為堅固。」蒙古成為清朝北部堅固的長城。

重農治河，興修水利

清軍入關後，最大的弊政莫過於圈佔土地，跑馬佔田，任意圈奪。順治帝曾諭令禁止圈地，但禁而不止。康熙帝頒令，停止圈地，招徠墾荒，恢復生產。

為促進農業生產，康熙帝六次南巡，治理黃河、淮河、運河、永定河，並興修水利，取得很大成績。

移天縮地，興建園林

康熙先後興建暢春園、避暑山莊、木蘭圍場等，乾隆又大興「三山五園」——香山靜宜園、玉泉山靜明圓、萬壽山清漪園（後改名頤和園）和圓明園等，將中國古典園林藝術推向高峰。

興文重教，編纂典籍

他重視文化教育，主持纂修了《康熙字典》、《古今圖書集成》、《律曆淵源》、《全唐詩》、《清文鑑》、《皇輿全覽圖》等，總計六十餘種，兩萬餘卷。

吸納西學，學習科技

經過艱苦卓絕的努力，康熙時的大清帝國，成為當時世界上幅員最遼闊、人口最眾多、經濟最富庶、文化最繁榮、國力最強盛的大帝國。那時清朝的疆域，東起大海，西至蔥嶺，南達曾母暗沙，北跨外興安嶺，西北到巴爾喀什湖，東北到庫頁島，總面積約1300萬平方公里。康熙大帝奠下了清朝興盛的根基，開創出康熙盛世的大局面。康熙皇帝是中國自秦始皇以來少有的好皇帝，是一位英明的君主、偉大的政治家。

《康熙出巡圖》

康熙何以能取得上述的巨大成功？他的為君之道是怎樣的？我們將從以下五個方面來探索康熙事業成功的秘訣，也可以說是探索康熙為君之道的五把歷史鑰匙。

對自己：好學不倦

　　過人的功業，因有過人的思想；而過人的思想，因有過人的學習。「學習」二字，是解開康熙一生開創大業秘密的一把鑰匙。

　　康熙八歲喪父，十歲又喪母，很是可憐。母親重病時，小玄燁「朝夕虔侍，親嘗湯藥，目不交睫，衣不解帶」；母親病故後，小玄燁又晝夜守靈，水米不進，哀哭不停。一個才九週歲的孩子，兩年之間，父母雙亡，形影相弔，應當說是人生的最大不幸。他後來回憶說，幼年在「父母膝下，未得一日承歡」。人常是這樣：生於憂患，死於安樂。憂患既使人痛苦，憂患也激人奮進。幼年的憂患，激勵了康熙奮發學習、自立自強的精神。

　　康熙身上有着三種血統、三種文化和三種品格。他的父親是滿洲人，祖母是蒙古人，母親是漢族人。他深受祖母的教誨，又向蘇麻喇姑（蘇墨爾，孝莊隨嫁貼身侍女）學習蒙古語，向滿洲師傅學習騎射，跟漢族師傅接受儒家教育。康熙的勇武與奮進，受到了滿洲文化的影響；高遠與大度，得益於蒙古文化的熏陶；仁愛與韜略，來自漢族儒學的營養；後來，

清宮南書房

他的開放與求新，則是受了耶穌會士西方文化的熏染。康熙帝吸收了中華多民族的、西方多國家的，悠久而又新進、博大而又深厚的文化營養，具有當時最高的文化素質。這為

康熙學習數學時的書桌

他展現帝王才氣，實現宏圖大業，奠定了基礎。

康熙是中國歷史上少有的嗜書好學的帝王。他五歲入書房讀書，晝夜苦讀，不論寒暑，乃至廢寢忘食。又喜好書法，「每日寫千餘字，從無間斷」。他讀「四書」──《大學》、《中庸》、《論語》、《孟子》，「必使字字成誦，從來不肯自欺」。後來他要求皇子讀書，讀滿百遍，還要背誦，這是他早年讀書經驗的傳承。

康熙繼位後，學習更加勤奮，甚至過勞咯血。他讀書不是為消遣，而是為「體會古帝王孜孜求治之意」，以治國、平天下。他在出巡途中，深夜乘舟，或居行宮，談《周易》，看《尚書》，讀《左傳》，誦《詩經》，賦詩著文，習以為常。直到花甲之年，仍手不釋卷。

康熙帝重視史籍，下令編纂《清文鑑》（滿文字書）、《康熙字典》、《古今圖書集成》、《全唐詩》、《皇輿全覽圖》等，開一代整理與雕印文化典籍之風。他還有《御製文集》（三集）、《御製詩集》、《幾暇格物編》等傳世，留下一千一百四十七首詩詞。

康熙皇帝對醫學很有興趣，也很有研究。他說自己「年力盛時，能挽十五力弓，發十三把箭」，可見他體格強健、長於弓馬。他也得過幾場大病，使他很早留心醫藥學。康熙四十歲那年得了瘧疾，中醫藥未能治癒，耶穌會士洪若翰、劉應進金雞納霜（奎寧）。康熙服用後，很靈驗，病好

後，他召見洪若翰、劉應等，在西安門內賞賜房屋，後這裏成為天主教北堂。有大臣得了瘧疾，康熙賜金雞納霜為其治好病。此後，康熙便對西藥發生興趣，命在京城內煉製西藥，還在宮中設立實驗室，試製藥品，親自臨觀。他提倡種痘以防天花。關外的遊牧族羣，特別怕患上天花。順治因患天花而死，康熙也出過天花，臉上留下麻子。清朝在塞外建避暑山莊、木蘭圍場，原因之一是讓蒙古貴族可以不入京朝觀，減少出天花的機會。

南懷仁獻給康熙皇帝的銅鍍金天文望遠鏡

他破除因循，推廣種痘，命先給自己子女及宮中女子種痘，還給蒙古四十九旗及喀爾喀蒙古部民種痘，這就使千萬人因種痘而免去患天花死亡或不死而留下麻子的悲劇。

康熙帝命耶穌會士巴多明將西洋《人體解剖學》書籍翻譯成滿文、漢文。他曾命將一隻冬眠的熊進行解剖，並親自參加。

康熙又喜愛研習自然科學。他學習和研究自然科學的一個動因，是曾經因為不懂自然科學而在處理政事時遇到困難。欽天監楊光先狀告湯若望，朝廷會議展開了一場關於天算曆法的大爭論。當時，康熙命各位大臣在午門前觀測日影，但在九卿中沒有一個懂得天文曆法的，康熙自己也不懂。他想：自己不懂，怎麼能判斷是非呢？因此發憤學習。

康熙二十七年（1688）十一月二十八日，白晉、張誠等六位法國科學家在乾清宮受到康熙帝召見，他們獻上了從法國帶來的三十件科技儀器和

書籍做見面禮。這些非同尋常的禮品，令康熙帝「天顏喜悅」，當即決定讓他們入宮，擔任自己的科學顧問。從此開始了外國科學家在清朝宮廷從事科學活動長達數十年的局面。

白晉等人入宮後，與康熙相處融洽，工作也很順利。他們對康熙熱衷科學的態度給予高度評價，曾把他們的見聞寫在給路易十四（1643～1715）的報告中。1698年巴黎出版的白晉著《中國皇帝康熙傳》中有如下記述：

> 康熙帶着極大的興趣學習西方科學，每天都要花幾個小時同我們在一起，白天和晚上還要用更多的時間自學。他不喜歡嬌生慣養和遊手好閒，常常是起早貪黑。儘管我們謹慎地早早就來到宮中，但他還是經常在我們到達之前就準備好了，他急於向我們請教一些他已經做過的一些習題，或者是向我們提出一些新的問題……。
>
> 有時他親自用幾何方法測量距離、山的高度和池塘的寬度。他自己定位，調整各種儀器，精確地計算。然後他再讓別人測量距離。當他看到他計算的結果和別人測量的數據相符合，他就十分高興。

對從法國帶來的科技儀器，白晉說康熙「最喜歡的是用於觀察天體的雙筒望遠鏡、兩座掛鐘、水平儀，這種儀器精確度很高，他讓把這些儀器擺放在自己的房間裏」。他「把着直尺和圓規愛不釋手」。

2003年在法國巴黎凡爾賽宮曾舉辦「康熙大帝展」，展出故宮珍藏的康熙年間西洋科學儀器，至今仍運轉自如，光彩耀人。這些展品主要有：(1)手搖電腦。世界上第一台手搖電腦是法國科學家巴斯如於1642年製造的，通過裏面的齒輪進位進行計算。故宮博物院收藏10台手搖電腦，都是

康熙年間製作，能進行加減乘除運算。（2）銅鍍金比例規。原是伽利略發明的計算工具，可以進行乘、除、開平方等各種計算。康熙的比例規增加平分、正弦等不同的計算。（3）康熙角尺：尺上鐫刻有「康熙御製」四個字。（4）平面和立體幾何模型，全部由楠木精製，是清宮造辦處為康熙學習幾何學所製作的教具。（5）繪圖儀。質地有銀、木、漆、鯊魚皮等，每套6至20餘件不等。盒內裝有比例規、半圓儀、分釐尺、假數尺、兩腳規、鴨嘴筆等。為適用野外作業，有的還配有刀子、剪子、鉛筆、火鐮、放大鏡、黑板、畫棒等。這類儀器是康熙時期清宮造辦處仿照西洋繪圖儀器製作的，用於野外繪圖。（6）御製簡平地平合璧儀：它是集簡平儀、地平儀、羅盤、象限儀、矩度為一儀的多功能測量儀器，攜帶方便，具有適合野外作業的特點。它共分六層，由清宮內務府造辦處製造。

《避暑山莊圖》

白晉、張誠之後，又陸續有不少西方科學家來到清宮。他們最大的成績，莫過於促使康熙創建了被他們稱為「中國科學院」的蒙養齋算學館，和促使康熙實

施了中國地理大測繪這一偉大創舉。

康熙組織的這次地理大測繪，對世界地理學的貢獻不容低估。法國科學家們也因此而有機會到中國各地考查，在其他方面的收穫也相當大。康熙四十八年（1709），杜德美參加了赴東北的勘測隊。他在長白山見到採參的情況後，把參的性能、產地、採集、保存等等，寫成文字、繪出圖樣寄回法國發表。四年後，另一位法國科學家參照杜德美有關人參的文章，在加拿大與長白山緯度相近的魁北克一帶，發現了相似的參。它產於西洋，因此稱「西洋參」。

談及這些歷史往事，人們自然會問：既然三百年前西方科技就已經傳到中國，為什麼十八世紀後中國科學又大大落後於西方？看看當時在康熙宮廷供職的巴多明留下的諸多信件，就不奇怪了。

巴多明於康熙三十七年（1698）從巴黎來到中國並進入宮廷。他在參與地理大測繪的同時，把對中國官場的觀察也一一記錄下來寄回法國，收入《耶穌會士書簡集》。比如在談到清朝的天文機構——欽天監時，他說：

> 他們觀察天象的條件簡陋。在欽天監工作一生的人惟一的希望就是能當上欽天監的高級職位……如果監正本人很富有，又愛好科學，他就自己花功夫去搞研究，如果他想對他的前任工作精益求精，增加觀察或對工作方式做些改革，他馬上會在欽天監中成為眾矢之的。眾人頑固地一致要求維持原狀。他們會說，何必自討苦吃、多惹麻煩呢？稍有差錯就會被扣罰一二年的俸祿。這不是做了勞而無功反而自己餓死的事嗎？毫無疑問，這是北京天文台阻礙人們使用望遠鏡去發現視線達不到的東西和使用擺錘精確計算時間的原因。

在這種僅有康熙皇帝與個別大臣對科學感興趣的情況下，改進科研制度的社會條件根本不具備。就是皇帝個人這一因素也是每況愈下，康熙朝以後，皇帝們對科學一個比一個缺乏興趣。乾隆朝進入宮廷的法國科學家，如楊自新、蔣友仁等本都學有專長，但乾隆對科學一竅不通，他們也就只能為皇帝製作機械鐘錶、西洋樓、大水法（人造噴泉）了。

康熙皇帝是一位學習型的皇帝，是「二十五史」中惟一了解西方文明、尊重科學精神的皇帝。

對朝政：勤慎理政

康熙處理軍國大政有兩個顯著的特點：一個是「勤」，另一個是「慎」。

康熙一生勤政。「勤政實為君之大本，怠荒實亡國之病源」。明朝滅亡的一個原因，就是皇帝大多怠政。萬曆皇帝和天啟皇帝都是有名的怠政庸君。萬曆「怠於臨政，勇於斂財，不郊、不廟、不朝者三十年，與外廷隔絕」。萬曆不御政，導致南北兩京缺尚書、侍郎十四員，大學士泡病號請假，內閣大門白天緊閉，尚書虛懸，無人理事，中樞機構癱瘓。宰相方以哲進入內閣八年才得見萬曆一面，而且是惟一的一次見面，什麼問題也沒有解決。遇到緊急的軍國大事，皇帝不接見朝臣，不議商國事，也不作出決策。有的大臣跪在朝門外十個小時不起，請求皇帝上朝，萬曆仍然不予理睬。萬曆二十幾年不上朝，有人說是耽於酒色，有人說是首輔縱容，有人說是疾病纏身，但從根本上說是萬曆沒有做皇帝的責任感。天啟也是一樣，整天迷戀木工活，刀鑿斧鋸，玩得津津有味。大宦官魏忠賢專等他玩得高興的時候前去奏報軍國大事，天啟不耐煩地說：你看著辦吧！魏忠賢藉以假傳聖旨。

清朝的皇帝，從天命汗到光緒帝都是勤政的。他們吸取明朝亡國的教

訓，勤理政事。從康熙開始，皇帝每天都要御門聽政，就是在皇宮乾清門前，由皇帝親自主持御前朝廷會議。因為最初康熙聽政主要在乾清門，所以稱作御門聽政。後來聽政的地點經常變化，有時在中南海瀛台勤政殿、暢春園澹寧居、避暑山莊澹泊敬誠殿等。參加會議的主要有六部九卿（禮吏戶兵刑工六部尚書、左都御史、通政使、大理寺卿）等官員。會議有記錄，就是起居注。康熙從十四歲親政以來，每天御門聽政，一年四季，無論冬夏，沒有例外。聽政的時間，一般在早上八點左右，所以又稱「早朝」。康熙的御門聽政，嚴寒酷暑，從不間斷。他說：「一歲之中，昧爽視朝，無有虛日。親斷萬機，披覽奏章。」即使在康熙十八年北京發生大地震，康熙也照常早朝。康熙從親政之日起，到去世之前，除因生病、三大節、重大變故外，幾乎是沒有一天不聽政的。

《康熙南巡圖》
中的治河場景

康熙理政不僅「勤」，而且「慎」。康熙一生謹慎，對於關係國計民生的大事，反覆調查，慎重決策。下面舉治河與撫蒙兩個例子。

治河

康熙四十五年（1706）治河，大臣們意見分歧。經過調查、面奏、辯論、驗證等，從正月初十日開始，到十二月二十七日結束，整整進行了一年，才作出決策，可謂慎之又慎。且看康熙治河決策的全過程：

第一，重視治河。康熙親政後將三藩及河務、漕運三件大事，書寫在宮中柱子上。

第二，尋根溯源。比如黃河，他派侍衛探查黃河之源，到星宿海，往返萬餘里，並繪成輿圖。這是中國歷史上第一幅經過實際踏查而繪成的黃河圖。另如永定河。康熙巡視北京通州段河堤，隨駕的有皇太子、皇四子、皇五子、皇八子、皇十四子、皇十五子、皇十七子等。他命諸皇子分釘木樁，學用儀盤，親自檢測儀器，記錄測量數據。

《康熙帝南巡圖》之「御舟」

第三，任用能臣。康熙任用治河名臣靳輔和陳潢。靳輔，漢軍鑲黃旗人，以安徽巡撫授為河道總督。受命後，一日八上奏疏，報告治河之策。他的治河方略是：

統審全局，河運並治，浚河築堤，束水攻沙，多開引河，量入為出。他重點治理黃河、淮河、運河交匯的清口。陳潢，浙江杭州人，善治水，負才不遇，題詩祠壁。靳輔見而驚異，訪得引為幕友，疏奏多由陳潢起稿，施工亦由陳潢監理。他們督率民工，日夜辛勤，治河大成。但是，靳輔受到諸臣合訐交攻，發生了意見分歧。

第四，御前辯論。河道總督靳輔與直隸巡撫于成龍在治河方略上意見相左。爭論的主要是兩個問題：一個是治河水退後出現的田地，是實行屯田還是由豪紳墾佔？另一個是為了使河水通暢順流入海，是開浚海口還是修築大堤？康熙不妄加論斷，而是命雙方在乾清門進行御前辯論，各申己見，互相駁難。關於屯田——于成龍說：「屯田奪民產業，不能實行！」靳輔則說：「丈出之田，作為屯田，抵補河工所用錢糧。因屬吏奉行不善，民怨是實，臣無可辯，惟候處分。」關於開浚海口，靳輔的意見是：開海口雖可泄水，但可能引起海水倒灌。于成龍的意見是：要是加高河堤，堤高一丈五尺，民居在其下面，一旦河決，無數百姓，將飽魚腹！爭論沒有達成共識，決定再廣泛徵詢意見。

第五，集思廣益。辯論雙方各有各的理由，康熙不能決斷。他又命鄉里臨河的在京官員，書寫己見，上報朝廷。

第六，會議裁決。康熙帝聽了兩方面的陳述，看了大臣的疏報，交九卿會議裁決：採納了于成龍的方案，將靳輔罷官，陳潢被削職、逮京後病死。

第七，實踐驗證。康熙帝曾數次派大臣視察河工，檢驗朝廷辯論的意見孰對孰錯。後康熙帝南巡閱河，靳輔扈行隨從。回京後，康熙肯定靳輔治河功績，復還他的原來品級。

第八，改正錯誤。靳輔之後，命于成龍為河道總督。康熙帝召于成龍入京，問：「過去你說靳輔之短，現在怎樣？」于成龍回答：「臣那時妄

85

康熙御製「威遠將軍」炮

言，現在也按照靳輔的辦法去做。」這是對靳輔治河方案最好的結論。

第九，斷不出書。康熙悉心治河數十年，撰寫治河論述，河道總督張鵬翮請將治河諭旨編纂成書，雕刻頒行，永久遵守。康熙說：「前代治河之書，無不翻閱，泛論雖易，實行則難。河水沒有定性，治河不可一法。今日治河之言，欲令後人遵行，斷不可行。」這表現了康熙可貴的謙遜的科學態度。

以上九點能夠做到一點，可以稱作明君。

治理蒙古

康熙講求仁道，撫綏蒙古。喀爾喀蒙古（外蒙古）分為土謝圖汗部、扎薩克圖汗部、車臣汗部三大部。諸部內訌，互相殘殺。土謝圖汗擅殺扎薩克圖汗沙喇，引起喀爾喀蒙古內部糾紛。噶爾丹乘機東犯，逼迫喀爾喀南遷。康熙巧借噶爾丹東犯威逼喀爾喀之機，於三十年（1691）五月，親赴塞外，主持多倫諾爾（今內蒙古錫林郭勒盟多倫）會盟。盟會開始，土謝圖汗、哲布尊丹巴呼圖克圖、扎薩克圖汗沙喇弟策妄扎布、車臣汗坐在第一排，其餘按次序入座。蒙古王公貴族由理藩院官員引領晉謁康熙。康熙對土謝圖汗擅殺扎薩克圖汗沙喇，引起喀爾喀蒙古內部糾紛，給噶爾丹以可乘之機的過失加以申斥，讓他領罪。然後康熙說，如此盛大的盟會，要是對土謝圖汗處以重罪，實在於心不忍，宣佈赦免土謝圖汗之罪。喀爾

喀貴族七百餘名、哲布尊丹巴轄下喇嘛六百餘名，齊向康熙皇帝行三跪九叩大禮。康熙帝在大蒙古包正式接受全體喀爾喀蒙古貴族的臣服，並編喀爾喀蒙古為四十九旗，封喀

《厄魯特蒙古圖》

爾喀蒙古貴族為親王、郡王、貝勒、公、台吉等。又舉行盛大的閱兵典禮，列陣十里，吹角鳴炮，眾呼前進，聲動草原。康熙騎馬彎射，技藝精湛，令蒙古部眾心悅誠服。康熙帝通過召見、訓諭、赦免、封爵、檢閱、較射、會盟、宴賞和修廟等舉措，使喀爾喀蒙古出現冰釋前仇、化解分歧、輯睦安居、氣氛和諧的局面，實現了喀爾喀蒙古內部的重新統一。經過七天的多倫諾爾會盟，喀爾喀蒙古完全臣服清朝，加強了中央對喀爾喀蒙古的統一管轄。

對臣民：仁愛寬刑

康熙對臣民強調要實行「仁愛」。「仁」字，《孟子‧盡心》説：「仁也者，人也。」儒家有「仁者愛人」的理念。「愛」字，有人説是近代的詞，也有人説是西方的詞。其實，《論語‧顏淵》就有「樊遲問仁」，孔子答曰：「愛人。」《禮記‧哀公問》記載孔子的話：「古之為政，愛人為大。」所以，「仁愛」是儒家基本的政治理念。康熙繼承了儒家為政「仁

「愛」的理念，並在施政過程中加以實踐。

康熙屢次申令停止圈佔土地；又蠲免錢糧達545次之多，計銀一億五千萬兩。他賑災，設義倉，關心民眾疾苦。他宣佈：自康熙五十一年（1712），「盛世滋生人丁，永不加賦」。後雍正實行「攤丁入地」，中國長期以來的人丁銀被免除。其正面影響是減輕了人身依附，其負面影響是刺激人口增長。乾隆時人口達到3億，道光時則突破4億。

關於康熙的仁愛，可以舉一個例子。康熙十六年（1677），康熙在塞外視察時，發現一人僵臥路旁。他親自詢問，知道這個人叫王四海，是個傭工，在回家路上，因為飢餓，躺下起不來。康熙立即下令給他餵熱粥。等王四海甦醒後，將他帶到行宮。後給王四海盤纏，送他回家。

康熙十八年（1679），北京大地震。康熙下令開設粥廠，還讓太醫院給傷病者送醫送藥。

康熙實行寬刑政策。康熙二十二年（1683），全國秋決（判死刑）的犯人「尚不及四十人」。

康熙身後諡號為「仁皇帝」，這個「仁」字，恰恰是康熙一生為人、行政的一個顯著特點，也是康熙區別於清朝其他皇帝的一個顯著特點。

康熙的仁政，措施之一是懲辦貪官、表彰清官。清官是康熙帝的一面旗幟。康熙朝最著名的清官于成龍，有個綽號叫「于青菜」，就是因為他雖貴為封疆大吏，卻常年不吃肉，只吃青菜。

于成龍，山西永寧（今離石）人（康熙時還有一位于成龍，漢軍鑲黃旗人），先任廣西羅城縣知縣，當時已經四十五歲。羅城位於萬山之中，歷經戰亂，沒有城郭，遍地榛莽，縣衙是茅屋三間，居民僅有六家。于成龍到任後，召集流民，鼓勵耕耘，設養濟院，寬免徭役，興建學宮，縣境大治。史書說他「居羅七年，與民相愛，如家人父子」。于成龍升任合州知州，前往赴任時，百姓傾城出動，痛哭號泣相送。有一位瞎子不肯離

去。于成龍問他為什麼不走，他回答說：「我想您路上盤纏不夠，我會算卦，可以沿途賺點錢，以備不足之用。」于成龍很感動，就把他留下來。果然途中錢花光了，幸虧瞎子賺些算命錢補充路費才到了合州。在合州，有政績，又遷黃岡。黃岡社會治安很亂，他裝成乞丐，深入罪犯巢穴，日夜雜處，探明實情，一舉端掉賊窩。又任黃州知府，再升任福建布政使。時清軍平定三藩之亂，軍中多掠良民子女為奴。他集資贖出被掠婦女放還。康熙十九年（1680），升為直隸巡撫。上任後，嚴戒饋送長官。又遷兩江總督。他自奉儉約，每天就是粗米、青菜，終年不知肉味，江南人稱其為「于青菜」。在他的帶動下，士紳們改綢緞為布衣，官宦出門輕車簡從。僅僅數月，樸素之風大為流行。他過於勞累，死在任上。于成龍做官，不帶家眷，十分儉樸。死後，將軍、都統、官吏、友人到他家中一看，「惟笥中絺袍一襲，牀頭鹽豉數器而已」。就是說，于成龍的家中只有竹筐裏粗糙紡織品製做的一身袍子和牀頭幾罐食鹽、豆豉而已。為追悼于成龍，市民罷市，聚哭致哀！百姓家掛他的畫像祭祀。康熙說：「朕博採輿評，咸稱于成龍實天下廉吏第一！」

格爾古德，滿洲鑲藍

康熙老年像

旗人，筆帖式（即文書、翻譯）出身，後升翰林院侍讀學士，任日講起居注官。康熙二十一年（1682），任直隸巡撫。上任前，康熙帝告誡他：「你上任後不要急於求名，而要踏實做事；或遭憤恨報復，定要特別小心。」當時京畿地區，旗人與民人雜處，旗下的莊田，有王公大臣的莊田，有貴族豪紳的莊田。莊田設莊頭，像《紅樓夢》裏的莊頭烏進孝那樣，管理莊田，負責收租，為害一莊。還有投充旗下的人，依靠主子，逃避差徭，詐害良民，無惡不作。自康熙初，鰲拜專權，大學士管戶部尚書蘇納海、直隸總督朱昌祚、巡撫王登聯因觸犯滿洲權貴利益而遭殺害後，幾乎沒有人敢對這個敏感的問題上疏指陳。格爾古德上任不久，親自訪察，提出問題，疏陳：自己賣身投靠旗下之人，有的作奸犯科，想逃脫法網；有的遊手好閒，逃避差役。這些人，放債牟利，則諱旗稱民；遇上官司，又捨民稱旗。他們詐害良民，官府不敢過問，應當加以嚴厲議處。格爾古德得到康熙帝的有力支持。然而，事情並不那麼簡單。當時，大學士明珠權勢傾朝，他的下屬要圈百姓的墳地，民人投訴到戶部。戶部將訴狀轉直隸巡撫，格爾古德令宛平縣核查。知縣怕得罪權相明珠，報稱「無礙民墳」。格爾古德不畏權相，上疏劾奏明珠屬下「圈佔墳地屬實」，並請吏部問知縣的罪。格爾古德敢於碰權相，敢於碰勛貴，秉承上旨，執法嚴懲，被時人譽為「鐵面巡撫」。格爾古德居官，布衣蔬食，廉潔自律，不畏權貴，拒納饋送。康熙帝命朝廷大臣公舉清廉官吏，格爾古德被列為第一。

彭鵬，福建莆田人，幼年聰慧，鄉試中舉。三藩之亂起時，他裝瘋不從。平定三藩之後，任三河縣知縣。三河在京東，旗民雜處，號稱難治。有人冒稱自己是給皇帝放鷹的，到縣裏敲詐勒索，作惡多端。彭鵬經過偵訪，查明其真實身份，逮捕並鞭刑嚴懲。有人偷盜，彭鵬聞警，立即佩刀乘馬，急疾追捕。康熙帝巡視京畿，知道彭鵬清廉，在接見他時，賜給他內庫帑金三百，並說：「知道你清正，不接受百姓的錢，這些錢給你養

廉！」後調升彭鵬為科道。他受命到陝西、山西、河南了解民情、賑濟災荒。他疏報：涇陽知縣劉桂克扣籽粒，猗氏知縣李澍杖殺災民，磁州知州濫派運費，南陽知縣曖昧分肥等。詔三省巡撫察審，奏報沒有查實。在當時，當事人因受到關係網的保護，要核實一個貪污案件，是十分困難的。康熙帝又派他做順天府尹，彭鵬疏劾順天鄉試舉人李仙湄的考卷墨蹟刪改過多，考官徐倬、彭殿元徇私欺蒙，疏語中說：「臣如妄言，請劈臣頭，半懸國門，半懸順天府學。」九卿等召開會議，認為他語言不敬，應當罷官。康熙帝命考官徐倬、彭殿元退休，而對彭鵬不問。彭鵬為官，拒饋贈，清操守，是康熙朝著名的清官。

張伯行，河南儀封人，進士出身。中進士後，買各地大儒的圖書，口誦手抄，整整七年。他說：「君子喻於義，小人喻於利。」以學問清醇、志操潔肅自勵。做官後，家鄉河堤崩潰，他自己出錢招募民工運土塞堤。任山東濟寧道時，遇上饑荒，他從河南家裏運送錢米，並縫製棉衣，給災民充飢禦寒。任江蘇巡撫時，發現總督噶禮貪婪。江南鄉試作弊，生員譁然，抬着財神像到學宮，影響很大。張伯行調查，此案同總督噶禮有關，便上疏朝廷。康熙命尚書張鵬翮等調查，查證作弊之事同噶禮有關，噶禮卻彈劾張伯行。康熙命再調查。結果是噶禮被誣告，張伯行應當罷官。康熙命第三次復查，結論同前一樣。康熙說三次查證都是非顛倒，命再議。其實，康熙已經通過密摺對噶禮和張伯行都進行了解。康熙知道張伯行是清官，應當加以保全，着免噶禮官，由張伯行任總督。

康熙帝表彰清官，一則是為大小官員樹立榜樣，養成一代清廉的吏風；二則是借清官監督、揭發、打擊貪官；三則是派幾位好官，為百姓做點好事；四則是推行「仁愛」理念，為自己博得仁政的名聲。但是，清官往往為上級所不喜，也普遍為同僚所不喜。清官必遭貪官的嫉恨，也必遭貪官的報復。前述于成龍、格爾古德、彭鵬、張伯行等無一例外。然而，

康熙帝之所以仁明，在於他能明察是非曲直，不使廉吏灰心，能信任並保全清官，而遏制貪風日長。

在皇朝時代，官吏貪婪是普遍現象。康熙雖然獎勵清官、懲治貪官，但貪官污吏還是屢屢出現。看來康熙對待吏治，還缺乏系統的制度：嚴格制度，使官吏不能貪污；嚴厲懲處，使官吏不敢貪污；嚴定薪俸，使官吏不必貪污；嚴肅教育，使官吏不想貪污。

對西學：虛心吸納

自明朝後期始，西方耶穌會士陸續來到中國。他們一面傳教，一面傳授西方科學知識。明末大學士徐光啟等，從傳教士學習西方科學知識，翻譯西方科學著作。在康熙朝有一批外籍教師，如比利時人南懷仁、葡萄牙人徐日昇、法國人張誠和白晉等，其中以湯若望和南懷仁最為著名。

湯若望，耶穌會士，德國人，萬曆四十七年（1619）來華。這一年恰好發生薩爾滸大戰。他先到澳門，後入廣州，再到北京。崇禎時，創設曆局，修訂曆法，湯若望任事，與中國官員共同編成《崇禎曆書》，設館在今北京宣內南堂地方。清命湯若望掌管欽天監事，參與修正曆法。新曆法稱《時憲曆》，頒行天下。湯若望同順治的關係，在上文已經探討過。順治病危時，議立嗣君。福臨因皇子年齡太小，想立皇弟；皇太后的意思是立皇三子、八歲的玄燁，徵詢湯若望的意見。湯若望以玄燁出過天花可終生免疫，支持皇太后的意見。順治就一言而定玄燁繼承皇位。順治死後，湯若望在康熙初年被抓進監獄，原因是受了楊光先的誣告。

楊光先，安徽歙縣人，為人粗暴，好爭鬥。崇禎時來到京師，抬着棺材到闕下，上疏彈劾大學士溫體仁，被稱為奇人。後遭廷杖，謫戍遼西。明亡後，回江南，後又旅居京師。他不懂天文曆法，卻自認為是一位天算學家。順治時上書，指責《時憲曆》封面不當題「依西洋新法」五個字，

攻擊湯若望。當時順治帝對湯若望非常崇信，禮部不予受理。康熙三年（1664），楊光先再次誣告湯若望，一面上書朝廷，一面散發傳單。其中指責湯若望的《時憲曆》只編兩百年，大清皇朝萬萬年，這豈不是讓大清短祚嗎！這是一場保守派對維新派，愚昧文化對科學文化之爭。當時湯若望患病，行動不便，無力爭辯。可憐的他戴着九條鎖鏈，躺在小木牀上，神志恍惚間仍手舉望遠鏡觀測日蝕。康熙四年三月，輔政大臣鰲拜等支持楊光先，定湯若望死罪，欽天監五位部門負責官員被處死，廢棄《時憲曆》。孝莊太皇太后認為對湯若望處分過重，經兩次復議，湯若望免死下獄。但也恢復了舊曆法，廢除了《時憲曆》。楊光先則先升為欽天監副，又升為欽天監正。第二年七月，湯若望死於寓所。

康熙親政後，對這樁學術公案採取了謹慎而科學的態度。因楊光先靠政治訐告做了欽天監一把手，但他不能勝任天文數學的研究和實測。後來用比利時人南懷仁治理曆法。南懷仁借地震的機會，奏稱楊光先等在曆法、測驗方面的錯誤。康熙曾多次召楊光先與南懷仁到宮中當眾測驗，結果每次

南懷仁像

都證明南懷仁測算正確，而楊光先並不會計算。康熙八年（1669），十六歲的康熙皇帝以「曆法精微，難以遽定」，命大學士圖海等二十人會同欽天監官員，赴觀象台共同測驗。屆時，大學士、尚書及其他官員等，聚集一處，當場測驗。結果，南懷仁所測都應驗，楊光先等所言都不應驗。他們做的其他驗證也表明：南懷仁正確，楊光先錯誤。最後，議政王等議：推倒楊光先誣告湯若望案，楊光先斬首，為湯若望及同案死者平反。康熙寬弘仁厚，命對楊光先奪其官、免其死、遣回原籍（楊死於返鄉途中）。

康熙不論對傳統文化還是西學，不論對中國人還是外國傳教士，都沒有偏見。他的這種平等心態，來自於其海納百川的博大胸懷和追求真理的科學態度。

對子孫：督教以嚴

康熙帝的子女，在清帝中算是最多的，共有三十五子、二十女。有學者統計，康熙的皇孫共九十七人。康熙對子孫的教育特別認真，也特別嚴格。

康熙也像平民百姓一樣，嚴格教子，望子成龍。老百姓的兒子，經過教育，可以成才，但不能成龍，除非造反，奪得天下。「高陽酒徒」漢高祖劉邦和「鳳陽貧僧」明太祖朱元璋等能夠成龍，絕不是父母培養教育出來的。在中國帝制時代，只有皇帝才可能通過教育使自己的兒子成龍；至於平民百姓，那是萬萬做不到的。康熙皇帝為着大清江山世代永固，社稷綿延億萬斯年，便對諸皇子進行嚴格的教育。

明朝的諸藩王，分封而不賜土，列爵而不臨民，食祿而不治事。清承明制，又有損益。康熙皇帝對皇子的教育，首選為成龍，次之為襄（助）政，又次之為領兵，再次之為務學，復次之為書畫。由是，康熙帝不僅制定嚴格的制度，而且進行嚴格的教育。

康熙對子孫的教育，通過多種方式進行。包括言傳、身教，讓子孫參加祭祀、打獵、巡幸、出征等，上學是康熙教育子孫的基本方式。

關於清朝皇子的教育，《養吉齋叢錄》記載：「我朝家法，皇子、皇孫六歲，即就外傅讀書。」學習的時間，「寅刻至書房，先習滿洲、蒙古文畢，然後習漢書。師傅入直，率以卯刻。幼稚課簡，午前即退直。遲退者，至未正二刻，或至申刻」。休假日，「惟元旦免入直，除夕及前一日巳刻，准散直」。一年之中，休假只有元旦一天和其前兩個半天。相比之下，今日學生的假日可謂多矣。康熙確定了皇子皇孫的教育制度。

康熙定制，皇子皇孫六歲開始在上書房讀書。康熙親自為皇子們選定師傅，起初有張英、熊賜履、李光地、徐元夢、湯斌等一代名儒。皇子老師中的漢人師傅，主要教授儒家經典；滿人師傅稱諳達——內諳達教授滿文和蒙古文，外諳達教授弓箭騎射技藝。《康熙起居注冊》等書記載康熙二十六年（1687）六月初十日，皇子一天讀書的情狀：

皇太子寶

寅時（3～5時），皇子在書房讀書，復習前一天的功課，準備師傅到來上課。

卯時（5～7時），滿文師傅達哈塔、漢文師傅湯斌和少詹事耿介，進入無逸齋，向皇太子恭行臣子禮後，侍立在東側；管記載皇太子言行的起居注官德格勒、彭孫遹侍立在西側。皇太子胤礽伏案誦讀《禮記》中的

章節，諷詠不停。胤礽遵照皇父「書必背足一百二十遍」的規定背足數後，令湯斌靠近案前聽他背書。年近六十歲的湯斌跪着捧接皇太子的書。聽完胤礽的背誦，一字不錯，就用朱筆點上記號，重畫一段，再讀新書，捧還經書，退回原來的地方站立。皇太子又寫楷字一紙，約數百字。

辰時（7～9時），康熙上完早朝，向太皇太后請安之後，來到皇太子讀書的暢春園無逸齋。皇太子率領諸臣到書房外台階下恭迎。康熙入齋升座，問湯斌曰：「皇太子書背熟否？」湯斌奏道：「很熟。」康熙接過

康熙的第一位皇后——孝誠仁皇后

書後，指出一段，皇太子朗朗背誦，一字不錯。康熙又問起居注官：「爾等看皇太子讀書如何？」奏道：「皇太子睿質岐嶷，學問淵通，實在是宗廟萬年無疆之慶！」康熙囑咐他們對皇太子不要過分誇獎，而應嚴加要求。檢查完皇太子的功課，康熙回宮。

巳時（9～11時），時值初伏，日已近中，驕陽似火。皇太子不搖摺扇，不解衣冠，凝神端坐，伏案寫字。師傅達哈塔、湯斌和耿介，因為年邁暑熱，晨起過早，佇立時久，體力不支，斜立昏盹，幾乎顛仆。皇太子寫好滿文一章，讓師傅達哈塔傳觀批閱校對。湯斌奏道：「筆筆中鋒，端嚴秀勁，真佳書也！」達哈塔也奏道：「筆法精妙，結構純熟。」皇太子又將《禮記》畫定的篇章讀一百二

十遍。

午時（11～13時），侍衞給皇太子等進午膳。皇太子命賜諸師傅也吃飯。諸臣叩頭謝恩後，就座吃飯。膳後，皇太子沒有休息，接着正襟危坐，又讀《禮記》。讀過一百二十遍，再由湯斌等跪着接書，皇太子背誦。

未時（13～15時），侍衞端進點心。皇太子吃完點心後，侍衞在庭院中安上箭靶。皇太子步出門外，站在階下，運力挽弓，扣弦射箭。這既是一節體育課，又是一節軍事課。是為教育皇子們「崇文宣武」，治理國家。皇太子射完箭，回屋入座，開始疏講。湯斌和耿介跪在書案前面，先生翻書出題，學生依題疏講。

申時（15～17時），康熙又來到無逸齋。皇長子胤禔、皇三子胤祉、皇四子胤禛、皇五子胤祺、（皇六子早殤）皇七子胤祐、皇八子胤禩，同來侍讀。康熙説：「朕宮中從無不讀書之子。向來皇子讀書情形，外人不知。今特召諸皇子前來講誦。」

康熙的第二位皇后——孝昭仁皇后

湯斌按照康熙的旨意，從書案上信手取下經書，隨意翻書命題。諸皇子依次魚貫進前背誦、疏講。皇五子胤祺因學滿文，所以只寫滿文一篇，圈點準確。康熙親自書寫程頤七言律詩一首，又寫「存誠」兩個大字一幅，給皇子們示範。羣臣稱頌説小字「秀麗」、大字「蒼勁」。

酉時（17～19時），侍衞在院中置好箭靶後，康熙令諸子依次彎射，

各皇子成績不等。又命諸位師傅射箭。隨後，康熙親射，連發連中。

天色已暮，諸臣退出。皇太子等在暢春園無逸齋一天的功課完畢。

教育能影響一個人，而不能決定一個人的人生道路。康熙帝的35個兒子中，序齒的有24位，實際上成人（年滿16歲）的，只有20位。這20個兒子，是由17個妻子生育的。他們性情志趣各不相同，大體可以分為四類：

政治型。康熙帝培養兒子的主要目標是從皇子中產生一位滿意的接班人，以使大清帝國江山永固、社稷萬年。首先，以儒家經典教育皇子；其次，以「國語騎射」培養皇子；再次，訓練皇子實際能力；復次，傳授治國安邦之道。諸皇子的培養教育，以皇太子為重。早在康熙十四年（1675），封年僅一歲的胤礽為皇太子，加以眷寵，施以特教。初始，康熙帝親自教他讀書、寫字。六歲就傅，令大學士張英、李光地做他的老師，又命大學士熊賜履教他性理之書。康熙帝三次親征噶爾丹，命皇太子留京代理政務。康熙帝幾次南巡，也多命皇太子留守京城。康熙三十二年（1693），康熙帝患病，命皇太子代理政事：「朕因違和，於國家政事，久未辦理，奏章照常送進，令皇太子辦理，付批辦處批發。」康熙帝病癒之後，命皇太子協助處理一般政務和旗務。他對其他皇子，如皇四子、皇八子、皇十四子等，常委以軍政重任，既對其加強鍛煉，又對其進行考察。

學者型。康熙教皇子數學、天文學、地理學、醫學、測量學、農學等。先以觀測日食為例。康熙三十六年（1697）閏三月初一日，日食。時康熙帝親征噶爾丹在外，皇太子在北京觀測，使用皇父所賜嵌有三層玻璃的小鏡子，裝於自鳴鐘之上，用望日千里眼觀望。日食似不到十分，日光、房屋、牆壁及人影俱可見，甚屬明耀。觀測奏報自京城發出，送皇父覽閱。康熙帝得到奏報後，朱批曰：「覽爾所奏，果然如此。」後來皇四子胤禛（雍正）回憶道：「昔年遇日食四五分之時，日光照耀，難以仰

視。皇考親率朕同諸兄弟在乾清宮，用千里鏡，四周用夾紙遮蔽日光，然後看出考驗所虧分數。此朕身經實驗者。」又以幾何學為例。法國耶穌會士白晉寫給法王路易十四的信中說，康熙帝親自給皇三子胤祉講解幾何學，並培養其科學才能。後又讓胤祉等向意大利耶穌會士德理格學習律呂知識，「命臣德理格在皇三子、皇十五子、皇十六子殿下前，每日講究其精微，修造新書」。康熙帝命在暢春園蒙養齋開館，派胤祉主持纂修《律曆淵源》，彙律呂、曆法和演算法於一書。胤祉還為《古今圖書集成》的纂輯做出貢獻，成為康熙朝一位傑出的學者。但他在雍正繼位後，仍未逃過劫難：被奪爵，禁景山永安亭而死。

藝術型。康熙帝對書法下過一番功夫，他同皇子們說：「朕自幼好臨池，每日寫千餘字，從無間斷。凡古名人之墨蹟、石刻，無不細心臨摹，積今三十餘年，實亦性之所好。」他對有的皇子練字，做出具體規定：每一日要寫十幅呈覽。在皇父嚴格要求與督促之下，皇太子、皇三子、皇四子、皇七子、皇十三子和皇十四子等，都寫得一手好字。皇二十一子胤禧，史載其「詩清秀，尤工畫，遠希董源，近接文徵明」。皇三子胤祉和皇七子胤祐，以其尤長書法而受命書寫康熙帝景陵的《神功聖德碑文》。

生活型。康熙帝的兒子們，有的因其生母卑微，如皇十二子生母萬琉哈氏為定嬪，皇十五子生母王氏為密嬪，皇十七子生母陳氏為勤嬪，還有連嬪的品級也未受封；有的因年齡太小，如康熙帝初廢皇太子後出生的皇子，到他崩駕時皇二十一子和皇二十二子都是十一歲，皇二十三子九歲，皇二十四子才六歲，他們沒有資格、沒有能力、也沒有條件同兄長們去爭奪皇位。這些皇子能明哲保身，母子平安，安享富貴，就算有大福了。他們不求登大位，但求生活好。

康熙教育子孫，是他為君之道中的重要內容。清朝的皇帝沒有暴君、沒有昏君也沒有怠君。康熙的繼承者雍正、乾隆都很傑出。康熙的皇子

中，沒有不學無術的庸人，也沒有胡作非為的紈袴。他們都有一定素養、一技之長。這些都同康熙、清朝重視皇子皇孫的教育有關。但康熙帝的兒子太多，在位時間又長，「夜長夢多」，皇子們結黨自固，爭奪皇位，最後導致殘酷的宮廷鬥爭。

玄燁個人小檔案

姓名：愛新覺羅・玄燁	**出生**：順治十一年（1654）三月十八日
屬相：馬	**卒年**：康熙六十一年（1722）
享年：六十八歲	**諡號**：仁皇帝
廟號：聖祖	**陵寢**：景陵（清東陵）
父親：福臨	**母親**：佟佳氏，後尊為孝康章皇后
初婚：十二歲	**配偶**：四十人，皇后赫舍里氏
子女：三十五子，二十女	**繼位人**：胤禛（雍正）
最得意：十四歲智擒輔臣鰲拜	**最失意**：三喪皇后
最不幸：幼年喪父、喪母	**最痛心**：儲位兩立兩廢
最擅長：學習	

相關閱讀書目推薦

（1）閻崇年：《清朝皇帝列傳・康熙大帝》，紫禁城出版社，2002 年

（2）孟昭信：《康熙大帝全傳》，吉林文史出版社，1993 年

（3）楊珍：《康熙皇帝一家》，學苑出版社，1994 年

（4）王思治主編：《清朝通史・康熙朝》，紫禁城出版社，2003 年

雍正帝胤禛

　　康熙駕崩後，四十五歲的皇四子雍親王胤禛即位，年號雍正。「雍正」是雍親王得位正、為君正的意思。

　　然而有趣的是，自從雍正繼位，到現在二百八十多年間，史學界乃至民間對胤禛得位是否正、為君是否正的問題，從來沒有停止過議論和爭論。野史筆記、文藝創作，更是對此特別是對雍正即位之謎，傾注了極大的熱情。前段時間播出的電視連續劇《雍正王朝》，進一步將雍正繼位疑案加以渲染，引發廣大觀眾的極大興趣。

　　以下從雍正繼位前奏、繼位疑案和繼位餘波三個方面，對此加以闡釋和解說。

儲位之爭：前奏

　　清朝的皇位繼承，沒有採取漢族的嫡長子繼承制，就是正妻長子繼承制。努爾哈赤因為曾經立長子褚英失敗，於是決定汗位的繼承由八大和碩貝勒會議推定；皇太極猝死，他的遺位繼承，也是在滿洲貴族會議上推

定，由六歲的福臨繼位；順治死前，皇位的繼承沒有經過滿洲貴族會議討論，而是由孝莊皇太后同順治商量，用遺詔決定由年僅八歲的玄燁繼位。這個「遺詔制」破壞了清太祖、太宗兩代的皇位繼承由滿洲貴族會議推定的傳統，開了清代皇帝生前用遺詔決定皇位繼承人的先例。

康熙繼承了其皇父順治生前決定繼承人的辦法，採取皇太子制。先立太子的好處是免得皇帝死後引起皇位爭奪的血腥鬥爭，壞處是皇太子同兄弟之間會產生殘酷鬥爭。康熙看到了前者，卻忽視了後者。

康熙共有35個兒子，排序的有24人，成年且受冊封的有20人。這20個皇子中，年齡較長者有12人。他們是：大阿哥胤禔、二阿哥胤礽、三阿哥胤祉、四阿哥胤禛、五阿哥胤祺、七阿哥胤祐、八阿哥胤禩、九阿哥胤禟、十阿哥胤䄉、十二阿哥胤祹、十三阿哥胤祥、十四阿哥胤禎（有說名胤禵，即允禵）。

康熙十三年（1674），皇二子（實際上是第六子）胤礽生。皇后赫舍里氏在生育胤礽時難產死亡，年僅二十二歲。康熙十分傷心，故對胤礽格外鍾愛，第二年就冊立他為皇太子。這年康熙二十二歲，皇太子才兩歲。康熙的這個決定雖然看到他父親未能盡早立儲的教訓，但立儲過早、太子過幼，顯然也是欠妥當的。因為其間的變數太多、太大，兩歲的皇太子胤礽以後會是什麼樣？難以預料。

康熙對皇太子的教育竭盡心

雍正洋裝像

雍正皇帝道裝像

力，生活上特別關愛。康熙十七年（1678），皇太子出痘，時值平定三藩之亂的緊要時刻，但康熙竟親自護理太子，連續十二天沒有批閱奏章。皇太子在康熙帝親征噶爾丹時，留守京師，處理政務。平時他也分擔處理皇父的部分政務和軍務。所以，在皇太子冊立後的三十三年間，朝廷中自然形成太子黨。

皇太子集團。皇太子胤礽的生母皇后赫舍里氏的祖父是索尼，父親是領侍衞內大臣噶布喇，叔父是當朝大學士、領侍衞內大臣索額圖。索額圖結黨，趨奉皇太子，議論國政，密謀大事。康熙曾警告索額圖説：「你們背後謀劃的事，你們勾結一處的所作所為，你們背後説的怨恨之言，都不能擺在桌面兒上説，你心裏很清楚！」康熙深感自己的皇位和生命受到威脅，説：「説不定哪天就被鴆殺，或者被謀害，真是日夜警惕，心神不寧。」後來康熙下令將索額圖處死，同時警告皇太子説：「從前索額圖幫着你謀劃的那些事情，我知道得清清楚楚，所以將索額圖處死。」但皇太子並未因此而收斂，反而更加乖張。康熙四十七年（1708），在木蘭圍場的布林哈蘇台行宮，康熙以皇太子胤礽「不法祖德，不遵朕訓，惟肆惡虐眾，暴戾淫亂」，宣佈廢除皇太子。當時，他且諭且泣，至於仆地。諭畢，悲傷萬分，憤懣不已，甚至六天六夜，不安寢食，涕泣不止。後患中

風，只能用左手批閱奏摺。

康熙廢皇太子引出一個更為嚴重的後果是：抱有野心的皇子們，結黨鑽營，謀貪大位。於是在太子黨之外，又形成皇八子集團和皇四子集團。

皇八子集團。皇八子胤禩，「有才有德」，聰明能幹，內外經營，很得眾心。在初廢皇太子之後，胤禩署內務府總管事，黨羽相結，謀為代立。皇長子胤禔為惠妃庶出，外叔公是已免職的大學士明珠，本沒有希望獲取儲位。但胤禔生母惠妃曾撫養過胤禩，於是兩人勾聯。其他如皇九子胤禟、皇十子胤䄉、皇十四子胤禎（即允禵，與胤禛同母），大臣阿靈阿、鄂倫岱、揆敍、王鴻緒等，都依附於胤禩。

皇長子胤禔的密謀泄露，被奪爵、幽禁。儲位空懸，也不是回事，大臣們建議康熙早定儲位。康熙命諸大臣密舉可繼立為太子者，以測驗大臣之意。大學士馬齊等大臣都秘密推舉皇八子胤禩。胤禩覺得自己做皇太子有望，一些兄弟和朝臣也紛紛靠向他。由是，在皇八子胤禩周圍，逐漸形成一個爭奪皇儲的政治集團。後胤禩被鎖拿，革爵位。十四阿哥胤禎（允禵）求情，康熙大怒，「出佩刀將誅允禵，允祺跪抱勸止」。諸皇子俯地叩頭，懇求皇父息怒。康熙帝怒氣稍解，命諸皇子鞭撻胤禩。

康熙看到廢皇太子後諸子爭奪儲位鬥爭更為複雜，也更為激烈，因於康熙四十八年（1709），復立胤礽為皇太子。諸皇子明白：既然皇太子第一次能被廢掉，也可能第二次被廢掉。於是，皇太子集團與皇八子集團之間的鬥爭更加激化。康熙五十一年，康熙決定再廢皇太子，對其黨羽恨之入骨、嚴厲懲罰，如將尚書齊世武「以鐵釘釘其五體於壁而死」，將死於獄中的步軍統領托合齊銼屍焚燒。這樣，形勢越發複雜，在皇太子集團和皇八子集團之間的皇四子胤禛也逐漸形成集團。

皇四子集團。皇四子黨包括胤禛的十三弟胤祥、十七弟胤禮，以及隆科多、年羹堯等。胤禛頗有心計，細心觀察，不露聲色。他對皇太子的廢

立，窺測風向，暗藏心機。他對皇八弟胤禩集團，既不附從，也不作對。他佯聽父言，「安靜守分」，虔心佛法，廣結善緣，巧妙地將自己隱蔽起來。他對父皇表示忠孝，又盡力友善兄弟，並交好朝廷諸臣。對其同母所生的皇十四弟胤禛（允禵），卻不去結交，聽任其同皇八弟胤禩結黨。當皇太子黨和皇八子黨爭得魚死網破的時候，在父皇、兄弟、王公、大臣們將視線集注於皇太子黨和皇八子黨的時候，他以不爭為爭，坐收漁人之利。

胤禛為着謀取皇位，韜光養晦，費盡心機。他的心腹戴鐸，在康熙五十二年（1713）為他謀劃道：

> 處英明之父子也，不露其長，恐其見棄；過露其長，恐其見疑，此其所以為難。處眾多之手足也，此有好竽，彼有好瑟，此有所爭，彼有所勝，此其所以為難。……其諸王阿哥之中，俱當以大度包容，使有才者不為忌，無才者以為靠。

戴鐸提出的策略是——對皇父要誠孝，適當展露才華。不露才華，英明之父皇瞧不上；過露所長，同樣會引起皇父疑忌。對兄弟要友愛：大度包容，和睦相待。對事對人都要平和忍讓：能和則

《雍正行樂圖》之『農夫』

和，能結則結，能忍則忍，能容則容。使有才能的人不忌恨你，沒有才能的人把你當作依靠。雍正帝基本按照上述策略，一步一步地繞過皇位爭奪中的險灘暗礁，向着皇帝的寶座曲折航進。

《雍正行樂圖》之『簑笠垂釣』

「誠孝」皇父。胤禛知道，博得皇父的信賴和喜歡，是自己一生事業中最為重要的事情。他抱定一項宗旨，就是誠孝皇父。如在諸皇子爭奪皇位激烈之時，他極力表現出對皇父的「誠」與「孝」，既不公開競爭，且勸慰皇父保重。康熙帝第一次廢太子後，大病一場。胤禛入內，奏請選擇太醫及皇子中稍知藥性者胤祉、胤祺、胤祥和自己檢視方藥，服侍皇父吃藥治療。康熙帝服藥後，病體逐漸痊愈。於是，康熙帝命內侍梁九功等傳諭：「當初拘禁胤礽時，並沒有一個人替他說話，只有四阿哥深知大義，多次在我面前為胤礽保奏，像這樣的心地和行事，才是能做大事的人。」胤禛自己也說：「四十餘年以來，朕養志承歡，至誠至敬，屢蒙皇考恩諭。諸昆弟中，獨謂朕誠孝。」對皇父的「誠」與「孝」得到了回應。

「友愛」兄弟。胤禛知道，善於處理兄弟之間的關係，是自己一生事業中僅次於誠孝皇父的重要事情。他在隨駕出京途中，作《早起寄都中諸弟》詩說：「一雁孤鳴驚旅夢，千峰攢立動詩思。鳳城諸弟應相憶，好對黃花泛酒卮。」表明他願做羣雁而不做孤雁的心意。他在繼位之前，處理兄弟關係的主要原則是「不結黨」、「不結怨」。諸兄弟之間，結黨必結怨。胤禛沒有參加皇太子黨，也沒有參加皇八子黨。他表現出既誠孝皇

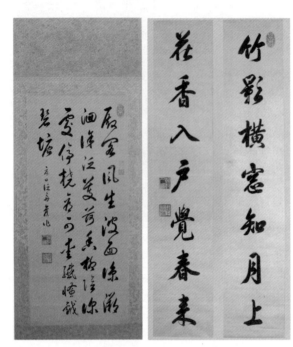

雍正御筆《夏日泛舟詩》軸　雍正手書對聯

父，也友愛兄弟的態度，使他躲避開皇父與兄弟兩方面的矢鏃，而安然無恙。

勤慎敬業。胤禛盡量避開皇儲爭奪的矛盾，極力表現自己不僅誠孝皇父、友愛兄弟，而且勤勉敬業。凡是皇父交辦的事情，都竭盡全力去辦好，既使皇父滿意，也使朝臣口碑相傳。自結婚後三十年的實際磨煉，使他對社會、對人生有了深刻認識與深切體驗，為後來登上皇位準備了條件。

戒急用忍。胤禛的性格，有兩個特點：一是喜怒不定，二是遇事急躁。康熙就此曾經批評過他。康熙四十一年（1702），胤禛央求皇父說：「現在我已經三十多歲了，請您開恩將諭旨內『喜怒不定』四字不要記載了吧。」康熙帝同意，因諭：「此語不必記載！」胤禛是個性格急躁的皇子。他曾對大臣說：「皇考每訓朕，諸事當戒急用忍。屢降旨，朕敬書於居室之所，觀瞻自警。」胤禛繼位後，將「戒急用忍」四字作為座右銘，用以警示。

康熙晚年因其諸子皇位繼承糾葛而大傷元氣，鬱結成疾，悲離人世。

他曾說：「日後朕躬考終，必至將朕置乾清宮內，爾等束甲相爭耳！」康熙是以春秋五霸之一的齊桓公晚年的境況自喻：齊桓公晚年，五個兒子樹黨爭位。齊桓公剛死，諸子相攻，箭射在屍體上也沒有人顧及。其屍體在牀上六十七天沒法入殮，以至蛆蟲爬出窗外。由此可以透出康熙大帝晚年心境的悲苦。

康熙帝駕崩，皇四子胤禛登極，是為雍正皇帝。一段歷史疑案就此產生。

儲位之爭：登極

關於雍正的繼位，有三種說法：遺詔繼位說、改詔篡位說和無詔奪位說。

第一，遺詔繼位說。

持此說者認為：

（1）雍正受到皇父康熙的信任，派他到天壇代行祭天大典，說明康熙臨終前有意讓雍親王繼承皇位。

（2）有康熙遺旨為證。康熙六十一年（1722）十一月十三日，康熙病重。《清聖祖仁皇帝實錄》記載：召皇三子誠親王胤祉、皇七子淳郡王胤祐、皇八子貝勒胤禩、皇九子貝子胤禟、皇十子敦郡王胤䄉、皇十二子貝子胤祹、皇十

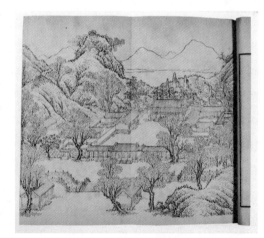

《圓明園詠冊》之『正大光明』

三子胤祥、理藩院尚書隆科多至御榻前，諭曰：「皇四子胤禛，人品貴重，深肖朕躬，必能克承大統，著繼朕登基，即皇帝位。」

（3）有《康熙遺詔》為證。《康熙遺詔》今存中國第一歷史檔案館，上面寫道：「皇四子胤禛，人品貴重，深肖朕躬，必能克承大統，著繼朕登基，即皇帝位。」

第二，改詔篡位說。

持此說者認為：

（1）胤禛雖在康熙眼中印象不錯，讓他代為天壇祭天，但不能證明康熙有意、有遺旨讓他繼位。

（2）康熙在臨終的當天（十三日），寅刻，宣召皇三子、皇七子、皇八子、皇九子、皇十子、皇十二子、皇十三子共七位阿哥和隆科多進宮，向他們宣諭：「皇四子胤禛，人品貴重，深肖朕躬，必能克承大統，著繼朕登基，即皇帝位。」這麼重要的決定，既然告訴七位阿哥和隆科多，為什麼不向當事人——繼位者胤禛宣諭？所以有的學者認為這件事是無中生有，是雍正繼位後編造的。

（3）如果說胤禛當時代父到天壇祭天不在西郊，那麼胤禛在當天曾三次受召到康熙榻前問安，《清聖祖仁皇帝實錄》康熙六十一年十一月十三日記載：「皇四子胤禛聞召馳至。巳刻，趨進寢宮。上告以病勢日臻之故。是日，皇四子胤禛三次進見問安。」可見這時康熙並沒有糊塗。可他為什麼在從早上8點到晚上8點12個小時之間，三次召見胤禛，都沒有當面告訴由他繼承皇位？有的學者認為：這反倒證明康熙沒有向七位皇子宣佈由胤禛繼位這件事。

（4）康熙咽氣之後，為什麼由隆科多一人單獨向胤禛宣諭由皇四子繼位的遺詔？而宣諭康熙遺旨時王公大臣和其他兄弟都不在場？有的學者認為：這個康熙遺旨是假的。

（5）康熙崩逝的噩耗傳出，京城九門關閉六天，諸王非傳令旨不得進入大內。這就使人們產生「雍正政變」的疑問。

（6）《康熙遺詔》自然應在康熙去世之前已經定稿並經康熙審定，本應在康熙十三日死後立即當眾宣佈，為什麼到十六日才公佈？可見這段記載有偽造的嫌疑。

（7）經過清史專家研究，這份《康熙遺詔》是參照康熙五十四年（1715）十一月二十一日諭旨加以修改而成的。康熙帝說：「此諭已備十年，若有遺詔，無非此言。」因此，有的學者認為：「康熙遺詔漏洞百出。」

（8）有人說，雍正死後不埋在清東陵而埋在清西陵，說明他得位不正，不願意、沒有臉面見他在地下的皇父康熙、祖父順治。

（9）雍正對諸多兄弟或殺害、或監禁，似有「殺人滅口」或有口不能說之嫌。（詳見下文）

（10）雍正繼位後殺年羹堯、隆科多是為了「殺人滅口」。

在上述雍正改詔繼位諸說中，主要為奪嫡說和篡位說。

其一，雍正是否奪嫡？如前所說，清朝的皇位繼承沒有實行嫡長制。在清太祖、太宗時，皇位繼承採用滿洲貴族會議推選制。清世祖福臨首用遺旨制，即在臨終前指定皇三子玄燁為皇位繼承人，這就是康熙皇帝。康熙的皇位繼承，先是指定胤礽為皇太子，繼而廢，廢而立，又再廢。既然清朝沒有實行「嫡長制」，雍正登極之前康熙

雍正《欽定古今圖書集成》

111

並沒有「立嫡」，雍正何嫡之可奪？所以不能說雍正繼位是「奪嫡」。

其二，雍正是否篡位？認為雍正篡位者的根據是：雍正篡了他的同胞兄弟皇十四子胤禎（允禵）的位。其理由是：

(1)康熙意中的繼承者是皇十四子胤禎(允禵)，派他做撫遠大將軍，就是讓他立軍功、掌軍權、樹威信以備接班。

(2)有的學者認為康熙臨死之前，沒有留下讓雍親王繼位的遺詔。這份所謂《康熙遺詔》是偽造的。康熙剛死，就傳出雍正黨人將康熙遺囑「傳位十四子」，篡改作「傳位於四子」的說法。共有胤禎改詔、隆科多改詔、年羹堯改詔三種說法。如說康熙臨終前本來發了一道詔諭，叫遠在西寧的撫遠大將軍、皇十四子胤禎（允禵）緊急回京繼位，卻被步軍統領隆科多捏在手裏不發，改作「傳位於四子」。此屬傳聞，不為史實。因為如果康熙帝真有這樣的遺囑，那麼：

其一，「十」字很難改成「於」字；

其二，當時行文規範是「皇某子」，「於」與「四」之間隔了一個「皇」字，很難改；

其三，滿文為清朝的國書，如此重要的遺旨應同時以滿、漢兩種文字書寫，滿文又豈能改「十」為「於」？

(3)雍正是否更改名字？有人說：康熙遺囑傳位「胤禎」（皇十四子），因「胤禎」與「胤禛」字形、字音相近，胤禛遂取而代之。繼位後，雍正將《玉牒》的名字挖改，又命十四弟改名允禵。這就是「玉牒易名」說。學界對此說看法頗不一致。一種看法是，胤禛做了皇帝之後，命他的兄弟將名字中的「胤」字，改為「允」字，以示避諱，並命皇十四子由原名胤禎改為允禵。

總之，康熙臨終前立皇十四子繼位說，可謂是：事出有因，查無實據。既然康熙晚年沒有「立儲」，雍正登極之前康熙沒立「儲位」，雍正

何位之可篡？唐太宗發動「玄武門之變」，殺死太子建成篡了兄長的位；燕王朱棣發起「靖難之役」，篡了侄子建文帝的位。康熙死後、雍正登極之前沒有皇帝在位，所以不能說雍正繼位是「篡位」。

第三，無詔奪位說。

持此說者認為：說雍正奉遺詔繼位，許多矛盾解釋不清楚，其說難以自圓；說雍正改詔篡位，真正有力的證據也顯得不足。雍正登極，是因為他在皇位爭奪中取得了勝利。這場皇位爭奪鬥爭，或明或暗，或隱或顯，前前後後，四十多年。結果，皇太子黨失敗，皇八阿哥黨也失敗，皇四阿哥黨勝利。

雍正帝的皇位，是正取，還是逆取？二百多年來，既是學術界激烈爭議的問題，也是演藝界火爆炒作的題目。雍正繼位是否逆取？歷史沒有留下記載。歷史是勝利者的記錄，正史不會也不可能會對雍正逆取皇位作出記載。康熙生前未立皇位繼承的遺詔，也不會留下一鱗半爪暗示皇位繼承的文獻。但是，自康熙賓天至雍正繼統，即有皇位出自篡奪的傳聞異說。雍正為此親撰上諭駁斥，編纂《大義覺迷錄》一書，想為自己洗刷不白之冤。

儲位之爭：餘波

雍正在《大義覺迷錄》一書中，就「謀父」、「逼母」、「弒兄」、「屠弟」、「貪財」、「好殺」、「酗酒」、「淫色」、「好諛」、「任佞」等十項大罪，進行自辯，頒行天下。然而，事與願違，欲蓋彌彰，弄巧成拙，愈描愈黑，留下生動而曲折的歷史故事。

那麼事實究竟如何？雍正的上述罪名能否成立？讓我們一一分析：

雍正是否毒死皇父？

一種說法是：康熙帝是喝了胤禛送的人參湯被毒死的。這話從倫理、

法理、情理講，既悖於情，也不合理。從當時的具體環境、周圍條件分析，也違背史實，絕無可能。

雍正是否逼死生母？

《大義覺迷錄》說：「逆書加朕以逼母之名。」看來當時雍正「逼母」說流傳很廣。雍正生母烏雅氏，生三個兒子：胤禛、胤祚（五歲死）、胤禎（允禵）。傳說：雍正繼位後，將允禵調回北京關押起來，他母親想見允禵，雍正不准，太后一氣之下，撞死在鐵柱子上。烏雅氏眼看親生兒子被囚禁，作為皇太后能不生氣嗎？時人將雍正母親的死同他囚禁胞弟相聯繫是很自然的事情。

雍正是否弒兄殺弟？

雍正帝繼承皇位之日，就面臨着兄弟們的不滿和挑戰。康熙崩逝的噩耗傳出，京城九門關閉六天，諸王非傳令旨不得進入大內。箭在弦上，形勢緊張。隨後，狂風暴雨降臨在雍正已成年的諸位兄弟身上。

雍正撰《大義覺迷錄》

大阿哥胤禔，在太子廢立中得罪皇父，被奪封爵，幽於府第。康熙帝派貝勒延壽等輪番監守，並嚴諭：疏忽者，當族誅。胤禔已成為一隻不再見天日的死老虎。雍正十二年（1734）死，以貝子禮殯葬。

二阿哥即廢太子胤礽，被禁錮在咸安宮。雍正仍不放心，一方面封其為理郡王，另一方面又命在山西祁縣鄭家莊蓋房駐兵，將其移居幽禁。雍正二年（1724）死。

《雍正行樂圖》之『佛裝像』

　　三阿哥胤祉，本不太熱心皇儲，一門心思編書，但也受到牽連。雍正即位後，以「允祉與太子素親睦」為由，命「允祉守護景陵」，發配到遵化為康熙守陵。胤祉心裏不高興，免不了私下發些牢騷。雍正知道後，乾脆將其奪爵，幽禁於景山永安亭。雍正十年（1732），胤祉死。

　　五弟胤祺，康熙帝親征噶爾丹時，曾領正黃旗大營，後被封為恒親王。胤祺沒有結黨，也沒有爭儲。雍正即位後，藉故削其子的封爵。雍正十年，胤祺死。

　　七弟胤祐，雍正八年（1730年）死。

　　八弟胤禩，是雍正兄弟中最為優秀、最有才能的一位。但是，「皇太子之廢也，允禩謀繼立，世宗深憾之」。雍正繼位後，視胤禩及其黨羽為眼中釘、肉中刺。胤禩心裏也明白，常怏怏不快。雍正繼位，耍了個兩面派手法：先封胤禩為親王──其福晉對來祝賀者說：「何賀為？慮不免首領耳！」這話傳到雍正那裏，命將福晉趕回娘家。不久，藉故命胤禩在太廟前跪一晝夜。後命削胤禩王爵，高牆圈禁，改其名為「阿其那」。「阿其那」一詞，學者解釋有所不同，過去多認為是「豬」的意思，近來有學者解釋為「不要臉」。胤禩被幽禁，受盡折磨，終被害死。

　　九弟胤禟，因同胤禩結黨，也為雍正所不容。胤禟心裏明白，私下表示：「我行將出家離世！」雍正哪能容許胤禟出家！他藉故命將胤禟革去

黃帶子、削宗籍，逮捕囚禁。改其名為「塞思黑」。「塞思黑」一詞，過去多認為是「狗」的意思，近來有學者亦解釋為「不要臉」。不久給胤禟定二十八條罪狀，送往保定，加以械鎖，命直隸總督李紱幽禁之。胤禟在保定獄所備受折磨，以「腹疾卒於幽所」，傳說是被毒死的。

十弟胤䄉，因黨附胤禩，為雍正所恨。雍正元年（1723），哲布尊丹巴胡圖克圖來京病故，送靈龕還喀爾喀（今蒙古共和國），命胤䄉齎印冊賜奠。胤䄉稱有病不能前行，命居住在張家口。同年藉故將其奪爵，逮回京師拘禁。直到乾隆二年才開釋，後死。

十二弟胤祹，康熙末年任鑲黃旗滿洲都統，很受重用，也很有權，但沒有結黨謀位。雍正剛即位，封他為履郡王。不久，藉故將其降為「在固山貝子上行走」，就是從郡王降為比貝勒還低的貝子，且不給實爵，僅享受貝子待遇。不久，又將其降為鎮國公。乾隆即位後被晉封為履親王。胤祹較之其他兄弟氣量大，一直活到乾隆二十八年（1763），享年七十八歲。

十四弟胤禎（允禵），雖與雍正一母同胞，但因他黨同胤禩，又傳聞康熙臨終前命傳位「胤禎」而雍正黨篡改為「胤禛」，所以二人成了不共戴天的冤家。雍正即位，先是不許其進城弔喪，又命他在遵化看守皇父的景陵，再將其父子禁錮於景山壽皇殿左右。乾隆繼位後，將其開釋。

十五弟胤禑，康熙帝死後，雍正命其守景陵。

境遇比較好的只有三人：就是其十三弟胤祥、十六弟胤祿和十七弟胤禮。胤祥，曾被康熙幽禁，原因不詳。雍正繼位，即封他為怡親王，格外信用。胤祿，過繼給莊親王博果鐸為後，襲封莊親王。胤禮，雍正繼位封為果郡王，再晉為親王，先掌管理藩院事，繼任宗人府宗令、管戶部。胤祥和胤禮顯然早加入「胤禛黨」，只是康熙在世時十分隱秘，沒有暴露。

雍正登上皇位之後，對骨肉同胞心狠手辣、刻薄寡恩，對待近臣也毫

不容情。年羹堯和隆科多是突出的例子。

　　年羹堯。漢軍鑲黃旗人，父遐齡官至湖廣總督，遐齡女事胤禛潛邸，後為雍正皇貴妃。年羹堯在康熙時任四川巡撫、定西將軍，在青藏有軍功。雍正繼位，召撫遠大將軍允禵還京師，命羹堯管理大將軍印務。雍正三年（1725）二月，以年羹堯《賀疏》中將「朝乾夕惕」寫為「夕惕朝乾」，而興文字獄，命罷其將軍，盡削其官職。「朝乾夕惕」出自《周易》，是勤勉努力、只爭朝夕的意思。雍正認為，年羹堯故意這麼寫，就是不想把「朝乾夕惕」的美名給自己。同年，定年羹堯九十二款大罪，其中有三十二條都夠殺頭。最後令其在獄中自裁，斬其子年富，餘子年十五歲以上者皆戍極邊。

　　有一種傳說，雍正的母親曾與年羹堯私通，入宮八個月生下雍正，所以雍正是年羹堯的私生子。改「康熙遺詔」之事是年羹堯幹的。年羹堯的生年不詳，他康熙三十七年（1698）中進士，這年胤禛二十一歲，由此看來雍正同年羹堯歲數可能相差不多，不像兩代人。這像是從呂不韋納趙姬懷孕後送給秦莊襄王而後生嬴政（秦始皇）的故事移植過來的。

　　隆科多。滿洲鑲黃旗人，其父為一等公佟國維，其妹為康熙的孝懿仁皇后。隆科多在康熙晚年任理藩院尚書、步軍統領。康熙死時，惟有隆科多一人傳遺詔由雍正繼位。治喪期間，隆科多提督九門、衛戍京師。《清宮十三朝演義》說隆科多在康熙死後，從乾清宮「正大光明」匾後取下康熙遺詔，將「傳位十四子」，篡改作「傳位於四子」。這種改法上面說過不可能。「秘密立儲」制度是從雍正元年開始的，移花接木到康熙朝是張冠李戴。但雍正繼位同他舅舅隆科多關係密切。雍正繼位，隆科多說：「白帝城受命之日，即死期將至之時。」隆科多雖受賜襲一等公、吏部尚書、加太保等，但仍被定四十一款大罪，命在暢春園外建屋三間，永遠禁錮。六年（1728）六月，隆科多死於禁所。

年羹堯與隆科多二人，對雍正來說，是狡兔死，走狗烹；飛鳥盡，良弓藏。對他們自己來說，則是知進不知退，知顯不知隱，泰極否來，自釀其禍。《清史稿》論者謂：隆、年憑藉權勢，無復顧及，即於覆滅，古聖所誡。

從對待同胞兄弟和近臣，可以看出雍正性格的弱點和心胸的狹窄。雍正皇帝的性格具有兩面性：説是一套做是一套、明處一套暗裏一套、外朝一套內廷一套。胤禛之所以能登上皇位，主要不是因為他比其他兄弟聰明，而是因為他性格的兩面性。胤禛在做皇子的時候，能夠「掩短顯長」：其長，誠孝皇父、友愛兄弟、勤勉敬業；其短，殘忍苛刻、猜忌多疑、虛偽急躁——虛偽造作將「殘忍苛刻、猜忌多疑」的性格掩蓋，特別是把自己貪祿天位的想法隱藏起來。所以在角逐皇位時，諸兄弟失敗，而胤禛獨勝。雍正的兩面性格是他取得皇位的秘訣，也是他鞏固皇位的法寶。他在做皇帝時，極力表現出節儉、愛民，隱藏其奢靡、殘忍。近年以來，關於雍正皇帝的學術論著與藝術形象，只突出、顯現其節儉的一面，而忽視、隱藏其奢靡的另一面，這就給讀者、觀眾以誤導。

當然，雍正作為一個政治家，我們評價他的功過是非，主要的着眼點不應是其性情品格，也不應是其皇位的獲得是否正當。皇位爭奪問題是滿洲宗室內部雍正兄弟之間的利益分配和權力鬥爭的結果，我們不能站在雍正的立場，也不能站在大阿哥、二阿哥、八阿哥等的立場，而應站在中華民族的立場來看待這件事情。我們對雍正的評價，關鍵要看他對中國歷史、對人類文明做了哪些事情。

改革：承上啟下

雍正元年（1723）是清朝入關的第八十年，許多社會矛盾，盤根錯

節，積累很深。他盛年登極，年富力強，學識廣博，閱歷豐富，剛毅果決，頗有作為。康熙政尚寬仁，雍正繼以嚴猛。雍正在位短短十三年，他最主要的特點是「改革」，可以說雍正是一位改革型的皇帝。雍正的改革措施，列舉以下六點：

整頓吏治

康熙晚年，身患中風，標榜寬仁，吏治鬆弛，貪污腐敗，已然成風。雍正在多年皇子生活中，對皇父晚年弊政，看得較為清楚。雍正元年正月，他大刀闊斧、雷厲風行地連續頒佈十一道諭旨，訓諭各級文武官員：不許暗通賄賂，私受請託；不許虧空庫錢，私納苞苴；不許虛名冒餉，侵漁貪婪；不許納賄財貨，戕人之罪；不許克扣運費，饋遺納賄；不許多方勒索，病官病民；不許恣意枉法，恃才多事等。嚴誡：如因循不改，必定重罪嚴懲。二月，命將虧空錢糧各官即行革職追贓，不得留任。三月，命各省督撫將幕客姓名報部。禁止出差官員縱容屬下需索地方。後以戶部庫存虧空銀二百五十餘萬兩，令歷任堂司官員賠補。同年設立會考府，進行審計，整頓收支。

雍正「為君難」璽

這一年，被革職抄家的各級官吏達數十人，其中有很多是三品以上大員。與曹雪芹家是親戚的蘇州織造李煦，也因為經濟虧空而被革職抄家。《清史稿·食貨志》說：「雍正初，整理度支，收入頗增。」史家評論說：雍正「澄清吏治，裁革陋規，整飭官方，懲治貪墨，實為千載一時。彼時居

官，大法小廉，殆成風俗，貪冒之徒，莫不望風革面」。說明雍正整頓吏治的成效。

密摺制度

什麼是密摺呢？密就是機密；摺就是將奏文寫在折疊的白紙上，外面加上封套。康熙朝有奏摺，雍正朝將密摺制度加以完善。皇帝特許的官員才有資格上奏摺。康熙朝具摺奏事的官員百多人，雍正朝增加到一千二百多人。奏摺的內容，幾乎無所不包，諸如颶風下雨、社會興情、官場隱私、家庭秘事等。皇帝通過奏摺可以直接同官員對話，更加了解和掌握下面的實際情況。奏摺運轉處理

雍正時期的密摺

程序，因「閣臣不得與聞」，而避開閣臣干預，特別是官員之間互相告密、互相監督，強化了皇帝專制權力。雍正朝現存滿、漢文奏摺41600餘件，是研究雍正朝歷史的重要檔案資料。

設軍機處

雍正創設軍機處，作為輔助皇帝決策與行政的機構。地點在紫禁城隆宗門內北側。軍機大臣沒有定員，少則二人，多則九人。主要職掌：每日晉見皇帝，商承處理軍政要務，以面奉諭旨名義，對各部門、各地方發佈指示；面奉諭旨，起草公文，由朝廷直接寄發，稱為「廷寄」，封函標明

「某處某官開拆」字樣，由兵部捷報處發送；謄錄保存公文，就是將皇帝批閱的奏摺，謄錄副本，稱為「錄副奏摺」。這項制度使大量檔案得以保存。在清初，重要的軍政機構

軍機處值房

有三個：一是議政處，二是內閣，三是軍機處。議政處源自關外，主要由王公貴族組成，稱議政大臣，參畫機要。後設內三院，即後來的內閣。軍務歸議政處，政務歸內閣。議政處的權力逐漸減弱，到乾隆朝撤銷。內閣，仿明朝制度，逐漸排斥議政處於機務之外。而軍機處建立後，軍政要務歸軍機處，一般政務歸內閣。軍機處權力遠在內閣之上，大學士的權力為軍機大臣所分，逐漸排斥內閣於機務之外。大學士兼軍機大臣才有一定實權。內閣宰相，名存實亡。軍機處的建立，標誌着皇權專制走向極端。明代內閣對皇權有一定的約束，如詔令由內閣草擬、經內閣下發，閣臣對詔令有權封駁。但是軍機處成立之後，排除了王公貴族，也排除了內閣大臣。軍機處的設立，使清朝皇帝乾綱獨斷——既不容皇帝大權旁落，也不許臣下阻撓旨意。

改土歸流

在雲、貴、粵、桂、川、湘、鄂等省少數民族地區，主要由世襲土司

進行管轄。此前已有「改土歸流」的舉措，但雍正全面實行「改土歸流」制度，革除土司制度，在上述地區分別設立府、廳、州、縣，委派有任期的、非世襲的「流官」進行管理。這種管理體制，同內地大體一樣。雍正帝的改土歸流，打擊了土司的世襲特權和利益，減輕了西南少數民族的負擔和災難，促進了這些地區社會經濟與文化的進步。民族與邊疆問題，東北地區在努爾哈赤、皇太極時期已經解決；東南的台灣、北方的蒙古，到康熙時已經得到解決；西南的民族問題，雍正時已經解決；新疆和西藏，到乾隆朝得以解決。

攤丁入地

中國過去土地和人丁分開納稅。康熙五十年（1711）後，實行「盛世滋生人丁，永不加賦」，但此前出生的人丁還要繳納丁銀。雍正推行丁銀攤入地畝。這項賦役制度的重大改革，從法律上取消了人頭稅，減輕了貧窮無地者的負擔。就這一點來說，攤丁入地制度有一定的積極意義。但是，自「盛世滋生人丁，永不加賦」之後，特別是實行「攤丁入地」制度之後，社會人口，急劇增長。道光年間，人口之數，突破4億。

廢除賤籍

賤籍就是不屬士、農、工、商的「賤民」，世代相傳，不得改變。他們不能讀書科舉，也不能做官。這種賤民主要有浙江惰民、陝西樂籍、北京樂戶、廣東蜑戶等。在紹興的「惰民」，相傳是宋、元罪人後代。他們男的捕蛙、賣湯等；女的做媒婆、賣珠子，兼帶賣淫。這些人「醜穢不堪，辱賤已極」，人皆賤之。在陝西，明燕王朱棣起兵推翻其侄建文帝後，將堅決擁護建文帝的官員的妻女，罰入教坊司，充當官妓，身陷火坑，陪酒賣淫，受盡淩辱。安徽的伴當、世僕，其地位比樂戶、惰民更為悲慘。如果村裏有兩姓，此姓全都是彼姓的伴當、世僕，有如奴隸，稍有

不合，人人都可加以捶楚。廣東沿海、沿江一帶，有蜑戶，以船為家，捕魚為業，生活漂泊不定，不得上岸居住。江蘇蘇州府有丐戶，也為賤民。雍正對歷史上遺留下來的樂戶、惰民、丐戶、世僕、伴當、蜑戶等，命令除籍，開豁為民，編入正戶。

雍正皇帝作為一代政治家，他留給後人的歷史遺產，還有兩點值得特別提出：一是勤政，二是選儲。

勤政，是雍正區別於其他帝王的一個顯著特徵。縱觀中國歷史上的皇帝，像雍正一樣勤政者，前無古人，後無來者。他在位期間，自詡「以勤先天下」，不巡幸，不遊獵，日理政事，終年不息。僅以朱批奏摺而言，雍正朝現存漢文奏摺35000餘件、滿文奏摺6600餘件，共有41600餘件，他在位12年零8個月，實際約4247天，平均每天批閱奏摺約10件，多在夜間，親筆朱批，不假手於他人，有的奏摺上的批語竟有1000多字。

選儲，即秘密立儲制度，是雍正留給大清的一份重要遺產。清朝皇帝的繼承人問題，康熙以前沒有制度。清太祖死後，因皇位繼承演出大妃生殉的悲劇，害得多爾袞從小失去母親；清太宗死後，尚未入殮，親王貝便幾乎兵戎相見；清世祖死後，倉促讓一位八歲的孩童繼位，大清出現一位英明的君主實屬幸運；清聖祖死前儲位未定，雍正兄弟骨肉相殘。大清皇朝，是家天下，用什麼辦法在家族內可靠並安全地確立接班人，是清朝建立百多年所沒有解決的問題。用嫡長制？雖可以避免兄弟之爭，但不能保證選優。明亡教訓，已有前車之鑑。用太子制？康熙帝失敗的教訓，雍正有切膚之痛。怎麼辦？雍正想出了一個辦法，既預立皇位繼承人，又不公開宣佈，這就是秘密立儲。即將傳位詔書置密封錦匣中預先收藏於乾清宮「正大光明」匾後。這是建儲制度的一項重大創革。其積極的方面是，有利於在皇子中選優，並避免皇子們爭奪儲位，相對地保證了皇位繼承的平穩過渡。

景山壽皇殿

順治選了康熙繼位，雍正選了乾隆繼位。這兩位皇帝，都君臨天下六十年，開創出中國皇朝史上的「黃金時代」——「康乾盛世」。應當說，雍正有眼力，有見識，看準並決定要乾隆繼承、光大他的事業，確是選對了接班人。這對大清帝國、對中華民族、對亞洲歷史及世界文明的發展，都產生了重大的影響。

在康熙、雍正、乾隆三朝，雍正處於承上啟下的歷史時期。雍正既繼承了康熙大帝的歷史遺產，又改革了康熙晚年的弊政；他既為乾隆強盛奠下了根基，又為乾隆繁盛準備了條件。康、雍、乾三朝，既是清朝歷史發展的鼎盛時期，也是中華帝國皇朝歷史發展的一個鼎盛時期。

應當說，雍正在位的十三年，政績卓然。但是，就在他執政已見成效時，卻突然去世。

死因：眾說紛紜

胤禛於雍正十三年（1735）八月二十三日子時，在圓明園猝然離世。據《清世宗實錄》和《張廷玉年譜》記載：雍正十三年八月二十日，胤禛偶感違和，仍照常聽政，並召見臣工。二十一日，病情加重，照常理政。大學士張廷玉每日進見，未嘗間斷。皇四子寶親王弘曆、皇五子和親王弘晝等，御榻之側，朝夕奉侍。二十二日，病情惡化，太醫搶救。二十三日

子時，進藥無效，龍馭上賓。前後三天，可算急症。胤禛突然而死，官書未載原因。於是，胤禛死因之謎，朝野眾説紛紜。

呂四娘謀刺説

稗官野史如《清宮十三朝》、《清宮遺聞》等，都有雍正遇刺身亡之文。傳説呂四娘是呂留良的女兒，也有説是呂留良的孫女。當年，呂留良因文字獄被死後戮屍，呂氏一門，或被處死，或被遣戍。但呂四娘攜母及一僕逃出，隱姓埋名，潛藏民間。呂四娘拜師習武，勤學苦練，尤長劍術，技藝高超。後來，呂四娘喬裝改扮，混入深宮，一日，乘機砍掉雍正腦袋。或説，呂四娘的師傅，原是雍正的劍客，後離去，培養了女徒呂四娘。這個民間傳説，流傳二百多年。到1981年，曾發掘雍正泰陵地宮，未打開，作罷。但民間傳言雍正棺材已經打開，雍正的遺體有屍身而無屍首，想以此證明胤禛之頭是被呂四娘砍掉的。這些傳説，都是無中生有，純屬野史逸聞。學者認為，呂留良之案，呂氏一門，男女老幼，俱已嚴禁，不能逃逸。就連呂留良父子墳墓，都加以監視，呂女不可能逃脱。所以，呂四娘行刺雍正説，實屬子虛烏有，絕不可信。

宮女縊死説

柴萼《梵天廬叢錄》記載：傳説雍正九年（1731），宮女伙同太監吳首義、霍成，伺胤禛睡熟，用繩縊殺，氣將絕，被救活。這個逸聞源自明世宗嘉靖皇帝的真實經歷。明嘉靖二十一年（1542），宮女楊金英等「伺帝熟睡，以組縊帝項，誤為死結，得不絕」。同伙張宮女害怕，跑去報告方皇后。皇后趕到，解帛組，帝氣絕，命召太醫許紳急救。《明史‧許紳傳》記載：「紳急調峻藥下之，辰時下藥，未時忽作聲，去紫血數升，遂能言，又數劑而愈。」事後將楊金英等磔死。雍正帝與嘉靖帝的廟號都是「世宗」，這個清世宗雍正被宮女縊殺的故事，顯然完全是明世宗嘉靖被

宮女勒縊故事的翻版。所以，宮女縊勒雍正說，實屬移花接木，張冠李戴。

曹雪芹、竺香玉投毒説

據傳《紅樓夢》的作者曹雪芹，有個戀人叫竺香玉，是林黛玉的化身。竺香玉被雍正霸佔成為皇后。曹雪芹想念戀人，就找了一個差事混入宮中，與竺香玉合謀，用丹藥將雍正毒死。這更是編造的故事，純屬無稽之談。

服丹藥中毒説

胤禛在雍正七年（1729），得了一場大病。大臣說「皇上下頦偶有些微疙瘩」，是甚麼病，說不清楚。胤禛曾向心腹密臣發出諭旨，要他們推薦好醫生、道士：「可留心訪問，有內外科好醫生與深達修養性命之人，或道士，或講道之儒士、俗家。……一面奏聞，一面着人優待送至京城，朕有用處。」後來李衛密薦道士賈士芳，到北京為胤禛看病。賈道士後被處死。胤禛對道士、丹藥感興趣，特為紫陽道人重建道院。胤禛還曾延請

泰陵五孔橋

道士張太虛、王定乾等，到圓明園煉丹，以求獲得靈丹妙藥，長生不老。

胤禛死後三天，他的兒子、新君乾隆帝下令驅逐張太虛等道士，並嚴諭他們不許透露宮中隻言片字。乾隆帝對圓明園中道士的嚴厲態度，可能同其父食道士燒煉的丹藥致死有關。近人金梁（息侯）在《清帝外紀·世宗崩》中說：「惟世宗之崩，相傳修煉丹餌所致，或出有因。」楊啟樵教授認為雍正是「服餌丹藥中毒而亡的」。有學者則認為：「此說頗有合於情理處，然而究屬推論，未可成為定讞。」或謂：「這類宮闈秘事，要確證論定，難得過硬資料。」

中風而死說

鄭天挺先生認為，雍正「是中風死去的」。這個重要論斷，需要史料證明。

雍正皇帝死因，至今是個歷史之謎。

雍正皇帝自從登上皇位，就傳聞不斷。甚至他的死，也顯得撲朔迷離。雍正的一生，留給人們許多話題，也留給研究者許多課題。他死之後，其子弘曆即位，就是有名的乾隆皇帝。

胤禛個人小檔案

姓名：愛新覺羅·胤禛	**出生**：康熙十七年（1678）十月三十日
屬相：馬	**卒年**：雍正十三年（1735）
享年：五十八歲	**諡號**：憲皇帝
廟號：世宗	**陵寢**：泰陵（清西陵）
父親：玄燁（康熙）	**母親**：烏雅氏，後尊為孝恭仁皇后
初婚：十九歲，配偶佟佳氏	**配偶**：九人，皇后烏拉那拉氏為元妃
子女：十子，四女	**繼位人**：弘曆（乾隆）
最得意：奪得皇位	**最失意**：吃丹藥而受其害
最不幸：遭到後世訾議	**最痛心**：幽禁兄弟
最擅長：權謀	

相關閱讀書目推薦

（1）閻崇年：《清朝皇帝列傳·雍正皇帝》，紫禁城出版社，2002年

（2）馮爾康：《雍正傳》，人民出版社，1985年

（3）楊啟樵：《揭開雍正皇帝隱秘的面紗》，香港商務印書館，2000年

（4）馮爾康主編：《清朝通史·雍正朝》，紫禁城出版社，2003年

乾隆帝弘曆

在清朝皇帝中，可以作為英傑人物論說一番的只有四位皇帝——清太祖天命汗努爾哈赤、清太宗崇德帝皇太極、清聖祖康熙大帝玄燁和清高宗乾隆大帝弘曆。

乾隆帝，名弘曆，屬兔。二十五歲登極，在位六十年，做太上皇四年，享年八十九歲。乾隆的祖父康熙實際執政五十三年，乾隆實際執政六十三年。

乾隆是中國有文字記載以來享年最高的皇帝，也是中國歷史上實際執政時間最長的皇帝。同時，乾隆又是在民間傳聞最多、被文藝作品演繹最多和官方文獻記載疑點最多的皇帝之一。

出生地點之謎

清朝十二位皇帝中，出生地點不明的只有兩位皇帝，這就是清太祖努爾哈赤和清高宗弘曆。努爾哈赤出生時還沒有創制滿文，他當時也不是什麼顯赫人物，所以他的出生地沒有留下明確的文字記載是可以理解的。但

《平安春信圖》

是乾隆不一樣，乾隆是雍正帝的第四個兒子，康熙五十年（1711）八月十三日出生，他的出生地怎麼會不確定呢？這裏面必定大有蹊蹺。

關於乾隆的出生地，他的父母都沒有留下明確的説法，倒是乾隆自己曾反覆説明，這就是關於乾隆出生地的第一種説法——雍和宮説。

乾隆自己説，他生在雍和宮。雍和宮坐落在北京城安定門內，是著名的喇嘛廟。康熙時代，這裏原是雍親王的府邸，也就是雍正做皇子時的王府，當時並不叫雍和宮。乾隆登極後，把他父親雍正的畫像供奉在這座府第裏的神御殿，派喇嘛每天誦經，後來這裏就改名叫雍和宮。乾隆曾經多次以詩或以詩註的形式，表明自己出生在雍和宮。

乾隆四十三年（1778）新春，乾隆在《新正詣雍和宮禮佛即景志感》詩中，有「到斯每憶我生初」的詩句。這説明乾隆本人認定自己出生在雍和宮。

乾隆四十四年新春，乾隆又一次在《新正雍和宮瞻禮》詩中説：「齋閣東廂胥熟路，憶親惟念我初生。」在這裏，乾隆不僅認定自己誕生在雍和宮，而且還指出了具體的出生地點，就在雍和宮的東廂房。乾隆自己説自己出生在雍和宮東廂，應當算是比較權威的説法。

乾隆四十五年新春，乾隆再一次到雍和宮禮佛時説：「十二初齡才離此，訝今瞥眼七旬人。」在這首詩下註云：「康熙六十一年始蒙皇祖養育

宮中，雍正年間遂永居宮內。」

乾隆四十七年正月初七日，乾隆作《人日雍和宮瞻禮》詩註云：「余實康熙辛卯生於是宮也。」康熙辛卯年為康熙五十年（1711），正月初七過去稱作「人日」。據晉朝董勛《答問禮俗說》記載：「正月一日為雞，二日為狗，三日為豬，四日為羊，五日為牛，六日為馬，七日為人。」乾隆每年正月初七日都要到雍和宮瞻禮，平時路過這裏也要進去小駐片刻。

乾隆五十四年（1789）正月初七日，乾隆又作《新正雍和宮瞻禮》詩云：「豈期蒞政忽焉老，尚憶生初於是孩。」其下自註云：「予以康熙辛卯生於是宮，至十二歲始蒙皇祖養育宮中。」

還有一次乾隆到雍和宮瞻仰禮拜，爾後作了一首詩。據《清高宗御制詩集》記載：「來瞻值人日，吾亦念初生。」乾隆的意思是，在正月初七日（人日）這一天，到雍和宮瞻禮，總是念念不忘當初就是出生在這裏。

從以上六個例子來看，乾隆一貫認為自己就出生在雍和宮。乾隆晚年對自己出生地的流言蜚語可能有所耳聞，因而多次在詩作中強調自己確實生在雍和宮。

但是，乾隆皇帝還在位的時期，就有人對他的出生地發出不同的議論，認為他出生在承德避暑山莊，這就是關於乾隆出生地的第二種說法──避暑山莊說。

當時朝中有一個官員叫管世銘，江蘇武進人，乾隆四十三年（1778）進士，後入值軍機處，任軍機章京，了解很多宮廷掌故與秘聞。他隨乾隆一起至避暑山莊，去木蘭秋獮，寫下《扈蹕秋獮紀事三十四首》（收在《韞山堂詩集》），其中第四首涉及到乾隆皇帝的出生地：

慶善祥開華渚虹，降生猶憶舊時宮。

年年諱日行香去，獅子園邊感聖衷。

乾隆寫經像

管世銘在這首詩的後面有個原註，說：「獅子園為皇上降生之地，常於憲廟忌辰臨駐。」這裏明確地說：獅子園是乾隆皇帝的誕生地，因此乾隆常在先帝雍正駕崩的忌日，到這裏小住幾天。

獅子園是承德避暑山莊外的一座園林，因其背後有一座形狀像獅子的山峰而得名。康熙到熱河避暑時，雍正作為皇子經常隨駕前往，獅子園便是雍親王一家當時在熱河的住處。管世銘等一些朝野人士認為：避暑山莊獅子園是乾隆的降生地。

支持這一觀點最有力的證據當屬乾隆的兒子嘉慶帝。

嘉慶元年（1796）八月十三日，乾隆帝八十六歲大壽，以太上皇身份到避暑山莊過生日。嘉慶跟隨去了，寫下《萬萬壽節率王公大臣行慶賀禮恭紀》詩慶賀。詩中提到乾隆的出生：「肇建山莊辛卯年，壽同無量慶因緣。」其詩下註云：「康熙辛卯肇建山莊，皇父以是年誕生都福之庭。」嘉慶在詩後註解說，皇祖康熙辛卯年（康熙五十年）題寫了「避暑山莊」匾額，皇父乾隆也恰好於這年降生在山莊，這是值得慶賀的福壽無量的因緣！但也有人認為「都福之庭」是泛指，不一定在避暑山莊。

嘉慶二年，乾隆又到避暑山莊過生日，嘉慶再次寫《萬萬壽節率王公大臣等行慶賀禮恭紀》詩祝壽，在詩文的註釋中，嘉慶把皇父乾隆的出生地說得更明確了：「敬惟皇父以辛卯歲，誕生於山莊都福之庭。」明白無誤地點明乾隆誕生於避暑山莊的都福之庭。

　　嘉慶以上兩次詩註都表明：他認為皇父乾隆出生在承德避暑山莊。但是，在十幾年後，嘉慶卻放棄了乾隆出生在避暑山莊的看法。

　　這是為什麼呢？原來清朝每一位皇帝登極以後，都要為先帝纂修《實錄》（記載一生經歷、言行和功業）和《聖訓》（皇帝的訓諭）。嘉慶十年（1805），嘉慶帝命朝臣編修乾隆《實錄》和《聖訓》。嘉慶在審閱呈送稿時，發現《實錄》和《聖訓》稿都把乾隆的出生地寫成了雍和宮。他命編修大臣進行認真核查。這時，翰林出身的文華殿大學士劉鳳誥，把乾隆當年寫的詩找出來，凡是乾隆自己說出生在雍和宮的地方都夾上黃籤，呈送嘉慶審閱。嘉慶面對皇父御制詩及註，感到問題十分嚴重。他怎能在皇父出生地的問題上違背皇父本人的旨意呢！於是，嘉慶放棄了乾隆出生在避暑山莊獅子園的說法，命在《實錄》和《聖訓》裏這樣記載乾隆皇帝的出生：「康熙五十年辛卯八月十三日子時，誕上於雍和宮邸。」

　　可是，嘉慶二十五年（1820）七月二十五日，嘉慶帝突然在避暑山莊駕崩。在當時軍機大臣托津、戴均元等撰寫的嘉慶《遺詔》中，仍把乾隆誕生地說成是避暑山莊。

　　事情經過是這樣的：嘉慶帝到塞外木蘭秋獮，嘉慶二十五年七月二十四日，到達避暑山莊，第二天突然死去。在御前大臣、軍機大臣、內務府大臣以嘉慶名義撰寫的《遺詔》末有「皇祖降生避暑山莊」一語，就是說乾隆當年就生在灤陽行宮，即避暑山莊。新繼位的道光帝發現這一問題後，立即命令以每天六百里加急，將已經發往琉球、越南、緬甸等藩屬國的嘉慶《遺詔》從路上追回。改寫後的《遺詔》，把原來說乾隆生在避暑山莊的句子，很牽強地說成乾隆的畫像掛在避暑山莊。《實錄》記載修改後的《遺詔》，原文如下：

　　　古天子終於狩所，蓋有之矣。況灤陽行宮，為每歲臨幸之地。我祖、考神御在焉，予復何憾！

　　道光為把他爺爺乾隆出生在北京雍和宮的説法作為結論確定下來，還不得不把他父親嘉慶當年説乾隆生在山莊的詩及註都改過來！由於嘉慶的詩早已公開流行天下，如果大張旗鼓地修改，結果會欲蓋彌彰。所以道光改得不徹底，有一部分沒有改的《嘉慶御制詩集》流傳下來，從而愈加使天下官員百姓對乾隆出生地疑竇叢生。

　　乾隆帝到底是出生在北京雍和宮，還是出生在承德避暑山莊？至今學術界沒有定論。

　　如果是普通百姓，他出生在什麼地方，對家庭來說可能算是一回事，但對民族、對國家來說並沒有什麼影響。然而，乾隆皇帝不同，乾隆的出生地同他的生母是誰密切關聯。而他的母親是「出身名門」或「出身微賤」，會直接影響乾隆的皇位、事業；如果乾隆的母親是漢人，則又關涉到更為複雜的政治問題。

親生母親之謎

乾隆皇帝的生母孝聖憲皇后

　　乾隆的生母，正史記載為「原任四品典儀官、加封一等承恩公凌柱女」；野史傳說則有多種說法，如熱河宮女李金桂、內務府包衣女子、傻大姐、「村姑」、海寧陳夫人等。

　　乾隆的生母是誰，的確是一樁歷史疑案。皇帝的生母出了疑案，這在清朝十二帝中是僅有的，在中國歷史上也很罕見。

　　康熙五十年（1711）七月二十六日，康熙從北京出發到達避暑山莊，九月二十二日回到北京。其間，乾隆的父親雍親王胤禛，七月二十六日赴熱河請安，八月十三日乾隆

出生。這中間只有十七天。就是說，如果乾隆在避暑山莊出生，那麼他母親在臨產前十七天，大腹便便，行動不便，怎麼會到避暑山莊去呢？乾隆的生母或許另有其人？

野史記載與民間傳說，有多種說法：

第一種傳說，乾隆生母是浙江海寧大學士陳世倌的夫人。海寧在清朝有「陳氏三宰相」──順治朝大學士陳之遴、康熙朝大學士陳元龍、雍正朝大學士陳世倌，他們都是靠自身能力當上大學士的。

陳世倌，俗稱陳閣老，在康熙年間入朝為官。傳說陳世倌與雍親王一家常有來往，今天陳閣老的舊宅，還保存有一塊九龍匾，據說是雍正親筆書寫的。那一年恰好雍親王的福晉和陳閣老的夫人，同月同日分別生了孩子。雍親王就讓陳家把孩子抱入王府看看。可是，等孩子再送出來時，陳家的男孩竟變成了個女孩。陳閣老意識到此事攸關性命，不敢作聲。那換入宮中的男孩，就是後來的乾隆皇帝。許嘯天《清宮十三朝演義》說乾隆

反映乾隆為太后祝壽的《慈寧燕禧圖》（局部）

六下江南的目的就是探望親生父母。他六次南巡竟有四次住在陳閣老家的安瀾園，為的就是與生身父母相聚。但據孟森著《海寧陳家》考證，乾隆南巡第一次、第二次都沒有到海寧。第三次到海寧時，陳世倌已死。可見乾隆下江南為的是看望生身父母的傳說純粹是捕風捉影，沒有根據。陳家的園子叫「隅園」，因位於城之一隅而得名。乾隆第四次南巡住隅園，同浙江海塘工程有關，所以乾隆將「隅園」改名為「安瀾園」。當代香港小說家金庸是浙江海寧人，他的武俠小說《書劍恩仇錄》便是圍繞乾隆身世之謎展開的。金庸在小說中繪聲繪色地寫道：陳世倌的小孩抱進雍親王府，哪知抱進去的是兒子，抱出來的卻是女兒。陳世倌知是皇四子掉的包，大駭之下，一句都不敢泄露出去。這個故事一出籠，乾隆是陳閣老的兒子的傳說，便越傳越廣，越講越真。關於「調包」的故事，清朝中期就有傳說。先說康熙出自陳家，後來這個傳說不攻自破，就又移花接木，安在乾隆皇帝的頭上。其實，乾隆出生時，雍正的長子、次子雖已幼年早死，但第三子已經八歲，另一個妃子又即將臨產。且這時雍正才三十四歲，正當壯年，他怎麼會在已經有一個八歲兒子的情況下，急急忙忙、偷偷摸摸地用自己的女兒去換陳家的兒子？這從情理上也是說不通的。退一步說，其時雍正並不知道自己將來能否登上皇位，又怎麼會知道陳家兒子是有大福之人呢？

第二種傳說，晚清湘潭人王闓運提出，乾隆的生母雖然是鈕祜祿氏，但的確與避暑山莊有關。王闓運是曾國藩的幕友，做過大學士肅順的西席（家庭教師），也是晚清著名的詩人。他在《湘綺樓文集》裏提到乾隆之母：

> 始在母家，居承德城中，家貧無奴婢，六七歲時父母遣詣市買漿酒粟面，所至店肆大售，市人敬異焉。十三歲時入京師，值中外姐妹當選入宮。……孝聖容體端頎中選，分皇子邸，得在雍府。

後來雍親王生病，此女日夜服侍。數月雍親王病癒，她懷孕生下了乾隆。

張采田《清列朝后妃傳稿》中轉引英和《恩福堂筆記》和王闓運《湘綺樓文集》記載，促發人們更加注意這個疑案。這一說法富於傳奇色彩。清遺老金梁等認為：清朝選秀女制度是非常嚴格的，從清宮《欽定宮中現行則例》中，可以看到當時清宮的一些有關規定。清宮的門衞制度更是森嚴，怎麼可能讓承德地方一個女子混進皇宮並入選秀女呢？所以這種傳說是靠不住的。

第三種傳說，曾做過熱河都統幕僚的近代作家、學者冒鶴亭說：乾隆生母是熱河漢人宮女李佳氏。上海淪陷期間，作家周黎庵寫了《清乾隆帝的出生》一文，發表在《古今文史》半月刊上（1944年5月1日），援引冒鶴亭的說法，並添加雍正喝鹿血等情節，增加了故事性：傳說雍正在做雍親王時，一年秋天在熱河打獵，射中一隻梅花鹿，雍正喝了鹿血。鹿血壯陽，雍正喝後躁急，身邊又沒有王妃，就隨便拉上山莊內一位很醜的李姓漢族宮女幸之。第二年，康熙父子又到山莊，聽說這個李家女子懷上了「龍種」，就要臨產。康熙發怒，追問：「種玉者何人？」雍正承認是自己做的事。康熙怕家醜外揚，就派人把她帶到草棚。醜女在草棚裏生下一個男孩，就是後來的乾

乾隆古裝像

乾隆《大閱圖》

隆。台灣學者莊練（蘇同炳）在《乾隆出生之謎》文中、台灣小說家高陽在《清朝的皇帝》書中，都認同這一說法，甚至於提出李氏名叫金桂，因為她「出身微賤」，而旨令鈕祜祿氏收養這個男孩，於是乾隆之母便為鈕祜祿氏。儘管乾隆生在草棚的傳說流傳很廣、故事生動、影響也很大，但那畢竟是野史，是靠不住的。

第四種傳說，晚清文人天嘏在《清代外史》中，說乾隆知道自己不是滿族人，因此在宮中常常穿漢服，還問身邊的寵臣看自己是否像漢人。乾隆的確在宮中經常穿漢服，現在故宮還保存着不少乾隆穿漢服的畫像，也許這就是引起傳說的原因之一。如果僅根據他穿的衣服而確定乾隆的出身，其結論肯定是荒唐的。

第五種傳說，民國時期曾任國務總理的熊希齡，從「老宮役」口中聽得所謂乾隆生母的故事，並對胡適講道：「乾隆帝之生母為南方人，渾名『傻大姐』，隨其家人到熱河營生。」這種傳說因《胡適之日記》而流傳甚廣。

雖然以上傳說並不可靠，但是，乾隆的生母的確存在文獻與檔案上的疑點：

成書於乾隆十七年（1752）的蕭奭《永憲錄》卷二記載：

（雍正元年十二月丁卯，即二十二日）午刻，上御太和殿。

遣使冊立中宮那拉氏為皇后。詔告天下，恩赦有差。封年氏為貴妃，李氏為齊妃，錢氏為熹妃，宋氏為裕嬪，耿氏為懋嬪。

蕭奭在這本書中還提出：「齊妃或云即今之崇慶皇太后。俟考。」就是說，在當時就有人對乾隆的生母是誰提出了懷疑。

高陽先生在《清朝的皇帝》一書中認為：蕭奭《永憲錄》中，「這『俟考』二字，是一暗示，是一隱筆兼曲筆的巧妙暗示；齊妃非高宗生母，而故意這樣寫，是曲筆；齊妃李氏，暗示高宗生母姓李，此為曲筆。」但是，高陽沒有看到清宮的檔案。

清朝政府有個規定，皇帝家族生兒育女，每三個月要上報一次，寫明出生時間和生母。每隔十年，根據出生和死亡記錄的底稿，添寫一次皇室族譜，就是《玉牒》。在中國第一歷史檔案館保存的《玉牒》和生卒記錄底稿上，都清楚地寫著世宗憲皇帝（雍正）第四子高宗純皇帝（乾隆），於康熙五十年辛卯八月十三日，由孝聖憲皇后鈕祜祿氏、凌柱之女誕生於雍和宮。

但是，這位鈕祜祿氏是何許人？

清宮檔案《雍正朝漢文諭旨彙編》雍正元年（1723）二月十四日記載：

雍正元年二月十四日奉上諭：尊太后聖母諭旨：側福金年氏封為貴妃，側福金李氏封為齊妃，格格錢氏封為熹妃，格格宋氏封為裕嬪，格格耿氏封為懋嬪。該部知道。

同一件事，《清世宗憲皇帝實錄》雍正元年二月甲子（十四日）卻記載：

諭禮部：奉皇太后聖母懿旨：側妃年氏，封為貴妃；側妃李氏，封為齊妃；格格鈕祜魯氏，封為熹妃；格格宋氏，封為懋

嬪；格格耿氏，封為裕嬪。爾部察例具奏。

這兩份記載的差異，可以作如下解釋：格格錢氏與格格鈕祜魯氏是一個人。因為她們是同一天奉皇太后的懿旨受封，所以熹妃只能是一人。雍正元年八月十七日，正式設立秘密立儲制，指定弘曆為皇太子。他的母親總要有一個高貴的出身，因此，將熹妃錢氏篡改為鈕祜祿氏。是否可能由內大臣「滿洲鑲黃旗人四品典儀凌柱」將錢氏認作乾女兒？如果事實如此，就解決了身份與姓氏的難題。

在沒有其他確鑿證據之前，我們只能相信《實錄》和《玉牒》的記載。不過，雍正檔案與雍正實錄關於熹妃錢氏與鈕祜祿氏的記載上的矛盾，至今仍不能夠完滿地解決。所以，乾隆生母問題，仍為歷史疑案。不僅如此，連乾隆的皇后和皇妃也有許多可以稱為「疑案」的事情。

兩后死因之謎

乾隆的后妃有名分的：三后、五皇貴妃、五貴妃、七妃、六嬪、三貴人等，總共二十九人。

先說乾隆的三位皇后。

乾隆的第一位皇后富察氏。雍正五年（1727），富察氏被冊為寶親王弘曆的嫡福晉。這年乾隆十七歲，富察氏十五歲。乾隆二年（1737），富察氏被冊為皇后。皇后富察氏出身名門，她的曾祖父哈什屯順治時任議政大臣；祖父米思翰康熙時任內務府總管、戶部尚書、議政大臣；父親李榮保任察哈爾總管；兄馬齊任兵部尚書、左都御史、議政大臣、武英殿大學士，「歷相三朝」；兄馬武任內務府總管、鑲白旗蒙古都統、領侍衛內大臣；弟傅恒任戶部尚書、軍機大臣、保和殿大學士，賜第在東安門內。富察氏，性賢淑，尚節儉，不奢華，孝順太后，敬愛乾隆。乾隆年輕時，曾

患癤，剛愈，太醫説：「須養百日，元氣可復。」皇后就每晚在乾隆寢宮外面居住，精心奉侍，百日之後，才回寢宮。乾隆十三年（1748）正月，富察氏隨乾隆帝和皇太后東巡，前往山東曲阜祭孔。三月十一日，在返京途中死於德州船上，年三十七歲。

關於富察氏之死，野史記載：三月十一日夜，乾隆東巡迴鑾，駐德州，在舟中宴飲淫樂。皇后激切進諫，乾隆加以詬詈。后羞忿，投水死。蔡東藩《清史演義》説：皇后之嫂（實為皇后弟妹）即傅恒夫人，在皇后千秋節時前來祝壽。酒宴間聯詩。乾

孝賢皇后像

隆起句道：「坤闈設悅慶良辰」，皇后續道：「奉命開筵宴眾賓」，嫂嫂隨續道：「臣妾也叨恩澤逮」，乾隆則接道：「兩家併作一家春」。酒後乾隆同傅恒夫人私通，被皇后察覺。皇后同乾隆從此產生芥蒂。禍不單行，皇后生的兒子永璉，秘密立為皇太子，也因天花病死。乾隆十三年出巡，皇后陪同，死於船上。

於是，產生諸如福康安的身世之謎的傳説與故事，懷疑福康安為乾隆同傅恒夫人所生。高陽認為：福康安的際遇之隆，清三百年，無與倫比。雖「垂髫豢養」，卻本傳不見記載；雖「多年訓誨」，卻並未招作額駙（其兩兄皆為額駙）。因之，「其中原故，反足深思」。

其實，乾隆帝與富察氏的感情還是很好的。《清史稿·后妃傳》記載：「十三年，從上東巡，還蹕，三月乙未，后崩於德州舟次，年三十七。」乾隆為此悲慟不已，連續九天，每天在皇后靈柩前三次擺上供品。乾隆用富察氏生前所希望的「孝賢」二字，來作為她的諡號。孝賢皇后富察氏的靈柩，安放在裕陵地宮四年多。在這段時間裏，乾隆共為她祭奠百多次，並寫下一篇情真意切的《述悲賦》：「《易》何以首乾坤？《詩》何以首關雎？為人倫之伊始，固天儷之與齊。」「悲莫悲兮生別離，失內位兮孰予隨？」意思是說，我是多麼悲痛啊，這樣生死離別，失去賢惠內助，今後誰來陪伴我呢？所以，野史與傳說，缺乏歷史依據。

第二位皇后烏拉那拉氏。佐領那爾布之女。乾隆做皇子時，烏拉那拉氏被冊為側福晉。她不僅深得皇帝寵愛，而且頗討皇太后喜歡。乾隆登極後，封為嫻妃。在皇后富察氏死後，她由貴妃晉為皇貴妃，統攝六宮事，再被冊為皇后。在乾隆三十年（1765）初，皇后陪皇太后和乾隆第四次下江南。在途中，皇后剛過完四十八歲生日，就出了問題。

蔡東藩在《清史演義》中，寫了「遊江南中宮截髮」回目。小說中描

慧賢皇貴妃像

繪乾隆在和珅陪伴下遊金陵秦淮河，登舟遊幸，感歎：「北地胭脂，究不及南朝金粉！」乾隆同和珅在舟中，擁妓酣飲，色迷心醉。後被皇后發現，二人發生口角，「皇后氣憤不過，竟把萬縷青絲，一齊剪下」。就是說，皇后勸阻皇帝不要出去尋歡作樂，因而惹惱了乾隆皇帝。這種說法可能出自想像，但皇后惹惱了皇帝是肯定的。從此烏拉那拉氏就被打入冷宮。若不是眾位大臣苦勸，乾隆皇帝就會重演當年他的曾祖父順治皇帝廢

掉皇后的故事。第二年，也就是乾隆三十一年七月十四日，烏拉那拉氏在冷宮中走完了四十九歲的人生之路。

這件事情，清宮檔案記載：閏二月十八日，皇后在行宮吃早飯時，還得到皇帝賞賜。到了晚飯時，皇后卻不見了蹤影。她的名字被黃籤蓋上。皇后哪裏去了？有人說她發了瘋病，在杭州削髮當了尼姑；也有人說她被先行遣回了京師。清宮的《上諭檔》記載：閏二月十八日，乾隆派額駙福隆安扈從皇后那拉氏，由水路先行回京。那麼，皇后為什麼被遣送回京？

婉嬪像

《清史稿‧后妃傳》記載：「（乾隆）三十年，從上南巡，至杭州，忤上旨，后剪髮。上益不懌，令后先還京師。三十一年七月甲午，崩。」滿洲有個習俗，親人故去才「斷髮成服」。因此，皇后剪髮，犯下大忌！皇后死訊傳來時，乾隆皇帝正在木蘭圍場打獵。他並沒有停止打獵，而是命那拉氏的兒子回京辦理喪事，並命喪儀照皇貴妃禮辦理，也就是說要從皇后降一個等級到皇貴妃。皇后烏拉那拉氏的命運與孝賢皇后富察氏的命運相比，真有天壤之別。

還有一位皇后，也附帶提一下。

第三位皇后魏佳氏，初為貴人，後依次晉為嬪、妃、貴妃，生下皇十五子顒琰（嘉慶），乾隆四十年（1775）死，年四十九歲。乾隆六十年，以顒琰為皇太子，令追贈其母為皇后。這位魏佳氏福分不夠，沒有看見兒子登極，也沒有在生前當上皇太后。

乾隆的皇妃有：皇貴妃五位、貴妃五位、妃七位。其中惇妃、婉妃和容妃值得一提。惇妃汪氏，本來很討乾隆喜歡，後來可能因失寵而脾氣暴

躁。一天發火兒，將宮婢笞死。乾隆寫了長諭訓斥，降為嬪。婉妃陳氏，服侍乾隆於潛邸時，後晉為妃。婉妃得享高齡，薨年九十二歲，是清宮后妃中得享高壽的一位。容妃，有人說即「香妃」，《清史稿・后妃傳》有簡略記載。其經歷傳說卻十分離奇，成為乾隆朝后妃的又一椿歷史疑案。

香妃身世之謎

香妃，歷史上是否真有其人？她的身世如何？她是怎麼死的？她死後葬在哪裏——是新疆喀什，是北京陶然亭，還是遵化清東陵？世間有種種野史、筆記、小說、詩文、戲劇、影視，令人迷惑，無所適從。

關於香妃的傳說，主要有兩個版本：

第一個版本是喜劇片：香妃天生麗質，身有異香，美貌絕倫。她家世居南疆葉爾羌（今莎車），兄長因不滿霍集占虐政，舉家搬到伊犁。其兄在反對霍集占之亂中，心向清朝，立下功勞。他們受召，到了京師，後來長住在北京。香妃入宮，受到皇太后的喜愛和乾隆帝的寵倖，生活得很幸福。香妃死後，乾隆聞訊，悲痛不已，恩准將香妃屍骨運回新疆喀什入葬。1994年，作者去新疆喀什考察，參觀了香妃墓及香妃木棺。現在當地維吾爾族流傳的是第一個版本的傳說。

第二個版本是悲劇片：香妃是乾隆年間平定回部大小和卓木叛亂時，被擄進皇宮的。乾隆因其貌美，且體有異香，而冊封為香妃，並對她大加恩寵。但香妃矢志守節，隨身懷刀，準備殺帝報仇。皇太后聞訊，召妃入宮，賜死，後葬到清東陵。蔡東藩《清史演義》、《清朝野史大觀》以及金庸《書劍恩仇錄》等書，所描寫的故事大體雷同。戲劇《香妃恨》、《香妃》，以及二十世紀五十年代上演的《伊伯爾罕》等，也都是按照類似的劇情編寫的。這個傳說沒有歷史根據，絲毫不足取信，詳見孟森《香妃考實》。

香妃的傳說，在國外也有影響。美國人豪比·當彼寫過一本《圓明園及其住在那裏皇帝的歷史》，書中介紹了香妃的故事。

有學者認為，香妃就是容妃。歷史文獻與考古發掘都有關於容妃的史實。

《清史稿·后妃傳》記載：「容妃，和卓氏，回部台吉和札賚女。初入宮，號貴人。累進為妃。薨。」據學者考證：容妃（1734～

香妃像

1788），霍卓氏，又作和卓氏，生於雍正十二年（1734）九月十五日，比乾隆小二十三歲。容妃進宮時間說法不一：一說是在乾隆二十五年（1760）春入宮，年二十七歲。初為貴人，乾隆二十七年冊封為容嬪。冊文說：「爾霍卓氏，秉心克慎，奉職惟勤，壺範端莊，禮容愉愜。」每年例銀三百兩（相當於知縣的五倍）。她的哥哥也被封為輔國公。乾隆三十年南巡，容嬪隨駕，到過揚州、蘇州、江寧（南京）、杭州。乾隆特意按回部習俗，賞她羊肚片、燉羊肉等食物。乾隆三十三年，冊封為容妃。乾隆三十六年春，容妃隨皇太后、乾隆東巡，遊覽泰山、祭拜孔廟，路上受賞回回餑餑等食品。乾隆四十三年（1778），容妃隨乾隆到盛京，在塞外中秋之夜，受賞「奶子月餅」。到達木蘭圍場，乾隆獵獲野豬和狍子，賞眾妃野豬肉，而賞容妃狍子肉。乾隆為容妃安排了回族廚師，為她做回俗清真

飯菜如羊肉餛飩等。

　　乾隆帝還為容妃修建寶月樓。寶月樓就是今中南海新華門門樓。這裏明朝為南台，沒有大的營建。清順治、康熙年間兩度擴修，為避暑之處：東為春明樓，西為湛虛樓，南為迎薰亭，北為香扆殿、涵元殿、翔鸞閣，加上殿閣兩旁的翼樓，都屬於瀛台的範圍。清末光緒被幽禁在瀛台。民國初年，清室尚以優待條件居住在大內，外朝則先歸民國政府。民國間先改皇城正中之門名為中華門。中華門在明朝稱大明門，清朝稱大清門，民國呢？有人獻議：「大內東為東華門，西為西華門，今國為中華民國，而正朝之門適當東華、西華之間，天然一中華門也！」語既巧合，遂為定議。不久以西苑為總統府，府門與正朝門相併，必距長安街以關寶月樓為府門，位置適合。今之新華門，就是往昔清朝寶月樓下所開關之門。

　　清朝在乾隆以前，沒有回族妃嬪的先例。容妃以回部女子至清朝，乾隆不把她安置在後宮，特營建西苑寶月樓，作為金屋藏嬌之所。樓南隔街建「回子營」，修禮拜寺。乾隆御制詩中，有關寶月樓的詩很多。乾隆二

乾隆《萬樹園賜宴圖》

十五年（1760）夏月，詩云：「輕舟遮莫岸邊維，衣染荷香坐片時；葉嶼花台雲錦錯，廣寒乍擬是瑤池。」此以嫦娥比擬容妃。二十八年新年又作詩云：「冬冰俯北沼，春閣出南城。寶月昔時記，韶年今日迎。屏文新芾祿，鏡影大光明。鱗次居回部，安西繫遠情。」乾隆自註：「樓近倚皇城南牆。牆外西長安街，內屬回人衡宇相望，人稱『回子營』。新建禮拜寺，正與樓對。」

當時，八旗以外的所有百姓都住外城，惟獨回子營近在咫尺，依靠九重，這是乾隆愛屋及烏。乾隆為容妃興建寶月樓的原因是：

第一，言語文化不同。容妃講維語，不便與諸妃嬪住在一起交流，特隔於南海最南之地，其地又距外朝之外垣。這裏同皇宮既聯繫又分割，環境優雅，湖水漣漪。乾隆會維吾爾語，可以同容妃用維語直接交談。

第二，飲食習慣不同。皇后的正宮坤寧宮兼作薩滿祭祀的場所。坤寧宮每日進豬兩口，在神案上宰豬，在大鍋裏煮豬肉，祭祀敬神。元旦祀神，皇帝、皇后行禮；春、秋兩大祭，皇后亦到，妃嬪自當侍從。而最尷尬者，則為后妃受胙，是一種豬肉米飯，這是回教徒所萬萬不能忍受之事。將容妃單獨安置在另一個生活區域，生活上比較方便。

第三，生活風俗不同。維族的衣服、裝飾，同皇宮的后妃、宮女都不同，容妃獨居可免去其他妃嬪爭寵之擾。皇宮除御花園外，別無遊觀之處，乾隆築寶月樓於瀛台之南，則隨時可以駕幸西苑，而不必如臨圓明園，路途既遠，又煩出駕。

第四，宗教信仰不同。滿族的宗教是薩滿教，乾隆又崇奉喇嘛教。維吾爾族信奉伊斯蘭教，要做禮拜。容妃所居之地，隔長安街而對回子營，建回教禮拜堂及民舍，並使內附之回民居住，屋舍皆沿襲回風。容妃站在樓上，可以望見對面的「回子營」，遙望瞻禮，以解思念之情。

乾隆五十三年（1788）四月十九日，容妃因病去世，年五十五歲，葬

清東陵。至於「香妃」之名，不知何時而起。今新疆喀什有香妃遺棺，當地傳說是從北京運回去的。容妃應是民間傳說的香妃，但學界看法尚不一致。

近年研究香妃的著作很多。一本書名就叫《香妃》，作者于善浦、董乃強是清東陵的文物專家。他們在書中說，1979 年 10 月，一個偶然的機會，清東陵乾隆裕陵的妃嬪園寢中，有兩座妃嬪墓穴因漏雨而塌陷。文物工作者在清理墓穴時，發現許多珍貴實物，從而揭開了香妃之謎。在查證史料及清宮檔案之後，對乾隆四十一位后妃中惟一的維吾爾族女子，有了新的認識。作者認為，這位當是容妃，也就是傳說的香妃。另有一本書名叫《香妃考證研究》（正、續集），是台灣姜龍昭先生所著。作者對戲劇小說中所寫的香妃和史學家所討論的香妃，都有說明、討論、考證和判定。作者原本是為編寫香妃的電視劇而做研究工作，自費到北京、河北、新疆考察，彙集資料，編為書籍。

乾隆皇帝的家庭生活可說者很多，許多文學藝術作品對此加以渲染，演繹出不少曲折動人的故事。同時，乾隆是一代有為之君，將康乾盛世推向頂峰，但各種矛盾也不斷積聚，盛世的外衣下面危機潛伏。

盛世下的危機

前幾年，海外某大學的一位歷史系主任、著名清史教授計劃同筆者合作一個《中國歷史上的黃金時代——「康乾盛世」》的課題，如果得到一個基金會的評審委員會通過，可以拿到一筆可觀的課題費。後來這位教授告訴我，課題沒有被通過。因為基金會成員主要是西方學者，他們認為中國的康熙—乾隆時代，不是黃金時代，而是專制黑暗時代。這件事情對我的觸動是：人們在用兩隻眼睛看乾隆。

乾隆皇帝弘曆在位六十年，做的事情太多，光記載他言行的《清高宗

實錄》就達一千五百卷，據筆者統計，共有13580136字，還未計標點符號。乾隆皇帝所做出的主要功績歸納起來，有八件事：

編修文化典籍

北京內城南面東為「崇文門」，標榜皇帝「崇文」。明清二十八位皇帝，真正稱得上「崇文」的，只有兩位，就是康熙和乾隆。康熙前面已經敍述，是一位學習型皇帝，乾隆則是一位文化型皇帝。乾隆在文治方面做的事情很多，主要有：

（1）主持纂修《四庫全書》。《四庫全書》第一份告成，共收書三千四百六十一種、七萬九千三百零九卷。隨後繼續進行，到乾隆五十二年（1787）六月，又告成六份，已歷時十五年。後再查核、校誤和補遺，直到五十八年（1793）才告結束，參與者前後四千一百八十六人，時間長達二十年。乾隆編纂《四庫全書》，是對中國文化的一大貢獻：其一，保存珍貴遺產。集中全國的力量，對各地圖書典籍進行了一次全面系統地清理，選擇重要的刻本、抄本，繕錄採入《四庫全書》，使大量書籍雖經天災人禍而被保存下來。其二，方便學人利用。北到關外，南到江浙，禁城之內，皇家御苑，士林學子，閱覽抄錄，嘉惠讀者。其三，有利文化傳承。1983年文淵閣本《四庫全書》首次

紀昀像

影印出版後，更化身千百，流傳世界。其四，便於分類檢索。「以類求書，因書治學」。全書分經、史、子、集四部，再分四十四類，又分六十六目，條理井然，易於查檢。但是，乾隆在編纂《四庫全書》的過程中，也刪了不少書、改了不少書、禁了不少書、毀了不少書。有人據《辦理四庫全書檔案》、《禁書總目》等資料統計，毀書約三千餘種、六七萬部。可見，乾隆編纂《四庫全書》的負面影響同樣不可忽視。總之，要給予客觀的、公正的評價。

（2）編修《滿文大藏經》。乾隆命將漢文、蒙古文《大藏經》譯成滿文，由章嘉呼圖克圖總其事，「每得一卷，即行進呈，以候裁定」。後用朱文刻印的《滿文大藏經》，是一項巨大的文化工程。又刻印《大藏經》（也稱「龍藏」）。

（3）整理《無圈點老檔》。《無圈點老檔》（又稱《滿文老檔》、《老滿文原檔》、《舊滿洲檔》）是以無圈點老滿文為主書寫的，現存最為原始、系統、詳盡、珍貴的清太祖、太宗時期編年體史料長編。該檔形成於清入關前，到乾隆中期已經百餘年，以老滿文書寫，文字難以辨識，紙張年久糟舊，字蹟漫漶不清。乾隆命對《無圈點老檔》進行整理，用無圈點老滿文和加圈點新滿文分別重抄——先抄出草本各一部，再抄

乾隆佛裝像

出正本存內閣各一部，另抄出副本存瀋陽崇謨閣各一部，並抄出存上書房一部。總計共抄錄七份：《無圈點字檔》（草本）、《加圈點字檔》（草本），《無圈點字檔》（內閣本）、《加圈點字檔》（內閣本），《無圈點字檔》（崇謨閣本）、《加圈點字檔》（崇謨閣本），還有《加圈點字檔》（上書房本）。《無圈點老檔》原本四十冊，現藏台北故宮博物院。

（4）乾隆敕編《八旗通志》、《滿洲源流考》、《欽定滿洲祭神祭天典禮》（滿文本、漢文本）等。

（5）《御製五體清文鑑》則是多民族文化的一個碩果。

（6）乾隆重視京師文化，體現在：編繪了《京城全圖》；令于敏中等奉敕撰《日下舊聞考》，共一百六十卷，為北京歷史文獻集大成之作；又合編修《國朝宮史》，對宮廷的歷史、建築、文化、典制等作了載述。

維護、興建皇家園林

乾隆在北京及京畿保護、維修、興建的皇家宮殿園林，如皇宮的寧壽宮及其花園、天壇祈年殿（換成藍色琉璃瓦）、清漪園（頤和園）、圓明園三園、靜宜園（香山）、靜明園（玉泉山）、避暑山莊暨外八廟和木蘭圍場等，其中清漪園改甕山為萬壽山，上建大報恩延壽寺（排雲殿），又建佛香閣。這些皇家園林，無不體現着清代園林文化的輝煌，是園林藝術史上的一串串璀璨明珠。除圓明園被焚燬外，多成為世界文化遺產。

貢獻詩文才華

乾隆天資聰穎，勤奮好學，擅書畫，兼長詩文，是一位非凡的文學家、語言學家、書法家、詩人和學者。他不僅精通新滿文，而且熟知老滿文；不僅對漢語漢文十分精通，還懂蒙、藏、維等多種語言文字。乾隆喜愛書法，造詣精深。他長期癡於書法，至老不倦。自內廷到御苑，從塞北到江南，園林勝景，名山古蹟，所到之處，揮毫題字，墨蹟之多，罕與倫

比。乾隆撰寫了大量文章，僅編成文集的就有《御制文初集》、《御制文二集》、《御制文三集》、《御制文餘集》，共一千三百五十餘篇，還有《清高宗聖訓》三百卷。乾隆尤喜作詩。他的御制詩集，登極前有《樂善堂全集》，禪位後有《御制詩餘集》，凡七百五十首。在位期間的《御制詩集》共有五集，四百三千四卷，有人統計，其初集四千一百六十六首，二集八千四百八十四首，三集一萬一千五百一十九首，四集九千九百零二首，五集七千七百九十二首，共計四萬一千八百六十三首。他的詩總計四萬二千六百一十三首。而《全唐詩》所收有唐一代二千二百多位詩人的作

乾隆繪《歲寒三友圖》

品，才四萬八千多首。乾隆帝是個業餘詩人，以一人之力，其詩作數量竟與留傳下來的全唐詩相仿佛，其創作之勤，令人敬佩(當然，其中有一些詩為他人代筆)。可以說，乾隆詩作之多，有史以來，首屈一指。他說：「幾務之暇，無他可娛，往往作詩。」又說：「每天餘時，或作書，或作畫，而作詩最為常事，每天必作數首。」

蠲免天下錢糧

御史赫泰曾上疏：「國家經費，有備無患，今當無事之時，不應蠲免一年錢糧。」乾隆認為：百姓富足，君孰與不足？朝廷恩澤，不施及於百姓，那將施於何處！所以，乾隆斷然下令蠲免全國錢糧。據統計，乾隆十年、三十五年、四十三年、五十五年和嘉慶元年，先後五次普免全國一年的錢糧，三次免除江南漕糧(其中一次為四百萬石米)，累計蠲免賦銀

《平定伊犁受降圖》銅版畫

二萬萬兩，約相當於五年全國財賦的總收入。蠲免全國錢糧，收到社會效益：「詔下之日，萬方忭舞。」這話雖有誇飾，但説明此舉確實受到歡迎。乾隆蠲免全國錢糧，其次數之多，地域之廣，數量之大，效果之好，在封建王朝中，前無古人，後無來者。

統一整個新疆

北京內城南面西為「宣武門」，標榜皇帝「宣武」。明清諸帝中，真正稱得上「宣武」的，明朝有洪武、永樂，清朝則有太祖、太宗、康熙、乾隆。乾隆不僅「崇文」，而且「宣武」。他的武功之一是用兵西陲，鞏固新疆。在北疆，兩次平準噶爾，使土爾扈特部回歸，基本上解決了北疆的問題。

南疆，主要指天山以南的維吾爾族地域，清代稱「回部」。準噶爾部強大時，回部受準噶爾貴族的欺凌與侵逼。但是，清軍平定北疆後，回部貴族試圖擺脫清朝，自長一方。為此，清軍同回部軍在庫車、葉爾羌（莎車）等幾座南疆重鎮進行了激戰，最終獲勝，重新統一南疆。乾隆在南疆實行因俗而治，設立阿奇木伯克制，由清廷任命。並設參贊大臣（駐葉爾羌）等官，分駐各城，加強統轄。制訂《回部善後事宜》，對南疆管理體制做出改革。乾隆在新疆設伊犁將軍，實行軍府制，修築城堡，駐紮軍隊，設置卡倫，巡查邊界，移民實邊，進行屯墾，加強了對新疆地區的管

轄。

乾隆平準定回諸役，統一了準、回各部，加強了中央政府對西域的統轄，剷除了準噶爾東犯喀爾喀、威脅京師及大西北的禍根，保持了西北、漠北及青海、西藏的社會安定。

完善治理西藏

乾隆兩次派兵打敗廓爾喀（今尼泊爾）的侵犯，制定《欽定西藏章程》。規定：設駐藏大臣督辦藏內事務；在西藏駐軍，分駐前藏、後藏；達賴喇嘛、班禪額爾德尼等圓寂後，在駐藏大臣親監下，靈童轉世設立金奔巴瓶制，用金奔巴瓶掣籤決定繼承人，這是乾隆的一個創造；西藏對鄰國貿易必須進行登記；西藏貨幣一律用白銀鑄造，正面鑄「乾隆寶藏」四個字；等等。《欽定西藏章程》是西藏歷史上重要的文獻，標誌着清朝對西藏進行全面有效的管轄。在雍和宮的「金奔巴瓶」已成歷史文物，西藏大昭寺內的「金奔巴瓶」制則沿襲至今。

修砌浙江海塘

浙江原有的柴塘、土塘，經不住海潮的衝擊。乾隆命撥銀兩將柴塘改為石塘。共修建石砌海塘四千餘丈，加強了這一地區抗禦海潮侵襲的能力。

一統中華各族

清朝已經歷「三祖三宗」──太祖努爾哈赤、世祖順治、聖祖康熙和太宗皇太極、世宗雍正、高宗乾隆六代，乾隆則是集大成者。乾隆在其祖宗既有成就的基礎上，進一步鞏固並開拓了中國的疆域版圖，維護並加強了中華的多民族統一。乾隆時的中國疆域，東起大海，西達蔥嶺，南迄曾母暗沙，北跨外興安嶺，西北到巴爾喀什湖，東北到庫頁島。清乾隆時的人口達三億。清朝「三祖三宗」對中國歷史最大的貢獻是維護了中國的邊

《乾隆南巡
圖》中視察
黃河的場面

疆版圖，鞏固了多民族國家的統一。

　　乾隆皇帝能將祖宗的基業發揚光大，在文治武功方面都有建樹，確為一代有為之君。尤為難能可貴的是，他在有生之年做出了「禪位」的決定。乾隆四十三年（1778）九月二十一日，乾隆宣諭：至六十年內禪。他說：

> 昔皇祖御政六十一年，予不敢相比。若邀穹蒼眷佑，至乾隆六十年，予壽八十有五，即當傳位太子，歸政退閒。

　　這道諭旨的意思是說，他的祖父康熙皇帝在位六十一年，自己不敢相比。如果能在位六十年，就當傳位給太子。到乾隆六十年（1795）九月初三日，八十五歲的乾隆皇帝，御圓明園勤政殿，召見皇子皇孫、王公大臣，宣示立皇十五子嘉親王顒琰為皇太子，以明年為嗣皇帝嘉慶元年，屆期歸政。嘉慶元年（1796）正月初一日，乾隆帝御太和殿，舉行內禪大禮，授璽。顒琰即皇帝位，尊弘曆為太上皇帝，訓政。由禮部鴻臚寺官詣天安門城樓上，恭宣嘉慶欽奉太上皇帝傳位詔書，金鳳頒詔，宣示天下。

乾隆老年像

這裏解釋一下「金鳳頒詔」。皇帝從太和殿頒發的詔書，抬上黃輿，鼓樂高奏，禮儀隆重，由禮部官員，送上天安門。天安門城樓上有一隻「金鳳」，口銜詔書，從城樓上徐徐降下；城樓下的禮部官員跪接詔書，分送各地，公佈天下。

乾隆內禪皇位後，又訓政三年零三天。後人多譏評乾隆名為退位，實禪而不退。其實不然，縱觀中國自秦始皇以下兩千年的皇朝歷史，由內禪歸政者，前君罕見，後君亦無。宋仁宗儲位既定，鬱悶不樂；宋英宗立太子後，泫然淚下。

乾隆在位既長，享年又高。在中國有文字記載的歷史上，享年八十歲以上的皇帝只有四人。除乾隆而外的三位皇帝分別是：梁武帝蕭衍，享年八十五歲，在位四十八年。但他局處一隅，政局不穩，侯景之亂後，飢病而慘死；宋高宗趙構，享年八十歲，在位三十六年，建都臨安（今杭州），只擁半壁山河；元世祖忽必烈，享年八十一歲，在位三十五年。

以上三位皇帝，或國偏一隅，或半壁江山，或在位不長，或國亡而死。都不能與乾隆皇帝相比擬。難怪乾隆帝自稱「得國之正，擴土之廣，臣服之普，民庶之安」，罕與倫比。曾自我總結一生有「十全武功」，自詡為「十全老人」。並作《御制十全記》，令寫滿、漢、蒙、藏四種文體，建碑勒文。乾隆的「十全武功」是：

　　十功者，平準噶爾為二，定回部為一，掃金川為二，靖台灣
為一，降緬甸、安南各一，即今二次受廓爾喀降，合為十。

　　乾隆的「十全武功」，情況不同，性質各異：有鎮壓民變，有平息叛
亂，有揚兵耀武，有小題大做，有得不償失，有多管閒事，有維護正義，
有反擊侵略。如新疆用兵三次，廓爾喀用兵兩次，這五次用兵對新疆、西
藏的鞏固統一具有重大歷史意義。但是，大小金川之役就是小題大做，窮
兵黷武。

　　大金川、小金川在大渡河上游，居民主要是藏族，高山環繞，道路崎
嶇，氣候寒冷，終年積雪，人口不過三萬，周圍不過二三百里。當地土司
內部紛爭，乾隆發兵攻打，前後兩次：第一次打了兩年，殺大員訥親、張
廣泗，耗銀兩千萬兩。第二次，清軍分路進攻，每座山峰、每座官寨、每
座石卡、每座碉房，反覆爭奪，寸步難進。是役「費五年之功，十萬之
師，七千餘萬之帑」，才將兩金川平定。這件事可謂小題大做，得不償
失，僅為北京留下文物勝蹟——香山演武廳。

　　乾隆帝執政時間過長，雖然自勵「持盈保泰」，但是月盈則虧，泰極
否來。乾隆晚年，志驕意滿，思想僵化，喜諛惡諫，懶於進取，老人御

《平定台灣
戰圖》冊

政，宵小環繞，做了許多錯事，積累了嚴重的社會矛盾。而吏治腐敗，人口膨脹，財政緊缺，兩極分化加劇，是導致社會矛盾激化的重要原因。

在乾隆執政的六十年間，西方世界卻發生了歷史性的、劃時代的巨大變化。

英國發生了工業革命：乾隆三十年（1765），紡織工哈格里夫斯發明新式紡車珍妮紡紗機；乾隆五十年（1785），卡特萊特發明水力織布機；同年，瓦特改良蒸汽機。爾後，嘉慶十二年（1807），美國人富爾頓發明輪船，嘉慶十九年英國人史蒂芬孫發明蒸汽機車。工業革命由英國引領很

乾隆《平定金川戰圖冊・收復小金川》

乾隆《平定金川戰圖冊・紫光閣賜宴》

快波及整個西方世界。

美利堅合眾國建立：乾隆三十九年（1774），美國獨立戰爭開始；乾隆四十八年（1783），北美獨立戰爭取得勝利；乾隆五十三年（1788），第一屆美國國會在紐約召開；乾隆五十四年，華盛頓就任美國第一任總統。兩年後，美國通過《人權法案》。一個強大的資本

《皇清職貢圖》之『法蘭西人』

主義國家在大清隔海相對的世界另一端悄悄崛起。

法國革命：乾隆五十四年（1789），法國舉行三級會議，爆發大革命，發表《人權宣言》。乾隆五十八年（1793），法國國王路易十六被處死。法國也步入了資本主義時代。

西方各國不斷文明進步，乾隆二十年（1755），俄國建立莫斯科大學；乾隆四十五年（1780），美國科學院在波士頓成立；乾隆四十九年（1784），哥倫比亞大學成立；同年，德國出現第一位女醫學博士。而在清朝，乾隆六十年（1795）會試，各省上報七十歲以上參加會試者一百二十二人，其中八十歲、九十歲以上實際參加會試並三場完竣者九十二人，俱加賞賜。大清帝國尚陶醉於孫子打着燈籠，照着「百歲應試」的太爺爺參加科舉考試的「盛世」呢！乾隆借興教尊老之名，行粉飾太平之實。這一幕人間喜劇，掩飾了乾隆盛世下的悲哀！

在乾隆時代，英國工業革命、美國成立、法國大革命，加上此前的英國資產階級革命，具有劃時代的意義，影響了世界歷史的進程，改變了整

個世界的格局。但是在乾隆五十八年（1793）八月十三日，當乾隆皇帝在避暑山莊接見英國使臣馬戛爾尼時，還傲慢地聲稱「天朝統馭萬國」、「天朝撫有四海」、「天朝物產豐盈，無所不有，原不藉外夷貨物，以通有無」等等，表明乾隆皇帝根本看不到西方工業科技的進步和世界發展的潮流，依然陶醉在「天朝上國」、「千古第一全人」的迷夢之中。

乾隆退位、嘉慶繼位後，南方的白蓮教，京師的天理教，京城內外，大江南

《萬國來朝圖》

北，烽火四起，遍地燃燒。乾隆盛世下的危機，不論國內，還是國外，都充分暴露出來。這個爛攤子，只好由他的兒孫們去承受和收拾了。

弘曆個人小檔案

姓名：愛新覺羅・弘曆	**出生**：康熙五十年（1711）八月十三日
屬相：兔	**卒年**：嘉慶四年（1799）
享年：八十九歲	**執政**：實際掌權六十四年
謚號：純皇帝	**廟號**：高宗
陵寢：裕陵（清東陵）	**父親**：胤禛（雍正）
母親：鈕祜祿氏，後尊為孝聖憲皇后	**初婚**：十六歲，配偶富察氏
配偶：二十九人，皇后富察氏	**子女**：十七子，十女
繼位人：顒琰（嘉慶）	**最得意**：「十全武功」
最失意：皇后怒斷青絲	**最不幸**：生母身世有異説
最痛心：兩后不幸死去	**最擅長**：詩文、書法

相關閱讀書目推薦

（1）閻崇年：《清朝皇帝列傳・乾隆大帝》，紫禁城出版社，2002 年

（2）周遠廉：《乾隆皇帝大傳》，河南人民出版社，1990 年

（3）白新良：《乾隆傳》，遼寧教育出版社，1990 年

（4）戴逸：《乾隆帝及其時代》，中國人民大學出版社，1992 年

（5）郭成康、成崇德主編：《乾隆皇帝全傳》，學苑出版社，1994 年

（6）周遠廉主編：《清朝通史・乾隆朝》，紫禁城出版社，2003 年

嘉慶帝顒琰

　　乾隆曾先後立過三個皇太子。第一個皇太子是皇后富察氏所生的皇次子永璉。乾隆認為「永璉乃皇后所生，朕之嫡子，聰明貴重，氣宇不凡」。乾隆即位後，親書密旨，立永璉為皇太子，藏在乾清宮「正大光明」匾額之後，但永璉九歲時死去。第二位皇太子是永琮。乾隆在永璉病故後，又立皇七子永琮，但他兩歲時又因痘症早殤。第三位皇太子是皇十五子顒琰，就是後來的嘉慶皇帝。

　　嘉慶的名字本來叫永琰，為什麼改「永」作「顒」呢？這裏簡單介紹一下清朝皇帝的名諱。清太祖努爾哈赤、清太宗皇太極、清世祖福臨的名字，沒有避諱的規定，只是在《實錄》、《玉牒》等特定文獻出現的御名上貼黃（就是將名字用黃籤蓋上）。清帝名字避諱，始自康熙帝。大致的情況是：康熙名字玄燁的「玄」字，避諱時缺末筆；雍正名字胤禎的「胤」字，避諱時缺末筆，同時命他的兄弟將「胤」字改作「允」字；乾隆名字弘曆的「弘」字，避諱時缺末筆。「曆」字，則改作「歷」字。到嘉慶永琰時，乾隆考慮君主名諱，「永」字為常用字，避諱不便，命將永琰的「永」字，改為不常見的「顒」字。永琰繼位之後，就改稱為「顒琰」。

清朝皇帝的名字，將排輩份的字，改為特別的字，是從嘉慶開始的。

嘉慶元年（1796）正月初一日，在太和殿舉行乾隆禪位、嘉慶登極大典。乾隆皇帝歸政之後，以太上皇名義訓政。當時有兩個年號：宮內皇曆仍用「乾隆」年號，各省改用「嘉慶」年號。嘉慶是清朝第七位皇帝、入關後的第五位皇帝，登極時三十六歲，在位二十五年，享年六十一歲。

平庸天子

乾隆帝退位後，本應住在寧壽宮，讓新皇帝住在養心殿，但他不願遷出，而讓嘉慶居毓慶宮，賜名「繼德堂」。乾隆經常御殿，受百官朝賀，嘉慶則處於陪侍的地位。朝鮮使臣到北京，目擊記載說：嘉慶「侍坐太上皇，上喜則亦喜，笑則亦笑」。又記載：賜宴之時，嘉慶「侍坐上皇之側，只視上皇之動靜，而一不轉矚」。《清史稿·仁宗本紀》也記道：「初逢訓政，恭謹無違。」

與他的父、祖相比，嘉慶皇帝是一位既沒有政治膽略又缺乏革新精神，既沒有理政才能又缺乏勇於作為品格的平庸天子。「平庸」兩個字，是嘉慶皇帝的主要性格特點。嘉慶朝是清朝由盛轉衰的時代：上承「勵精圖治、開拓疆宇、四征不庭、揆文奮武」的「康乾盛世」，下啟鴉片戰爭、南京簽約、聯軍入京、

嘉慶讀書像

嘉慶當皇子時的作業

帝后出逃的「道咸衰世」。清朝社會的固有矛盾已經積累了一百八十年，嘉慶皇帝扮演了大清帝國由極盛轉衰的歷史角色。

嘉慶從乾隆手中接過了權力，也同時接過了盛世外衣下掩藏的一連串的危機，其中最緊迫的是和珅問題。自從電視劇《宰相劉羅鍋》播映，以及其他相關題材的影視作品演出之後，和珅就成了電視和報刊上的名人，也為廣大羣眾所熟悉。我們就以嘉慶處理和珅事件為例，看嘉慶這位平庸皇帝是怎樣解決乾隆遺留下的社會危機，又是怎樣陷入更深危機的。

懲治和珅

和珅在歷史上確有其人，官至領侍衛內大臣、議政大臣、文華殿大學士、首席軍機大臣。他權力很大，一人之下，萬人之上，儼然是「二皇帝」。今天人們從電視上看到的和珅，是油頭滑腦、阿諛逢迎、機關算盡、不學無術又常常被正直大臣捉弄的奸

乾隆「歸政仍訓政」寶

臣形象。有人說，和珅沒有什麼才能，只會阿諛逢迎，所以他不斷遭到像劉墉、紀曉嵐這樣正直大臣的反對。其實並非如此。

歷史上的和珅既沒有貴族家庭背景，也沒有進士出身學歷，史書記載：和珅「少貧無藉，為文生員」。他連個舉人都沒有考取，是怎樣「寵任冠朝列」的呢？這是許多人關心的問題。和珅的發跡，有以下因素：

第一，出身滿洲，聰明機敏。

和珅生於乾隆十五年（1750），比乾隆小三十九歲，鈕祜祿氏，滿洲正紅旗人。家原住在北京西直門內驢肉胡同，父親曾任福建副都統。和珅十來歲時，有幸進咸安宮官學（地點在皇宮咸安宮），學習儒家經典和滿、蒙文字，受到良好的教育。乾隆三十五年（1770），他二十一歲參加了順天府鄉試，沒有考中舉人。但因為出身滿洲，和珅做了宮廷三等侍衛，開始出入宮廷。這個差事給和珅接近乾隆提供了機會，是他人生的一個重要起點。

嘉慶御筆「綏豐符念」貼落

乾隆的侍衛很多，為什麼會欣賞一個低等侍衛和珅呢？野史筆記中有三段記載：

薛福成《庸盦筆記》記載：有一次乾隆要出巡，突然找不到儀仗用的黃傘蓋，就問這是誰的責任？很多侍衛嚇得不敢吭聲，和珅在一旁說：「管此事者，當負此責。」這件事給乾隆留下很深的印象。

《清朝野史大觀》記載：有一次乾隆在轎子中邊行進邊背誦《論語》，突然忘了下文，轎旁跟班的和珅脫口而出接上，乾隆由此很喜歡他。

《歸雲室見聞雜記》記載：乾隆四十年（1775），乾隆臨幸山東，和珅扈從。乾隆喜歡乘一種騾子駕馭的小車，「行十里，一更換，其快如飛」。有一天，碰巧和珅跟這種小騾車隨侍，於是乾隆、和珅君臣二人，有了下面這段交談：

> 上問：是何出身？對曰：文員。上問：汝下場乎？對曰：庚寅（乾隆三十五年）曾赴舉。上問：何題？對曰：孟公綽一節。上曰：能背汝文乎？（和珅）隨行隨背，趨捷異常。上曰：汝文亦可中得也。

這次乾隆同和珅的談話，成為和珅政治生涯的轉折點。和珅聰明伶俐，又幹練瀟灑，乾隆越來越器重他。野史和筆記中的這些記載，可能是他進入仕途的一個重要機緣。從此，和珅得到乾隆賞識，官運亨通，青雲直上。

第二，精明幹練，籠絡同僚。

《和珅列傳》記載，和珅天資聰穎，思路敏捷，多才多藝，勤奮好學，通曉滿、漢、蒙、藏四種語言文字；又親善熱情，辦事幹練，廣結善緣，成績突出。他不是不學無術之徒，而是既有學問又懂權術的人。

例一：乾隆帝在平定廓爾喀十五功臣圖讚中還有其他詩文當中，對和珅給予充分肯定。他對邊疆少數民族的管理建設，做出過很大的貢獻。乾隆曾說，用兵西藏和廓爾喀時，所有的諭旨都是兼用滿、漢文下達；頒給達賴喇嘛和廓爾喀的敕書，則兼用藏文和蒙古文。大臣中能懂藏文的非常少，只有和珅能把這些諭旨，用滿文、藏文、蒙古文、漢文等各種文字撰寫出來，加以翻譯，並把事情都辦理得很好。

例二：《和珅列傳》中記載了乾隆四十五年（1780）正月，三十一歲的和珅接受了一項重要任務，就是遠赴雲南查辦大學士、雲貴總督李侍堯

貪污案。和珅一到雲南，首先拘審李侍堯的管家，取得實據後，迫使精明強幹的李侍堯不得不認罪。和珅從接受這個任務，到乾隆下御旨處治李侍堯，前後只用了兩個多月。和珅這次查辦李侍堯貪污案辦得很出色，確實表現了他出眾的才華和幹練的能力。所以在回京途中，和珅就被提升為戶部尚書。

例三：和珅依靠乾隆掌握着朝中的大權，又利用手中的大權拉幫結派，擴大自己的勢力。他的弟弟和琳幾年之內就從一個內閣小官升為四川總督。他又拉攏軍機大臣福長安。福長安是乾隆孝賢皇后的侄子，他的父親傅恒和哥哥福康安都曾經任軍機大臣等高官，他本人沒有什麼本事，但對和珅言聽計從。和珅門下的吳省欽和吳省蘭，以及只會吹噓拍馬的山東巡撫伊江阿等都成了和珅的親信。

例四：和珅對那些正直大臣，加以排擠和打擊。如大學士松筠在和珅面前從來不屈服，所以松筠就被久留邊遠地區任職，「在藏凡五年」。《清史稿》記載：和珅執掌大權愈久，對皇上的心思揣摸得愈透。他就藉此來作威作福，凡是不順從他的人，他就找機會挑撥激怒皇帝，藉皇帝的手去整那個人；而向他行賄的，他就盡量幫着掩飾，或者故意把事情拖到皇帝消了氣，就大事化小、小事化了。

第三，攔截信息，打擊異己。

和珅熟諳官場之道，但是他的所作所為並不是始終不露痕蹟，總有一些人來彈劾他。

例一：御史曹錫寶想參劾和珅家人劉全，以打開缺口，參奏和珅。但不慎走漏消息，被人連夜向和珅告密。和珅知道後，在乾隆跟前預先做了鋪墊，曹錫寶因此反被革職留用。和珅千方百計堵塞或攔截通向皇帝的信息渠道。

例二：謝振定，進士、御史，一次在東城巡視，見一輛車在大街上違

制亂行。經了解，說是和珅妾弟的車子。謝大加申斥，還命人將和珅的這位親戚痛打一頓，並放火燒了車子。事後，和珅命人借別的事整治謝振定。謝振定被免官。

第四，聯姻皇親，投上所好。

乾隆給和珅六歲的兒子賜名豐紳殷德。不久，又將自己最寵愛、時方五歲的小女兒皇十女固倫和孝公主，指配給豐紳殷德。皇十女固倫和孝公主，生母為受寵的惇妃，出生時乾隆帝已經六十五歲。按照清朝制度，妃嬪所生之女，應封為和碩公主，但由於十公主深得乾隆寵愛，所以在十二歲時被破例冊為固倫公主。她長得很像乾隆，乾隆曾對她說：「汝若為皇子，朕必立汝儲也！」十公主被乾隆視為掌上明珠，並於乾隆五十四年（1789）下嫁完婚。下嫁時，乾隆賜給大量財物。據朝鮮使臣記載：「寵愛之隆，妝奩之侈，十倍於前駙馬福隆安時。自過婚翌日，輦送器玩於主第者，概論其值，殆過數百萬金。二十七日，皇女于歸，特賜帑銀三十萬。大官之手奉如意珠貝，拜辭於皇女轎前者，無慮千百。雖以首閣阿桂之年老位尊，亦復不免云。」從此，和珅和乾隆的關係，不僅是主僕關係，也不僅是君臣關係，而且是姻親關係。乾隆是和珅的親家翁，是和珅的保護傘，和珅更加為所欲為。後和珅被抄家，十公主哭求，豐紳殷德免於一死，獨留公主贍養之產。公主四十八歲死。

嘉慶皇帝朝服帶

和珅在朝二十多年間，重要的升官和封爵就達五十次之多。其原因之一，是和珅對乾隆能揣摩其旨意，迎合其所好，滿足其欲求，博得其歡心。

乾隆一生喜愛作詩，和珅為了迎合乾隆皇帝，下功夫學詩、寫詩，達到較深造詣。他的詩收在《嘉樂堂詩集》中，流露真情，比較感人。和珅還經常與乾隆和詩，歷史檔案中至今保存着當年和珅與乾隆和詩的文檔。

和珅又仿乾隆書法。乾隆愛書法，和珅就刻意摹仿乾隆的書法，他寫的字

嘉慶《梅坨圍獵圖》

酷似乾隆的御筆。乾隆後期有些詩匾題字，乾脆交由和珅代筆。我們現在看到的北京故宮重華宮內屏風上的詩文是乾隆書寫，而掛在故宮崇敬殿的御制詩匾，據考證就是由和珅代筆的。從中可以看出和珅書法之造詣。

和珅還同乾隆共同「修持密宗」。乾隆崇奉喇嘛教，對佛教經典頗有研究。他曾主持翻譯並刻印了《滿文大藏經》。和珅也學佛經，有的書說和珅同乾隆一起「修持密宗」。總之，和珅同乾隆有着一種極為特殊的、難以言明的密切關係。

和珅體貼侍奉乾隆。乾隆是老人，喜歡別人奉承、照顧，和珅就陪伴在乾隆左右，對皇上服侍照顧，體貼周到。從朝鮮《李朝實錄》中可以看到：和珅雖貴為大學士、軍機大臣，但每當皇帝咳嗽吐痰的時候，他就馬上端個痰盂去接。

和珅擅長逢迎滿足乾隆侈慾。乾隆晚年生活奢華、大興土木，為自己建造了寧壽宮及花園（乾隆花園），以作退閒頤養天年之所。他六次南

巡，沿途建造了三十座行宮，花費巨大。乾隆八十歲大壽，舉行萬壽大典和千叟宴。和珅總管這件事，需要大量銀子，當時國庫拮据，銀子從哪裏來呢？和珅用各種手段聚斂錢財，比如侵吞、賄賂、索要、放債、開店、收稅、盤剝鹽商等。他命令外省三品以上大員都要進獻，在京各衙門長官要捐出俸銀，兩淮鹽商要捐銀四百萬兩。就這樣，和珅滿足了乾隆隆重慶賀八十大壽的願望。和珅還設立「議罪銀」，就是讓有過失的官員以交納罰銀代替處分，少則數千兩，多的幾十萬兩。這些「議罪銀」不入國庫，交到內務府，入乾隆私囊。內閣學士尹壯圖上奏皇帝表示反對，結果差點丟了性命。昭槤在《嘯亭雜錄》中說，和珅多方搜刮勒索，使得原來入不敷出、需要戶部補貼的內務府，沒幾年就扭虧為盈。乾隆能夠隨意享樂，當然對和珅更加依賴。同時，和珅也中飽私囊，凡是外省進貢皇上的禮物，都要過和珅這一關，他從中截取，以致他所藏珍珠手串，比皇宮的還多還大。

乾隆年齡愈來愈老，執政時間愈來愈長，宮女、妃嬪、太監都沒有文化，不能同他交談詩文、書畫、佛經，也不能幫他處理軍國大事、進行多種語言文字交流。所以，和珅對老年乾隆來說，是沒有一個人可以替代的。由於乾隆的寵信，和珅的官職扶搖直上，在清朝近三百年歷史上是空前絕後的。和珅曾任過的官，武職——鑲藍旗滿洲都統、正白旗滿洲都統、鑲黃旗滿洲都統、步軍統領；文職——內務府大臣、御前大臣、議政大臣、正白旗領侍衛內大臣、正黃旗領侍衛內大臣、軍機大臣、領班軍機大臣、協辦大學士、文華殿大學士、戶部尚書、吏部尚書、兼辦理藩院尚書事；學職——殿試讀卷官、日講起居注官、《四庫全書》館正總裁、石經館正總裁、國史館正總裁、翰林院掌院學士；錢官——崇文門稅務監督；內職——兼管太醫院、御藥房事務；爵位——太子太保、伯爵、公爵。

和珅升官的同時，也在為自己挖掘墳墓。和珅靠乾隆寵信發蹟，也必然隨乾隆升天而自斃。

嘉慶早在做皇子嘉親王時，就對和珅不滿。嘉慶繼位後，乾隆還在，他投鼠忌器，沒敢動手。

嘉慶四年（1799）正月初三日，乾隆崩於紫禁城養心殿。嘉慶帝顒琰在乾隆死日親政。嘉慶在辦理大行皇帝乾隆大喪期間，採取斷然措施，懲治權相和珅，舉朝上下，大為震驚。

乾隆做了四年太上皇，仍緊緊地把持着實權。這時的和珅依然受寵，但是形勢畢竟發生了變化。和珅在乾隆與嘉慶間採取「四手」：第一手是緊緊依靠太上皇乾隆，第二手是討好嘉慶皇帝，第三手是限制嘉慶皇帝的權勢，第四手是防止嘉慶日後對自己進行懲處。所以他在乾隆和嘉慶之間、在嘉慶面前和背後，都表現了「兩面派」。

和珅竭盡全力限制嘉慶，培植任用自己的親信。嘉慶即位時，他的老師朱珪任廣東巡撫，向朝廷上了封表示慶賀的奏章。和珅就到乾隆面前告朱珪的狀，不過乾隆未予理睬。嘉慶元年（1796），乾隆準備召朱珪回京，升任大學士，嘉慶寫詩向老師表

嘉慶帝師朱珪像

示祝賀。和珅又到乾隆那裏告狀，說嘉慶皇帝籠絡人心，把太上皇對朱珪的恩典算到自己身上。這一次，乾隆生氣了。他問軍機大臣董誥：「這該怎麼辦？」董誥跪下勸諫乾隆說：「聖主無過言。」乾隆才作罷。不久，

嘉慶漢裝行樂圖

和珅還是找了個藉口，慫恿乾隆將朱珪從兩廣總督降為安徽巡撫。和珅還將他的門下吳省蘭派到嘉慶身邊，名義上是幫助整理詩稿，實際上是監視嘉慶的言行。嘉慶二年，領班軍機大臣阿桂病故。和珅只知進、不知退，做了領班軍機大臣。這時的乾隆，已年老體衰，記憶力很差，昨天的事，今天就忘，早上做的事，晚上就不明白了。和珅真正成了乾隆的代言人，也就更加為所欲為。

和珅自作聰明，作繭自縛，自壞其事。顒琰當皇子時，被定為儲君。和珅密知此事，於乾隆公佈嘉慶為皇太子的前一天，送給顒琰一柄如意，暗示自己對嘉慶繼位有擁戴之功。嘉慶笑在臉上，恨在心裏。但因和珅是乾隆的寵臣，老奸巨滑，朝廷上下，各種關係，盤根錯節，不便動手。在乾隆死後短短的十五天裏，嘉慶就把一個被先帝恩寵三十年的「二皇帝」加以懲治，舉措得體，乾淨利落，取得勝利。嘉慶採取的辦法是：

第一，欲擒故縱。嘉慶繼位後，太上皇還健在。他面對老謀深算、深受太上皇寵愛的和珅，採取了欲擒故縱的策略。和珅的一舉一動，他看在眼裏，不動聲色。有些大臣在他面前批評和珅，嘉慶說：「我還準備讓和珅幫我治理國家呢！」嘉慶向太上皇奏報的一些軍國大事，也經常讓和珅去代奏、轉奏，以此表示信任，穩住和珅。

第二，調虎離山。乾隆駕崩，和珅失去靠山，死期已經逼近。當天，嘉慶一方面任命和珅與睿親王等一起總理國喪大事，一方面傳諭他的老師署安徽巡撫朱珪來京供職。初四日，嘉慶發出上諭：譴責在四川前線鎮壓白蓮教起事的將帥玩嬉冒功，並借此解除和珅死黨福長安的軍機處大臣職務。嘉慶命和珅與福長安晝夜守靈，不得擅離，切斷他們與外界的聯繫。這實際上削奪了首輔大學士、領班軍機大臣、步軍統領、九門提督和珅的軍政大權。

第三，突然出擊。正月初五日，給事中王念孫等官員上疏，彈劾和珅弄權舞弊，犯下大罪。初八日，嘉慶宣佈將和珅革職，逮捕入獄，在朝野掀起政治大波。嘉慶進行了一系列的人事調整。如初八日，嘉慶命令從即日起，所有上奏的文件都要直接向皇上奏報，軍機處不得再抄錄副本，各部院大臣也不得將上奏的內容事先告訴軍機大臣。並命宗室睿親王淳穎、定親王綿恩、儀親王永璿、慶郡王永璘等分別掌握軍政大權。

第四，製造輿論。嘉慶命各直省和在京大員，就和珅事向朝廷表態。直隸總督胡季堂首先表態，他在奏摺中指責和珅喪心病狂、目無君上、蠹國病民、貪黷放蕩，是一個無恥小人，請求將其「凌遲處死」。「凌遲」就是千刀萬剮。嘉慶立即批示，在京三品以上官員討論這個意見，若有不同意見，也可以自行向皇帝上奏。實際上，就是以胡季堂的意見定下基調，並通報各省督、撫，要他們都表明態度。

第五，懲辦和珅。初九日，在公佈乾隆遺詔的同時，將和珅、福長安的職務革除，下刑部大獄。命儀親王永璿、成親王永瑆等，負責查抄和珅家產，並會同審訊。初十日，嘉慶御批「實力查辦以副委任」，全面清查和珅大案。十一日，在初步查抄、審訊後，嘉慶宣佈和珅二十大罪狀：主要有欺騙皇帝、扣壓軍報、任用親信、違反祖制、貪污斂財等。十八日，在京文武大臣會議，奏請將和珅凌遲處死，將同案的福長安斬首。嘉慶四

年正月《上諭檔》中記載：嘉慶諭示「和珅罪有應得」，就是說怎麼嚴懲和珅都不過分，但考慮到他曾任領班軍機大臣，為了朝廷體面，賜他自裁。據說和珅在獄中，自知生命不久，對着窗外元宵明月，感慨賦詩道：「對景傷前事，懷才誤此身。」在電視劇《宰相劉羅鍋》中有這樣的鏡頭：和珅得到嘉慶皇帝賜給他的三尺白綾，在獄中自盡。福長安以阿附和珅，令其到和珅死所跪視和珅自裁，並革去軍機大臣、戶部尚書職，逮下獄，籍其家。

第六，講求策略。嘉慶說，和珅得罪的是先皇，所以要在皇父大喪期間，處治這個先皇的罪臣。和珅被誅後，其黨羽皆惶恐不安。有的朝臣上疏，力主窮追其餘黨。嘉慶並沒有這樣做，而是在除掉和珅後，馬上收兵。對和珅的親信，除伊江阿、吳省蘭、吳省欽等人給予處分外（和琳已死），其他由和珅保舉升官者或給和珅送賄者，概不追究。嘉慶宣諭：「凡為和珅薦舉及奔走其門者，悉不深究。勉其悛改，咸與自新。」此諭一下，人心始安，政局穩定。

嘉慶對和珅的懲治，動作迅速，乾淨利索，寬嚴適當，十分成功。這是嘉慶皇帝一生處理重大政治事件中最為精彩的一筆，也是他作為政治家的惟一傑作。但是，嘉慶定和珅的第一大罪是：在宣佈皇太子前一天，和珅向他送如意以示擁戴之功。其實這只說明和珅意圖投靠新主，其心不能算惡，既不叛君主，也不反社稷，構不成殺頭之罪。嘉慶將此定為和珅第一大罪狀，表明嘉慶胸中沒有大格局，掌上沒有大手筆。這是嘉慶親政之後，平庸性格的一次表露。

嘉慶為什麼殺和珅？

有人說是因為和珅「富可敵國」，扳倒和珅，可以緩解嘉慶面臨的財政壓力。所謂「和珅跌倒，嘉慶吃飽」，就是這個意思。和珅被抄家時，抄出藏金三萬兩千多兩，地窖藏銀兩百餘萬兩，取租地一千二百六十六

和珅府花園
舊址（今恭
王府花園）

項，其他還有取租房屋一千零一間半、各處當鋪銀號以及各種珠寶、衣物等，其總家產折合白銀，有的說約一千萬兩，有的說二千萬兩，有的說達到了八億兩。當時清政府財政年總收入約七千萬兩。還有違制的珍珠、大珠、手串、大寶石等，實際數字已經無法考據。大量的財富使和珅過着帝王般奢華的生活，娶出宮女子為妾，僅巡捕營在和宅供役者就達一千餘人。他在承德麗正門外、北京北長街會計司胡同等處，都建有住所。和珅在北京什剎海畔，建造起豪華宅第，也就是恭王府的前身。府內甚至仿乾隆皇帝寧壽宮，建起楠木房，稱為錫晉齋。還有違制修建的垂花門和皇宮用的宮燈、多寶閣等。和珅還在北京海淀建有宏大秀美的淑春園，是今北京大學校園的一部分。和珅不僅享受着姬妾成羣、錦衣玉食的生活，還夢想着死後像皇帝一樣風光氣派。他在河北薊州（今薊縣）修建了巨大的墳墓，規格超過親王，民間稱之為「和陵」。

　　有人說是為緩解官民之間的矛盾。嘉慶元年（1796），發生白蓮教民變，清軍連連失利。嘉慶三年，清軍抓住四川農民軍首領王三槐，其口供稱「官逼民反」。嘉慶意識到，正是因為地方官吏皆如和珅一般貪暴，所

以屢屢激起民變。嘉慶帝總結說：「層層朘削，皆為和珅一人。」又說：「朕所以重治和珅之罪者，實為其貽誤軍國重務。」所以，嘉慶殺和珅，以謝天下。

有人說是為解決君權與相權的矛盾，是和珅「權高震主」。嘉慶說：「朕若不除和珅，天下人只知有和珅而不知有朕。」他甚至懷疑和珅蓄意謀反，所以要殺掉和珅。當相權威脅到君權的時候，君主必然採取行動。從嘉慶的先祖來看，皇太極繼位之後，幽禁了二大貝勒阿敏、三大貝勒莽古爾泰，大貝勒代善屈從，皇太極得以從四大貝勒「並肩共坐」變為「南面獨坐」；順治親政後，追罪死後的攝政睿親王多爾袞；康熙親政後，擒拿輔臣鰲拜；雍正登極後，殺了隆科多和年羹堯；乾隆繼位後，也採取了一些措施。所以，嘉慶執掌朝綱，必然懲辦權相和珅。

不過，嘉慶對和珅的功績和才能還是肯定的。嘉慶十九年（1814），在和珅被殺十五年之後，清國史館將編修的《和珅列傳》(稿本)送呈嘉慶審閱。嘉慶見記載簡略，只記錄了和珅的一堆官階履歷，很不滿意。他朱批道：「和珅並非一無是處」，說他「精明敏捷」，任職三十年，還是做了很多的事。只是和珅貪鄙成性、怙勢營私、狂妄專擅、貪婪專權，才不得不加以重罰。

《清史稿·和珅傳》記載：「仁

嘉慶手書吉語

宗（嘉慶）嘗論唐代宗殺李輔國，謂：『代宗為太子，不為輔國所讒者幾希。及即帝位，正其罪而誅之，一獄吏已辦。』蓋即為和珅發也！」這說的是唐代宗誅宰相李輔國的史事。《舊唐書‧李輔國傳》記載：李輔國，出身卑賤，年少被閹，相貌醜陋，粗通文字，在太子東宮是一個餵馬的太監。安史之亂中，他力勸太子即帝位。肅宗即位後，升其為太子管家。後來他官運亨通──任開府儀同三司、郕國公、兵部尚書、博陸郡王。肅宗死後，代宗即位，尊他為尚父、司空兼中書令。《新唐書‧李輔國傳》也記載：代宗既嗣位，不願大張旗鼓地殺李輔國，只差遣俠者，深夜將其刺殺，割下頭顱扔到溷廁中。但代宗仍對此事保密，刻木代其首以葬。嘉慶對和珅的處理，很像唐代宗對李輔國的處理，就是不願深究、不想把事情搞大，而是作為個案處理。

　　但是，和珅的問題已不僅僅是個案，而是已成社會現象，可以稱作「和珅現象」。和珅這樣一個「少貧無藉」、鄉試不中的生員，由普通的宮廷侍衛，三十二歲成為軍機大臣。以後更是青雲直上，富貴常葆，登峰造極。這個問題值得研究。「和珅現象」的出現是老年帝王專制的必然。乾隆自詡「十全老人」、「十全武功」，意驕志滿，倦怠朝政。他喜歡阿諛逢迎，那就必然滋生和珅這樣的人。高陽先生認為，和珅的問題「高宗至少要負一半的責任」。這話說得還不夠。嚴格說來，「和珅現象」的責任在乾隆皇帝，和珅是乾隆朝君主專制腐敗機體上的一個毒瘤。當時，乾隆皇帝身邊有四種人──后妃、太監、皇子、朝臣，后妃不能代他處理軍政要務，太監不能陪他和詩品畫，皇子太近怕其「覬覦大位」，大多朝臣又不會像和珅那樣曲意逢迎。因此，和珅有著后妃、太監、皇子、直臣既不能取代，也不可或缺的獨特作用。乾隆皇帝對他既喜愛又依賴，自然遇事會替他撐腰。當時，大學士阿桂同和珅不合，狀元出身的王傑也不買和珅的賬。陳啟元《庸閒齋筆記》記載：一天，和珅在軍機處拿著一幅石墨

嘉慶《平苗圖》

畫軸，王傑說：「貪墨之風，以至於此。」和珅指着王傑的手說：「狀元宰相手果然好。」王傑說：「這手只會做狀元宰相，不會要錢，有甚麼好處？」後王傑告老還陝西韓城鄉里，嘉慶送他的詩有「清風兩袖送韓城」句。但是因為乾隆的緣故，他們拿和珅沒有辦法。和珅在朝二十餘年，未嘗一被彈劾。他稍見端倪，必設計除之。前面講的曹錫寶彈劾不成反遭譴責就是一例。

　　嘉慶懲治和珅案沒有株連，也沒有擴大化，這是嘉慶的聰明之處；但他只把和珅當作個案處理，而沒有把「和珅現象」當作制度性的弊端去解決，進行制度性的改革，這是嘉慶的平庸之處。

危機四伏

　　嘉慶處理完和珅事件後，又面臨着一系列的社會危機：如南方的白蓮教，京畿的天理教，東南海上的騷動，採礦的封禁，錢糧的虧空，八旗的生計，鴉片的流入，河漕的難題等等。嘉慶仍把這些問題作為個案看待，他沒有也不可能從制度上去加以解決。比如，平定白蓮教之後，嘉慶曾作

詩道：

> 內外諸臣盡紫袍，
> 何人肯與朕分勞？
> 玉杯飲盡千家血，
> 銀燭燒殘百姓膏。
> 天淚落時人淚落，
> 歌聲高處哭聲高。
> 平時漫說君恩重，
> 辜負君恩是爾曹！

奉命鎮壓苗民起事的德楞泰

這首詩，中間兩聯——「玉杯飲盡千家血，銀燭燒殘百姓膏。天淚落時人淚落，歌聲高處哭聲高」，表現了嘉慶儒家仁愛的理念。仁者愛人，嘉慶作為一位「仁君」來說是夠格的，這在一位皇帝來說也是可貴的。嘉慶有很好的儒學修養，他的文學、詩歌、書法、文章都還不錯。這一點比明朝的正德、嘉靖、萬曆、天啟等皇帝都好。舉兩個小例子：

大理寺卿楊懌會受召對。時值盛暑，掀簾見嘉慶搖扇揮汗；進入，跪拜。嘉慶把扇子放在一邊，不復用。詢問甚詳。良久熱甚，「上汗出如雨，卒不用扇」。

嘉慶二十二年（1817），普免天下錢糧，各省歡騰。安徽民欠銀三百萬兩，巡撫姚祖

嘉慶祭日朝服

同懷疑上報數字不實，令府道州縣削減十分之四。各地苦之。上聞，朱批云：「損上益下，朕之願也。存心刻薄，有傷政體。」姚大慚，以原冊六百里加急報京。

明朝的皇帝說不出這樣的話，也做不出這樣的詩。嘉慶皇帝不是貪暴之君、昏庸之君。但是，嘉慶皇帝胸中沒有大格局，掌上沒有大手筆。嘉慶不可能認識、也不可能改革社會存在的根本性弊病，特別是制度性的弊病。

昌陵石象生與牌樓

嘉慶的悲劇在於：認為天下的問題都是由於和珅不好、百官不好造成的，而沒有從自身找責任，也沒有從制度挖根源。其結果是，滋生百官腐敗、「和珅現象」的制度土壤沒有剷除，因而這種現象也就無法根除。嘉慶在二十五年的皇帝生涯中，雖一件一件地解決乾隆盛世留下的危機，卻又一步一步地陷入更深的危機。乾隆朝盛世下的危機，到嘉慶朝更加深重。到他的接班人道光皇帝時，則陷入內外交困、四面楚歌的境地！

顒琰個人小檔案

姓名：愛新覺羅・顒琰　　　　**出生**：乾隆二十五年（1760）十月初六日

屬相：龍　　　　　　　　　　**卒年**：嘉慶二十五年（1820）

享年：六十一歲　　　　　　　**謚號**：睿皇帝

廟號：仁宗　　　　　　　　　**陵寢**：昌陵（清西陵）

父親：弘曆（乾隆）　　　　　**母親**：魏佳氏，後尊為孝儀純皇后

初婚：十五歲，配偶喜塔拉氏　**配偶**：十五人，皇后喜塔拉氏

子女：五子，九女　　　　　　**繼位人**：旻寧（道光）

最得意：懲治和珅　　　　　　**最失意**：大內遇刺

最不幸：突然暴死　　　　　　**最痛心**：教民攻入紫禁城

最擅長：書法

相關閱讀書目推薦

（1）閻崇年：《清朝皇帝列傳・嘉慶皇帝》，紫禁城出版社，2002 年

（2）關文發：《嘉慶帝》，吉林文史出版社，1993 年

（3）張玉芬主編：《清朝通史・嘉慶朝》，紫禁城出版社，2003 年

附錄一：和珅二十大罪狀

朕於乾隆六十年九月初三日，蒙皇考冊封皇太子，尚未宣佈諭旨，而和珅於初二日，即在朕前先遞如意，漏泄機密，居然以擁戴為功。其大罪一。

上年正月，皇考在圓明園召見和珅，伊竟騎馬直進左門，過正大光明殿，至壽山口，無父無君，莫此為甚。其大罪二。

又因腿疾，乘坐椅轎，抬入大內，肩輿直入神武門，眾目共睹，毫無忌憚。其大罪三。

並將出宮女子，娶為次妻，罔顧廉恥。其大罪四。

自剿辦教匪以來，皇考盼望軍書，刻縈宵旰。乃和珅於各路軍營遞到奏報，任意延擱，有心欺蔽，以致軍務日久未竣。其大罪五。

皇考聖躬不豫時，和珅毫無憂戚。每進見後，出向外廷人員敘說，談笑如常，喪心病狂。其大罪六。

昨冬皇考力疾披章，批諭字畫，間有未真之處。和珅膽敢口稱「不如撕去，竟另行擬旨」。其大罪七。

前奉皇考諭旨，令伊管理吏部、刑部事務，嗣因軍需銷算，伊係熟手，是以又諭令兼理戶部題奏報銷事件。伊竟將戶部事務一人把持，變更成例，不許部臣參議一字。其大罪八。

上年十二月內，奎舒奏報循化、貴德二廳，賊番聚眾千餘，搶奪達賴喇嘛商人、牛隻，殺傷二命，在青海肆劫一案，和珅竟將原奏駁回，隱匿不辦，全不以邊務為事。其大罪九。

皇考升遐後，朕諭令蒙古王公未出痘者，不必來京。和珅不遵諭旨，令已、未出痘者，俱不必來京。全不顧國家撫綏外藩之

意，其居心實不可問。其大罪十。

大學士蘇淩阿，兩耳重聽，衰邁難堪，因係伊弟和琳姻親，竟隱匿不奏；侍郎吳省蘭、李潢，太僕寺卿李光雲，皆曾在伊家教讀，並保列卿階，兼任學政。其大罪十一。

軍機處記名人員，和珅任意撤去。種種專擅，不可枚舉。其大罪十二。

昨將和珅家產查抄，所蓋楠木房屋，僭侈逾制，其多寶閣及隔段式樣，皆仿照寧壽宮制度。其園寓點綴，竟與圓明園蓬島、瑤台無異，不知是何肺腸！其大罪十三。

薊州墳塋，居然設立享殿，開置隧道，附近居民有「和陵」之稱。其大罪十四。

家內所藏珍寶，內珍珠手串竟有二百餘串，較之大內多至數倍，並有大珠，較御用冠頂尤大。其大罪十五。

又寶石頂並非伊應戴之物，所藏真寶石頂有數十餘個，而整塊大寶石不計其數，且有內府所無者。其大罪十六。

家內銀兩及衣服等件，數逾千萬。其大罪十七。

且有夾牆藏金二萬六千餘兩，私庫藏金六千餘兩，地窖內並有埋藏銀兩百餘萬。其大罪十八。

附近通州、薊州地方，均有當鋪、錢店，查計資本，又不下十餘萬。以首輔大臣，與小民爭利。其大罪十九。

伊家人劉全，不過下賤家奴，而查抄貲產，竟至二十餘萬，並有大珠及珍珠手串。若非縱令需索，何得如此豐饒！其大罪二十。

（以上見《清仁宗睿皇帝實錄》嘉慶四年正月甲戌）

此外，查出：和珅取租房一千零一間半，取租地一千二百六十六頃等。又步軍統領巡捕營在和珅私宅供役者千餘人，和珅令奏事者具副本送軍機處。

附錄二：和珅抄產清單

正房一所十三層共七十八間、東房一所七層共三十八間、西房一所七層共三十三間、東西側房共五十二間、徽式房一所共六十二間、花園一座樓台四十二所、欽賜花園一座亭台六十四所、四角更樓十二座（更夫一百二十名）、堆子房七十二間（檔子兵一百八十名）、雜房六十餘間。漢銅鼎一座、古銅鼎十三座、玉鼎十三座，宋硯十方，端硯七百十餘方，玉磬二十架、古劍二把、大自鳴鐘十架、小自鳴鐘三百餘架、洋表二百八十餘個、玉馬一匹（高一尺二寸、長四尺）、珊瑚樹八株（高三尺六寸）、大東珠六十餘顆（每顆重二兩）、珍珠手串二百三十六串（每串十八顆）、珍珠素珠十一盤、寶石素珠一千一十盤、珊瑚繫珠五十六盤、密蠟素珠十三盤、小紅寶石三百八十三塊、大紅寶石二百八十塊、藍寶石大小四十三塊、白玉觀音一尊（高一尺二寸）、漢玉壽星一尊（高一尺三寸）、瑪瑙羅漢十八尊（高一尺二寸）、金羅漢十八尊（高一尺三寸）、白玉九如意三百七十八支、寶石珊瑚帽頂一百三十二個、嵌玉九如意一千九百八支、嵌玉如意一千六百十支、整玉如意二百三十支、白玉大冰盤十六個、碧玉茶碗九十九個、玉湯碗一百五十三個、金碗碟三十二桌（共四千二百八十八件）、銀碗碟三十二桌（共四千二百八十八件）、白玉酒杯一百二十個、水晶杯一百二十個、金鑲玉箸二百

副、金鑲象箸二百副、赤金吐盂二百二十個、白銀吐盂二百餘
個、赤金面盆四十三個、白銀面盆五十六個、白玉鼻煙壺三百七
十四個、漢玉鼻煙壺二百七十六個、鏤金八寶大屏十六架、鏤金
八寶牀四架（單夾紗帳俱全）、鏤金八寶炕屏三十六架、赤金鏤
絲牀二頂、鏤金八寶炕牀二十四張、嵌玉炕桌二十四張、嵌玉炕
桌十六張。金玉朱翠首飾大小二萬八千餘件、赤金元寶一百個
（每個重一千兩，估銀一百五十萬兩）、白銀元寶一百個（每個
重一千兩）、生金沙二萬餘兩（估銀十六萬兩）、赤金五百八十
萬兩（估銀八千七百萬兩）、元寶銀九百四十萬兩、白銀五百八
十三萬兩、蘇元銀三百十五萬四百六千餘兩、洋錢五萬八千元
（估銀四萬六百兩）、制錢一千五百串（折銀一千五百兩）、人
參六百八十餘斤（估銀二十六萬兩）、當鋪七十五座（估銀三千
萬兩）、銀號四十二座（估銀四十萬兩）、古玩鋪十五座（估銀
三十萬兩）、玉器庫兩間（估銀七千萬兩）、綢緞庫四間（估銀
八十萬兩）、磁器庫二間（估銀一萬兩）、洋貨庫二間（五色大
呢八百版、鴛鴦呢一百十五版、五色羽毛六百版、五色嗶嘰二百
版）、皮張庫二間（元狐十二張、色狐一千五百二十張、雜狐三
萬六千張、貂皮八百餘張）、銅錫庫六間（共二萬六千九百三十
七件）、珍饈庫六間、鐵梨紫檀庫六間、玻璃器庫一間（共八百
八餘件）、貂皮男衣七百十三件、貂皮女衣六百五十餘件、雜皮
男衣八百六件、雜色女衣四百三十六件、綿夾單紗男衣三千八百
八件、綿夾單紗女衣三千一百十八件、貂帽五十四頂、貂蟒
（袍）三十七件、貂褂短罩四十八件、貂靴一百二十四雙、藥材
庫二間（估銀五千兩）、地畝八千餘頃（估銀八百萬兩）。

（和珅抄沒清單數種之一）

道光帝旻寧

　　清道光帝愛新覺羅·旻寧，乾隆四十七年（1782）生，屬虎。他三十九歲登極，在位三十年，享年六十九歲。

　　道光皇帝在清朝十二帝中，是惟一嫡子繼承皇位的。清代第一個繼位者皇太極，不是嫡出；皇太極的兒子福臨，是第九子，母親為莊妃；順治的兒子康熙，是第三子，母親佟佳氏也是妃子；康熙的兒子雍正，是第四子，母烏雅氏為德妃；雍正的兒子乾隆，是第四子，母鈕祜祿氏也是妃子；乾隆的兒子嘉慶，是第十五子，母魏佳氏為皇貴妃。以上是道光皇帝的先輩，再看他的後輩：道光的兒子咸豐，是第四子，母鈕祜祿氏為貴妃；咸豐的兒子同治，是獨子，母為懿貴妃；光緒、宣統都不是皇子。只有道光是嫡子繼承皇位的皇帝。道光是嘉慶的第二子，母喜塔拉氏，生前正式冊立為皇后。喜塔拉氏，副都統、內務府總管和爾經額之女。乾隆三十九年（1774），乾隆為顒琰冊喜塔拉氏為嫡福晉，這年顒琰十五歲。乾隆四十七年（1782）八月初十日，喜塔拉氏在皇宮擷芳殿生下一子，名綿寧（即位後更名旻寧），就是後來的道光皇帝。嘉慶即位，冊喜塔拉氏為皇后。但她只當了一年零三十七天皇后，便得病死去。這年旻寧十六歲。

皇父對旻寧格外關懷、悉心教導，要他靜心讀書，修身養性。旻寧受到儒家教育，「經史融通，奎藻日新」，以此自詡，學而有成。他「日與詩書相砥礪」，寫成《養正書屋詩文》四十卷。他親筆書寫「至敬、存

道光《喜溢秋庭圖》

誠、勤學、改過」四個條幅，掛在屋中，以提示自己要修身養性，也是向皇父表露心蹟。他曾寫道：「事愈大，心愈小；情愈急，氣愈和。」可見旻寧在當皇子時，注意磨煉自己的性格。

旻寧三十二歲，也就是嘉慶十八年（1813），發生了天理教民攻入皇宮的突發性事件。這年，旻寧隨皇父巡狩木蘭，因陰雨綿綿，無法圍獵，奉命先期回到京師。當林清率領天理教徒攻入紫禁城衝向養心殿時，旻寧正在上書房讀書，聞變後表現鎮定，「急命進撒袋、鳥銃、腰刀，飭太監登垣以望」。這時，有的教民手舉白旗，攀牆登殿，靠近養心門，旻寧「發鳥銃殪（打死）

林清像

之,再發再殪」。他還「飛章上聞」,向皇父奏報;「嚴命禁城四門」,到儲秀宮安撫皇母;親自率領侍衛到西長街一帶訪查。旻寧在這一事變中的表現,使他在內廷上下威望大增。或讚其智勇沉着,或譽其舉措有方。嘉慶帝在回京途中得到奏報,即封旻寧為智親王,他所使用的槍也命名為「威烈」。

儘管旻寧有出色的表現,又秘密定為儲君,但在皇位繼承中,仍出現風波。

鐍匣風波

嘉慶二十五年(1820)七月十八日,嘉慶到熱河秋獮,自圓明園啟程。命皇次子智親王旻寧、皇四子瑞親王綿忻隨駕。這年,嘉慶六十一歲,「身體豐腴,精神強固」。二十四日,嘉慶到達熱河行宮,「聖躬不豫」。當天,嘉慶到城隍廟拈香,又到永佑宮行禮。二十五日,嘉慶病情嚴重,當夕崩逝。嘉慶暴死,死因不明。有人據皇族後人的口碑,說嘉慶死於雷擊。如果此說屬實,清人官私著作,不敢如實記載。嘉慶死亡的原因,可能是年逾花甲,身體肥胖,天氣暑熱,旅途勞頓,誘發心腦血管病而猝死。嘉慶皇帝突然駕崩,國不可一日無主,皇位繼承就成為當時朝廷的頭等大事。但是,旻寧繼位,史有疑案。

祖制家法

皇帝立儲的鐍匣,按清朝「家法」應放在乾清宮「正大光明」匾後面。雍正元年(1723)八月十七日,雍正皇帝在乾清宮西暖閣,宣佈實行「秘密立儲」。皇帝立皇太子的御書匣,懸置於乾清宮「正大光明」匾額之後。在道光之前,開啟鐍匣宣示傳位密旨繼位者,只有乾隆和嘉慶。乾隆敍述開啟鐍匣的過程說:「逮皇考傳位朕躬,宣示密緘,倉猝之際,朕不

敢自行啟封，召同大學士鄂爾泰、張廷玉，當面展緘敬閱。」這就是所謂「公同手啟，立定大統」。由此可見，「密緘」是嗣君與朝臣共同開啟的。乾隆內禪皇位給嘉慶，是由乾隆親自開啟鐍匣宣諭的。其經過是：乾隆三十八年（1773），密立皇十五子顒琰（嘉慶）為皇太子，按照雍正帝立下的規矩收藏秘密立儲詔書。乾隆六十年（1795）九月初三日，乾隆在圓明園勤政殿，召集皇子皇孫、王公大臣等「將癸巳（乾隆三十八年）所定密緘嗣位皇子之名，公同閱看，立皇十五子嘉親王顒琰為皇太子」云云。嘉慶秘密立儲御書的鐍匣，自然不應例外。嘉慶在避暑山莊病逝後，本應立即派大臣急馳北京，到乾清宮取下正大光明匾後的秘密立儲御書。但是，當時並沒有這樣做。那麼秘密立儲御書收藏在何處？據包世臣所撰《戴公（均元）墓碑》文記載當時情狀，鐍匣御書由嘉慶隨身攜帶。《碑文》記載：嘉慶二十五年（1820）春，戴均元拜文淵閣大學士，晉太子太保，管理刑部。七月，戴均元和托津等隨從嘉慶帝到熱河秋獮，「甫駐蹕，聖躬驟有疾，不豫。變出倉猝，從官多皇遽失措」。戴均元和托津督促內臣翻檢皇帝遺物，最後在嘉慶皇帝近侍身邊的「小金盒」裏找到了傳位詔書。

嘉慶皇帝在避暑山莊留下的『遺詔』

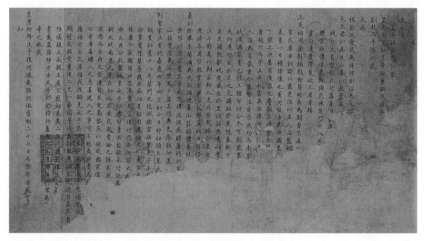

鐍匣沒有放在乾清宮「正大光明」匾之後，開啟時也沒有儲君等在場，這是違背清室「家法」的。於是有的學者認為：「『鐍匣』隨嘉慶帶往避暑山莊的記載，實難徵信。」此為歷史疑雲之一。

宗室建議

嘉慶剛斷氣，總管內務府大臣禧恩，建議由旻寧繼位。禧恩，宗室，滿洲正藍旗，睿親王淳穎之子。先是，睿親王多爾袞沒有兒子，其弟多鐸的兒子多爾博過繼給多爾袞，襲睿親王。多爾袞被革王爵、撤廟享後，多爾博歸宗多鐸。後乾隆給多爾袞平反，恢復多爾袞睿親王封號，多爾博仍為多爾袞的繼承者。其時多爾博已死多年，命他的五世孫淳穎襲睿親王爵。睿親王淳穎是嘉慶懲治和珅時依靠的重要親信和得力大臣，他的兒子禧恩，初入宮為頭等侍衛，繼升為御前侍衛，後升為內務府大臣。嘉慶二十五年七月，禧恩作為內務府大臣，隨嘉慶皇帝車駕到避暑山莊。《清史稿‧宗室禧恩傳》記載：「仁宗崩於熱河避暑山莊，事出倉猝，禧恩以內廷扈從，建議宣宗有定亂勛，當繼位。樞臣托津、戴均元等猶豫。禧恩抗論，眾不能奪。會得祕匣朱諭，乃偕諸臣，奉宣宗即位。」禧恩出身宗室，地位重要，影響亦大，其建議沒有得到軍機大臣托津、戴均元等認同，這說明，奉旻寧嗣位一事在當時似曾經過一場激烈的爭論。禧恩建議旻寧繼位表明：嘉慶生前並未就嗣位之事在大臣中公佈，禧恩建議時也未公啟鐍匣。否則，托津、戴鈞元等不會「猶豫」而不表態。所謂「公啟鐍匣，宣示御書」之說，存在矛盾，大可存疑。禧恩只是內務府大臣，按照「家法」，他沒有資格「建議旻寧繼位」，可是他又為什麼違背「家法」而這樣「建議」？此為歷史疑雲之二。

太后懿旨

孝和睿皇后傳懿旨讓旻寧嗣位。嘉慶先後有兩位皇后，第一位是孝淑

睿皇后，喜塔拉氏，為道光的生母，她只當了一年多的皇后就病死；第二位皇后是孝和睿皇后，鈕祜祿氏。她生下兩個兒子——皇三子綿愷和皇四子綿忻，但她對旻寧備加照顧，他們關係很好。孝和睿皇后並不知嘉慶皇帝密詔鐍匣在什麼地方，她應當也不知道「秘密立儲」所立的皇太子是誰。然而，當她在北京皇宮驚悉嘉慶崩於熱河行宮噩耗時，便發出懿旨：「今哀遘升遐，嗣位尤為重大。皇次子智親王，仁孝聰睿，英武端醇，現隨行在，自當上膺付託，撫馭黎元。但恐倉卒之中，大行皇帝未及明諭，而皇次子秉性謙沖，素所深知。為此特降懿旨，傳諭留京王大臣，馳寄皇次子，即正尊位。以慰大行皇帝在天之靈，以順天下臣民之望。」這個皇

道光《情殷鑑古圖》

太后懿旨，對於旻寧嗣位，關係極為重要。旻寧在熱河接奉懿旨時，伏地叩頭，感恩不盡！後來所有正史均只記載了避暑山莊公啟鐍匣之事。道光復奏皇太后文曰：「子臣（旻寧）跪奏：本月二十五日，皇父聖躬不豫，至戌刻大漸……維時御前大臣、軍機大臣、內務府大臣，恭啟鐍匣，有皇父御書：嘉慶四年四月初十日卯初，立皇太子（旻寧）朱諭一紙。該大臣等，合詞請遵大行皇帝成命，以宗社為重，繼承大統。子臣遜讓，至再至三。該大臣等，固請不已。本日（二十九日），恭奉懿旨，子臣即正尊

位。皇父、皇母，恩慈深厚，子臣伏地叩頭，感悚不能言喻⋯⋯謹將鐍匣所藏皇父朱諭，恭呈懿覽，謹繕摺復奏，恭謝慈恩。七月二十九日。」當年康熙繼位，是孝莊太后的意思，但是用順治遺詔名義宣佈的，而不是用皇太后「懿旨」的名義。這裏產生了問題：皇太后指令旻寧繼位違背「祖制」、「家法」，如果懿旨同遺詔發生矛盾怎麼辦？此為歷史疑雲之三。

朝臣態度

《清史稿・托津傳》記載：「仁宗崩於熱河避暑山莊，事出倉猝，托津偕大學士戴均元，手啟寶盒，奉宣宗即位。」托津，為滿洲富察氏，自嘉慶十年（1805）開始任軍機大臣，又任正白旗領侍衛內大臣、東閣大學士，可謂樞密老臣、朝廷重臣。《清史稿・戴均元傳》也記載：「扈從熱河，甫駐蹕，帝不豫，向夕大漸。戴均元，乾隆進士，官協辦大學士、軍機大臣、上書房總師傅。均元與大學士托津督內侍檢御篋，得小金盒，啟，宣示御書立宣宗為皇太子，奉嗣尊位，然後發喪。」這兩條記載，同《清史稿・宗室禧恩傳》記載不一致。包世臣所撰《戴公（均元）墓碑》文，記載當時尋找並開啟鐍匣的情狀：在嘉慶臨終時，由托津、戴均元督促太監，翻箱倒匱，尋覓鐍匣，最後由近侍找出小金盒。而前引《清史稿・宗室禧恩傳》所載，禧恩建議立旻

道光御用『江山萬代』常服

寧，托津、戴均元均猶豫，則並無其事。托津、戴均元開啟金盒時，也沒有見記載當事人旻寧在場。人們對此事的真偽產生懷疑。此為歷史疑雲之四。

實錄記載

嘉慶秘密立儲朱諭密旨緘藏在「鐍匣」內。《清仁宗實錄》載：「上（嘉慶）疾大漸，召御前大臣賽沖阿、索特納木多布齋，軍機大臣托津、戴均元、盧蔭溥、文孚，總管內務府大臣禧恩、和世泰，公啟鐍匣，宣示御書：嘉慶四年四月初十日卯初，立皇太子□□（旻寧）。」《清仁宗實錄》是道光繼位之後修纂的。《清宣宗實錄》也記載：「仁宗疾大漸，召御前大臣賽沖阿、索特納木多布齋，軍機大臣托津、戴均元、盧蔭溥、文孚，總管內務府大臣禧恩、和世泰，公啟鐍匣，宣示御書：嘉慶四年四月初十日卯初，立皇太子□□（旻寧）朱諭一紙。戌刻，仁宗崩……扈從諸臣，遵奉硃筆遺旨，請上即正尊位。上號慟仆地，良久方起。」《清宣宗實錄》是咸豐修的，不會同他父皇纂修的《清仁宗實錄》相違背。以上兩個「實錄」總算把這件事自圓其說。在相關的檔案中，「公啟鐍匣」為「公啟密緘」。據此，當嘉慶病危時，臨終前召戴均元、托津、禧恩等八大

臣，「公啟鐍匣」，立旻寧為皇太子。然而，這同前面《清史稿‧宗室禧恩傳》的記載相矛盾。此為歷史疑雲之五。

由上看出，旻寧繼位，得到以禧恩為代表的宗室之建議和認同，又得到皇太后的中宮懿旨和皇弟瑞親王綿忻的贊同，最主要是有軍機大臣等開啟鐍匣的御書聖旨。旻寧繼位，皇太后與瑞親王綿忻、宗室禧恩、軍機大

道光御筆
《恭儉惟德》

臣等達成共識，和平過渡。但是，在官私記載中，前後矛盾，彼此抵牾，仍給人們留下重重迷霧。

八月二十二日，嘉慶帝的靈柩從避暑山莊運回北京，在乾清宮停放。先是，嘉慶暴卒，事前毫無準備，避暑山莊沒有準備棺木。旻寧命速送「梓宮」至熱河，嘉慶遺體在避暑山莊入殮，由承德運往北京。旻寧跟隨靈柩而行，並開始處理政務。八月二十七日，旻寧正式即位於太和殿，頒詔天下，成為清朝入關後的第六代皇帝。

道光執政三十年，做了不少事情。他在懲治貪污、整頓吏治、治河通漕、清釐鹽政、開通海運等方面，也有或多或少的成績。道光一生中最大的政績，是平息回部張格爾的騷亂，鞏固了新疆。道光三十年的皇帝生涯，算是勤政，也算是節儉。他自詡道：「自御極至今，凡批覽章奏，引對臣工，旰食宵衣，三十年如一日，不敢自暇自逸。」野史說道光穿帶補丁的褲子，於是大臣們仿效，也「綴一圓綢膝間」。節儉，對於一位皇帝來說，是難能可貴的。但是，評價一位君主、一位政治家，主要看他在歷史潮流中，是站在前面，還是落在後面；看他在國家與民族利益上，是維

護國家主權與民族尊嚴，還是喪失國家主權與民族尊嚴。道光在位時，禁煙運動失敗，鴉片戰爭失敗，簽訂喪權辱國的《南京條約》，他要承擔相應的歷史責任。

鴉片烽火

鴉片戰爭是道光朝歷史、是清朝歷史、也是中國歷史上一個劃時代的大事件。這方面的書籍文章很多，歷史教科書也講得很多。但有兩個問題值得思考：鴉片戰爭清朝失敗是必然還是偶然？鴉片戰爭失敗的主要責任者是穆彰阿還是道光帝？

道光繼位後，來不及處理鴉片問題，而是先着手解決最為緊迫的三件

道光御用鐵劍

林則徐等關於虎門銷煙的奏摺

林則徐像

事情：第一件是調整中樞機構大員，將嘉慶時的重臣大學士托津、戴均元等換掉，組成包括曹振鏞、穆彰阿等在內的新朝廷班子；第二件是治理河漕；第三件是道光八年（1828），平定新疆張格爾叛亂。然而，西北烽火剛熄，東南硝煙又起。

鴉片流入，由來已久。道光皇帝的皇曾祖父雍正開始禁煙，皇祖父乾隆下令禁煙，皇父嘉慶也屢令禁煙。但收效甚微，且愈演愈烈。雍正時每年走私進口鴉片200箱，乾隆時增至1000箱，嘉慶間又增至4000箱。道光禁煙之初，遇到很大阻力。鴉片走私，更加囂張，年突破30000箱，流失白銀三千萬兩。這時朝臣對禁煙政策有兩派意見：以許乃濟為首的弛禁派和以林則徐為首的嚴禁派。朝廷大臣發生分歧並不奇怪，問題是道光皇帝如何決策。當年康熙皇帝，在是否要平定三藩、是否要統一台灣、是否要反擊沙俄侵略、是否要親征噶爾丹等重大問題上，都面臨不同的意見。康熙的英明在於：他判斷並支持朝臣的正確意見，而且支持到底，絕不動搖，直至勝利。

道光皇帝開始時支持林則徐嚴禁鴉片的主張，派他為欽差大臣、兩廣總督，到廣州禁煙。林則徐堅稱：「若鴉片一日未絕，本大臣一日不回！」林則徐嚴禁鴉片，必然損害一些人的不法利益，也必然損害英國殖民者的不法利益，因而定然遭到他們的反抗。道光皇帝作為一朝君主、一個政治家，他應該看到或預見到這一點。對英國殖民者可能由此而產生的反應——政治的、軍事的、外交的、貿易的，預先採取防範措施。但是，他沒有這樣的眼光和能力。結果，鴉片戰爭兵敗，簽訂了喪權辱國的《南

虎門海戰圖

京條約》。

鴉片戰爭中清朝的失敗是必然還是偶然？

不錯，當時英國的確比較先進，處於資本主義上升時期，而清朝經濟落後、君主專制、吏治腐敗、軍備廢弛。「落後就要挨打」，這是事物的普遍性。但事物還有特殊性，要對具體歷史事件進行具體分析。中英鴉片戰爭，從戰略和戰術兩個方面，可做如下思考：

從戰略來說：

一則，國力──道光時清朝人口四萬萬，儼然是東方一個大國，英國當時還沒有成為「日不落國」；且英國跨越重洋，長驅遠襲，以動對靜，以勞對逸。清朝有打敗英國侵略的可能。

二則，軍事──英國進攻，而清朝防禦；英國兵少，而清軍兵多；英國後方太遠，而清朝在本土作戰。

三則，民心──英國是侵略的一方，清朝是反侵略的一方，並得到國民的支持。林則徐、鄧廷楨發出告示：「如果英夷兵船進入內河，許以人

人持刀痛殺。」

從戰術來說：

一則，兵力——1840年6月，由英國全權代表懿律統帶的侵略軍4000人，乘艦船40餘艘到達澳門。這支軍隊，數量有限，只要認真抵抗，完全可以取得勝利。

二則，後方——當時歐亞交通艱難，英軍戰線太長。7月初，侵略軍進犯廈門，遭到鄧廷楨率福建軍民抗擊，就北駛浙江定海，定海總兵葛雲飛等壯烈犧牲，定海失陷。至此，清朝也只是小小失利。8月，英國派船到白河口投書，向清政府直接恫嚇。清軍在總體上完全佔有優勢。

三則，武器——當時英軍使用的武器，海軍雖用蒸汽機裝備，但很多還是帆船；陸軍雖使用後膛裝彈的火槍和火炮，比清軍稍先進一些，但並不像後來差距拉得那麼大。

弱勝強，少勝多的例子，歷史上是很多的。道光皇帝的祖先，當年薩爾滸之戰、松錦之戰，八旗軍都是以弱勝強、以少勝多的。在外國，1894年（光緒二十年），埃塞俄比亞國王孟尼利克二世，號召軍民抵抗意大利的侵略。經過兩年奮戰，打敗意軍侵略，迫使其在和約上簽字，承認埃塞俄比亞是獨立的國家。

所以，從戰略、戰術分析，清朝有可能打勝這一仗，但清朝卻打敗了。

鴉片戰爭失敗的主要責任是在穆彰阿還是在道光帝？

認識鴉片戰爭失敗

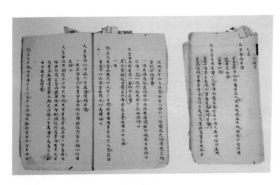

中英《南京條約》抄本（局部）

香港島開埠圖

原因有一個過程。開始一些人認為責任在嚴禁派與主戰派，其代表是林則徐。道光皇帝罷了林則徐的官，並將他遣戍新疆伊犁。後來一些人認為責任在弛禁派和主和派，其代表是穆彰阿、琦善等。應當說，後者的認識比前者進了一步，但還有深入探討的空間。下面對朝廷軍機大臣和大學士的構成做一個分析：

道光二十年（1840），朝廷的軍機大臣有：穆彰阿、潘世恩、王鼎、隆文、何汝霖五人，大學士有穆彰阿、潘世恩、琦善、王鼎、伊里布（差往浙江）、湯金釗六人。在京的軍機大臣和大學士共八人，其中軍機大臣兼大學士的有：穆彰阿、潘世恩、王鼎三人。不過潘世恩雖是狀元出身，但遇事退讓，僅為「伴食」而已。這三個人，穆彰阿為領班軍機大臣、首輔大學士，潘世恩是穆彰阿的阿附者。所以，朝廷實際分為兩派：以穆彰阿等為一派，王鼎等為另一派。因此，主和派的代表是穆彰阿，主戰派的代表是王鼎。

《清史稿·穆彰阿傳》記載：穆彰阿，滿洲鑲藍旗人，嘉慶進士，任內務府大臣、直上書房、翰林院掌院學士、大學士、軍機大臣。「穆彰阿

當國，主和議，為海內所叢詬。上既厭兵，從其策，終道光朝，恩眷不衰」。穆彰阿是揣摩道光皇帝的心理，觀察道光皇帝的意向，才主張和議的。《清史稿·穆彰阿傳》明確記載：「穆彰阿窺帝意移，乃贊和議，罷則徐，以琦善代之。」

這是說：第一，穆彰阿主和是窺伺道光皇帝旨意而秉承的；第二，因為道光主和，穆彰阿乃跟着贊成主和，這裏的主從關係不能顛倒；第三，罷免林則徐是穆彰阿根據道光皇帝意圖行事的。像林則徐這樣的封疆大吏，沒有道光的「諭旨」，穆彰阿再專權也是扳不倒的；第四，琦善身任文淵閣大學士、直隸總督，其替代林則徐，沒有道光皇帝諭准同樣也是不能的。在大敵當前之時，林則徐被斥責、革職並謫戍伊犁，這和當年崇禎皇帝在皇太極兵臨北京城下逮捕並事後凌遲袁崇煥一樣，都是「自毀長城」！

道光為皇子時的嫡福晉，
後追封「孝穆成皇后」

總之，穆彰阿窺出道光之所思，說出道光之所欲言，做出道光之所欲為，所以穆彰阿始終得到道光的支持與信任。因此，鴉片戰爭失敗的責任主要應由道光皇帝來負。

道光過於無知。他問道：「英吉利至新疆各部，有旱路可通？」這是早在康熙時候已經解決的常識問題。道光皇帝對西方的政治、經濟、軍事、地理一無所知，卻無知者無畏，對英國的堅船利炮不屑一顧！

道光過於無勇。他如有當年努爾哈赤親自指揮薩爾滸大戰的精神，有

道光慕陵楠木殿

皇太極抱病親自指揮松錦大戰的意志，有康熙三次親征噶爾丹的氣魄，率軍御駕親征，調動天下「勤王」，等侵略軍在天津大沽登岸後聚而殲之，這場戰爭是不會打輸的，當然也不會有《南京條約》之恥。

由上可見，穆彰阿、琦善是體會道光的旨意、按照道光意旨行事的。穆彰阿賣國、誤國，最後的總根源是道光皇帝。

再說主戰的王鼎一方。

《清史稿·王鼎傳》記載：王鼎，陝西蒲城人。少年家貧，學習勤奮，性耿直，尚氣節。到北京參加禮部考試，大學士王傑與王鼎同族，打算幫助他，他卻不願求助。王傑說：「觀子品概，他日名位，必繼吾後！」嘉慶元年（1796），考中進士，選庶吉士，後授戶部尚書。回疆事平，因贊畫有功，繪像紫光閣。又受命清理長蘆鹽政積欠銀九百萬兩。後管刑部，直上書房，拜東閣大學士。王鼎官拜大學士、軍機大臣後，受命河南治河。時黃河在河南祥符決口，他初到開封，見四面汪洋，城牆將旦夕塌圮。王鼎「躬率吏卒巡護，獲無恙。泊工興，親駐工次，倦則寢肩輿

中」。這項河工用銀六百萬，而前此馬營、儀封工程用銀一千六百七十五萬。

在鴉片戰爭期間，大學士、軍機大臣王鼎，演出了一場「屍諫」的悲壯史劇。說到「屍諫」，人們會想起「史魚屍諫」的故事：史魚為春秋時期衛國的大夫，以正直敢諫而著名。史魚是一位智者，他說：「富而能臣，必免於難」、「驕而不亡者，未之有也」！史魚諫衛靈公斥退彌子瑕，而用蘧伯玉。他為了引起衛靈公的重視，採用了「屍諫」。所以，《論語・衛靈公》曰：「直哉史魚！邦有道如矢，邦無道如矢！」王鼎就是史魚一類的直臣。《清史稿・王鼎傳》記載：

> 自禁煙事起，英吉利兵犯沿海，鼎力主戰。至和議將成，林則徐以罪譴。鼎憤甚，還朝爭之力，宣宗慰勞之，命休沐養痾。越數日，自草遺疏，劾大學士穆彰阿誤國。閉戶自縊，冀以屍諫。軍機章京陳孚恩，穆彰阿黨也，滅其疏，別具以聞。……鼎清操絕俗，生平不受請託，亦不請託於人。卒之日，家無餘貲。

「王鼎屍諫」與穆彰阿得勢，這是道光皇帝的兩面鏡子，它反映出：「君子消沉，小人猖獗！」道光皇帝在位時期，清朝的危機更加嚴重。道光雖有「恭儉之德，寬仁之量」，卻不能採納忠言，不能在關鍵時刻作出正確決定，所以，「國步之瀕，肇端於此」。孟森先生認為：「宣宗之庸暗，亦為清朝入關以來所未有。」

從此，西方侵略者用武力打開了中國的大門。道光是中國兩千年帝制史上，第一個同西方殖民者簽訂喪權辱國條約的皇帝。鴉片戰爭的失敗，喪權辱國的《南京條約》的簽訂，道光皇帝應負主要歷史責任。

道光把自己的名字永遠地寫在中華文明史的恥辱柱上，這將成為後世喪權辱國、割地賠款者戒！

旻寧個人小檔案

姓名：愛新覺羅・旻寧	**出生**：乾隆四十七年（1782）八月初十日
屬相：虎	**卒年**：道光三十年（1850）
享年：六十九歲	**諡號**：成皇帝
廟號：宣宗	**陵寢**：慕陵（清西陵）
父親：顒琰（嘉慶）	**母親**：喜塔拉氏，孝淑睿皇后
初婚：十三歲，配偶鈕祜祿氏為嫡福晉	**配偶**：二十人，皇后鈕祜祿氏
子女：九子，十女	**繼位人**：奕詝203（咸豐）
最得意：林清事件鳴槍殪敵	**最失意**：鴉片戰爭失敗
最不幸：母親早故	**最痛心**：簽訂《南京條約》
最擅長：節儉	

相關閱讀書目推薦

（1）閻崇年：《清朝皇帝列傳・道光皇帝》，紫禁城出版社，2002 年

（2）孫文範等：《道光帝》，吉林文史出版社，1993 年

（3）喻大華主編：《清朝通史・道光朝》，紫禁城出版社，2003 年

咸豐帝奕詝

　　奕詝是清朝最後一位通過秘密立儲繼位的皇帝。他二十歲登極，在位十一年，享年三十一歲。年號咸豐，「咸」是普遍的意思，「豐」是富足的意思，「咸豐」是天下豐衣足食的意思。可是在當時，所謂「天下豐衣足食」，只能是個不切實際的幻想。咸豐皇帝面臨着內憂外患、國將不國的嚴重局面，而他卻無膽識、無遠略、無才能、無作為。咸豐做了十一年的皇帝，顯然是個歷史的誤會。

　　陸遊曾經在《釵頭鳳》中這樣感歎差錯凄慘的愛情：

　　　　紅酥手，黃縢酒，滿城春色宮牆柳。東風惡，歡情薄，一懷
　　愁緒，幾年離索。錯！錯！錯！

　　在這裏，陸遊連續用了三個「錯」字——錯！錯！錯！這三個「錯」字，借用在咸豐皇帝奕詝身上，竟或有幾分貼切。咸豐十一年的皇帝生涯，最明顯的三個特點就是：「錯」、「錯」、「錯」！咸豐皇帝第一錯是錯坐上皇帝寶座；第二錯是英法聯軍入侵時錯逃離皇都北京；第三錯是臨終之前錯定了顧命八大臣。

錯坐了皇帝寶座

道光皇帝共有九個兒子：他立儲時，長子奕緯（已死）、二子奕綱（已死）、三子奕繼（已死）、四子奕詝（十六歲）、五子奕誴（十六歲，出繼）、六子奕訢（十五歲）、七子奕譞（七歲）、八子奕詥（三歲）、九子奕譓（兩歲），其中奕緯、奕綱、奕繼早逝，奕誴又過繼給了惇親王綿愷。道光二十六年（1846），道光帝已是六十五歲的老人，這年奕詝十六歲，奕訢十五歲，其餘的兒子都是七歲以下的孩子。這就意味着有條件、有能力競爭帝位者，只有奕詝和奕訢兩兄弟。

奕詝的生母為孝全成皇后鈕祜祿氏，二等侍衛頤齡之女，家境寒素。她入宮之初，封為嬪。但她聰慧漂亮，嫵媚動人，很討道光皇帝的喜歡，晉封為貴妃。道光十一年（1831）六月，她在紫禁城承乾宮生下奕詝（咸豐），這年她二十二歲，正是花樣的年華。鈕祜祿貴妃生子奕詝兩年後，皇后佟佳氏病死。她時來運轉，晉封為皇貴妃，統攝六宮之事。又過了一年，被冊為皇后。月盈則虧，寵極則衰。鈕祜祿氏雖身為皇后，但漸因色衰而愛弛，抑鬱寡歡，得了大病。道光二十年（1840）正月病死，年三十三歲。奕詝當時只有十來歲。

奕詝生母過世後，受靜貴妃撫育。靜貴妃，姓博爾濟吉特氏，刑部員外郎花郎阿之女。她初為靜貴人，後晉為貴妃。靜貴妃生有三個兒子：皇二子奕綱、皇三子奕繼和皇六子奕訢。前面說

恭親王奕訢

過，奕綱和奕繼早殤，靜貴妃膝下只有皇六子奕訢。奕訢比奕詝小一歲。靜貴妃便將失去生母的奕詝收在膝下撫育。奕詝孝敬靜貴妃如同生母，視奕訢如同胞弟。而同奕詝爭奪皇儲最有力者，就是他視作同胞的皇六弟奕訢。

奕詝與奕訢，他們倆都受靜貴妃撫養。道光在連喪三位皇后——孝穆成皇后、孝慎成皇后、孝全成皇后的悲傷之餘，沒有再冊立皇后。便冊靜貴妃為皇貴妃，攝六宮事。奕詝與奕訢小兄弟倆，都在上書房讀書，年齡相近，關係密切，並無嫌猜。不過，奕詝讀書比奕訢早一年。奕詝六歲開始讀書，師傅為杜受田。

杜受田，山東濱州人。父堮，嘉慶進士，官至禮部侍郎。受田，道光三年（1823）進士，會試第一，選庶吉士，授編修。十五年（1835），入直上書房，教奕詝讀書，後升為上書房總師傅。杜受田教導奕詝，盡心盡力，傾注心血。史載：「受田朝夕教誨，必以正道，歷十餘年。」奕詝為皇子時，從獵南苑，馳逐羣獸，墜馬傷股。經上駟院正骨醫士治療，留下殘疾，行動不便。他小時候還得過天花，臉上有麻子。

奕訢也在上書房讀書，師傅是卓秉恬。史書說：「與文宗同在書房，

咸豐帝繪《設色人物圖》

肆武事」，「集花槍法二十八勢，曰『棣華
協力』；刀法十八式，曰『寶鍔宣威』」。
皇父道光以「白虹刀」寶刀賜給奕詝。奕詝
身體很好，頭腦聰明，書文不錯，武功也
好，還有所發明、創造。

道光晚年，於立儲大事，猶豫不定：
皇四子奕詝，「長且賢」，年齡最大，又很
仁孝；皇六子奕訢，雖為庶出，但家法傳
嗣，不分嫡庶，而且「天資穎異」，能文能
武。隨着他們年齡漸大，皇儲爭奪，暗藏
機關。

道光帝秘密立儲的故事，野史筆記和
民間傳說，多種多樣，繪聲繪色。

咸豐為皇子時楷書唐人詩

一說：追思亡后而施恩其子。奕詝的生母孝全成皇后，由貴妃晉升為
皇后不久，就突然死去。有一首《清宮詞》寫她暴死，事多隱秘。傳說道
光帝十分悲痛，決定不立其他妃嬪的兒子，而立皇后生的兒子奕詝，以此
告慰孝全成皇后的亡靈。

二說：欲立奕訢而改立奕詝。傳說道光皇帝寵愛奕訢的生母靜皇貴
妃，所以曾寫好諭旨，要立奕訢。但書寫時被太監窺見，最後一筆特別
長，猜想寫的是「訢」字，而不是「詝」字。這件事傳了出去，道光帝很
不高興，便改立奕詝。

以上雖屬傳說，卻說明一個道理，就是道光應該立奕訢，而不該立奕
詝，咸豐錯坐了皇帝的寶座。

據野史記載：道光晚年，身體衰病。一日，召皇四子與皇六子入對，
將藉以決定儲位。兩位皇子都請教自己的師傅，詢問如何應對。奕訢的師

傅卓秉恬說：「皇父如有垂詢，當知無不言，言無不盡。」奕訢的師傅杜受田則說：「阿哥如條陳時政，知識不敵六阿哥。惟有一策：皇上若自言老病，將不久於此位，阿哥就伏地流涕，以表孺慕之誠而已。」兩兄弟都照着自己師傅說的做了。道光對皇四子奕訢的話很高興，但謂皇四子仁孝，儲位遂定。

《清史稿・杜受田傳》記載有類似的故事：

> 至宣宗晚年，以文宗長且賢，欲付大業，猶未決。會校獵南苑，諸皇子皆從，恭親王奕訢獲禽最多，文宗未發一矢。問之，對曰：「時方春，鳥獸孳育，不忍傷生，以干天和。」宣宗大悅，曰：「此真帝者之言！」立儲遂密定，受田輔導之力也。

文中的宣宗是道光帝，文宗就是後來的咸豐帝。這就是《清史稿・杜受田傳》所載「藏拙示仁」的故事。

以上故事，說明奕訢突出「仁」與「孝」。這是道光立奕訢為皇太子的重要原因。由此可以看出：道光帝選擇皇太子的主要標準是所謂的「德」。本來皇太子的選擇，應當是「德才兼備」，道光選擇皇太子的時候，沒有「德」、「才」兼顧，而是偏重「德」。後來的事實證明，咸豐帝遇到大事時缺乏遠略、膽識，而是退縮、逃避，證明他在「德」的方面也是有欠缺的。

道光二十六年（1846）六月，道光帝密立儲位，將皇四子奕詝名字書寫密封於鐍匣。三十年（1850）正月十四日，道光帝病危，急召宗人府宗令載銓，御前大臣載垣、端華、僧格林沁，軍機大臣穆彰阿、賽沖阿、何如霖、陳孚恩、季芝昌，總管內務府大臣文慶，公啟鐍匣，宣示建儲朱諭：「皇四子奕詝，著立為皇太子。爾王大臣等，何待朕言，其同心贊輔，總以國計民生為重，無恤其他。特諭。」道光正式宣佈：立皇四子奕

詝為皇太子。當日午時，道光帝崩於圓明園。

奕詝即位，改明年為咸豐元年（1851）。奕詝做了皇帝，其御名要避諱。道光二十六年（1846）三月，諭旨：「以二名不偏諱，將來繼體承緒者，上一字仍舊，無庸改避，亦無庸缺筆；其下一字應如何缺筆之處，臨時酌定，以是著為令典。」於是，命「將御名上一字仍舊書寫，毋庸改避，下一字著缺寫末一筆」。以前所刻印的書籍，都不需改避。

道光皇帝的建儲秘詔

道光身後留下的寶座，應當由奕訢坐。皇六子奕訢論德論行，以文以武，在道光諸皇子中是最優秀的。結果卻被奕詝錯坐了皇帝的寶座。當然，這個歷史責任不在咸豐，而在道光，或者說在「秘密立儲制度」。咸豐錯坐了皇位，不僅給自己帶來了悲劇，而且給民族和國家帶來了悲劇！

錯離了皇都北京

咸豐登極之後，面臨「內憂」與「外患」兩大難題：「內憂」——太平天國佔領南京；「外患」——英法聯軍入侵北京。他被困擾十一年，並無一日安寧。

咸豐對內碰到的最大難題，是太平天國的興起。道光三十年（1850）正月，奕詝告祭天地，即皇帝位。當年十二月，便發生太平天國起事。洪秀全在三十八歲生日這一天，即十二月初十日（1851年1月11日），於廣西桂平縣金田村起事，建號「太平天國」。咸豐元年（1851），太平軍攻

太平天國天王璽

佔永安。咸豐二年，太平軍攻克武漢。咸豐三年，太平軍連克九江、安慶，攻佔南京，定名為「天京」。直到同治三年（1864），清軍才攻陷天京，太平軍餘部又奮爭兩年多失敗。此次戰火，燃遍十四省之廣，歷時十四年之久，清朝統治，元氣大傷，根本動搖。回顧清朝統一華夏後，在中原地區有三次大規模的戰爭：第一次是康熙朝的吳三桂叛亂，第二次是嘉慶朝的白蓮教民變，第三次則是咸、同兩朝的太平天國起事。太平天國運動時間之長、地區之廣、規模之大、耗銀之多、死人之眾、影響之深，成為有清一代中原戰爭之最。

咸豐對外碰到的最大難題，是英法聯軍入侵北京。

先是，咸豐四年（1854年），英、美、法三國向清政府提出修改《南京條約》等要求，遭到清廷拒絕。

咸豐六年，英國藉口「亞羅號」事件，進犯廣州，被擊退。

咸豐七年十一月，英法聯軍攻陷廣州。兩廣總督葉名琛兵敗，後被俘，解送印度加爾各達，死於囚禁。

咸豐八年三月，英法聯軍及英、法、俄、美四國公使，抵達天津大沽口外，要求「修約」。咸豐令直隸總督譚廷襄「以夷制夷」：對俄示好，對美設法羈縻，對法進行誘勸，對英嚴辭責問。譚廷襄奉旨行事，結果沒有成功。四月，英法艦隊在俄、美支持下，攻陷大沽炮台，逼近天津，清軍8000餘人潰敗。這時，咸豐想起當年同英國簽訂《南京條約》的耆英，但英、法拒絕同耆英談判。咸豐不得已派大學士桂良、吏部尚書花沙納為

欽差大臣，赴天津談判。五月，欽差大臣桂良、花沙納分別與英、法、俄、美等國代表，簽訂中英、中法、中俄、中美《天津條約》。條約樣本奏上，咸豐雖然憤怒，卻不得不批准。他在盛怒之下，令耆英自盡，算是找了一隻替罪羊。同時，沙俄西伯利亞總督穆拉維約夫趁火打劫，兵逼璦琿（今愛輝），約黑龍江將軍奕山談判邊界事務。俄用武力迫使奕山簽訂中俄《璦琿條約》，割去黑龍江以北、外興安嶺以南中國領土60萬平方公里，並將烏蘇里江以東40萬平方公里中國領土劃為所謂中俄「共管」。

咸豐九年（1859）五月，英、法藉口換約，又率軍艦到大沽口。英法艦隊，進攻大沽炮台。清提督史榮椿下令開炮還擊，重創英、法艦隊，擊沉4艘、擊傷6艘，死傷400餘人，重傷英艦隊司令賀布。英法聯軍在美艦掩護下狼狽退走。咸豐見大沽獲勝，盡毀《天津條約》。爾後，英、法兩國都調兵遣將，準備新的侵略。

咸豐十年春，英軍18000餘人，法軍7000餘人，陸續開赴中國。爾後，佔舟山，攻煙台。六月，英法聯軍再向大沽進攻。清僧格林沁率兵守大沽，而疏防北塘。僧格林沁上奏要在大沽同英法聯軍決戰，咸豐諭旨：「天下根本，不在海口，而在京師。」七月，英法聯軍由北塘登陸。咸豐戰和不定，痛失殲敵良機。英法聯軍攻陷塘沽後，又攻佔天津。咸豐派大學士桂良、直隸總督恒福為欽差大臣，赴天津談判。英、法提出天津開埠、賠款等要求。桂良擬好接受條款奏報，咸豐諭先退兵、後定約。英法聯軍以談判不成，向通州進軍。八月，咸豐派怡親王載垣、兵部尚書穆蔭

咸豐、同治時期與列強簽訂的部分條約

為欽差大臣，往通州議和。載垣接受英、法要求，但英、法又提出向皇帝親遞國書，被載垣拒絕，談判破裂。載垣、穆蔭拘囚英使巴夏禮等，解到北京。英法聯軍繼續進攻，大戰於通州張家灣。僧格林沁戰敗，退到通州八里橋。英法聯軍6000餘人犯八里橋，僧格林沁、勝保兵再敗。

英法聯軍進逼北京，咸豐帝讓皇六弟、恭親王奕訢為欽差大臣，便宜行事，辦理和局。咸豐心生一計：暗示大臣奏請「秋獮木蘭」。初八日，咸豐以「秋獮木蘭」為名，從圓明園啟程奔往熱河。英法聯軍進至北京德勝門外，二十二日（10月6日），攻佔圓明園，總管園務大臣文豐投福海自盡。奕訢奏請放還巴夏禮等。這個事件影響重大：

咸豐帝授權恭親王辦理與各國
換約事宜的上諭

第一，簽訂中英、中法、中俄《北京條約》，又定中俄《璦琿條約》，將黑龍江以北、外興安嶺以南中國領土60萬平方公里，並將烏蘇里江以東中國領土40萬平方公里，割給了俄國。後來俄國又佔去巴爾喀什湖以東44萬平方公里土地。

第二，英、法兩國索賠白銀一千六百萬兩。

第三，九月初五日（10月18日），英法聯軍焚燬圓明園，大火衝天，數日不熄。圓明園慘遭焚劫，使中華園林之瑰寶暨珍藏之文物珍品，或慘遭劫掠，或化為灰燼。

第四，英法聯軍侵入京師，這在中華歷史上是破天荒的第一次。英法聯軍侵入京師，使得大清廟社震驚，圓明三園遭焚掠，京師百姓遭殃，中華文明受辱。這是中華千古未有之奇變，也是民族千古未蒙之奇辱。

遭遇殖民侵略，外國有相似的例子。在非洲，意大利曾經侵略並打敗過埃塞俄比亞，簽訂了不平等條約。1894年（光緒二十年），意大利尋找藉口，入侵埃塞俄比亞。埃塞俄比亞國王孟尼利克二世，號召軍民抵抗侵略。他積極備戰，發佈公告：「我決心保衛我們的國家，給予敵人以反擊，一切有力量的人都跟我來吧！」全國軍民空前團結，有力者出力，有物者出物，組成一支有11萬人和40餘門大炮的軍隊。埃塞俄比亞軍民用落後武器迎擊意大利軍的侵略，經過兩年奮戰，打死打傷意軍11000餘人！意大利不得不乞和，簽訂《亞的斯亞貝巴和約》，承認埃塞俄比亞的完全獨立，賠款1000萬里拉。

可是，咸豐皇帝是怎樣對付英法聯軍侵略的呢？

第一，咸豐沒有下詔決戰。他沒有作戰決心，也沒有周密部署。起初，英軍18000餘人、法軍7000餘人，陸續開赴中國，咸豐皇帝沒有發佈詔書，動員軍民積極抵抗，也沒有派軍隊守住天津塘沽海口；卻在圓明園慶祝他的三十壽辰，在正大光明殿接受百官朝賀，並在同樂園連演四天慶壽大戲。咸豐和王公大臣沉醉歡樂中，英法聯軍卻加緊了軍事進攻。一個大清帝國，數以百萬計官兵，難道還不如埃塞俄比亞的11萬軍隊嗎？而且，意大利到埃塞俄比亞很近，不像英、法到清朝那麼遠；埃塞俄比亞是個小國，不像清朝那麼地大、物博、人眾、兵多！

第二，咸豐沒有政治韜略。咸豐戰和不決，小勝即驕。打了敗仗，簽訂《天津條約》；略獲小勝，又撕毀《天津條約》；再打敗仗，又拒絕妥協；施展貓伶狗俐小技，使得事態不斷擴大。沒有使天津談判就地解決，而支持肅順、載垣、穆蔭一伙，將英使巴夏禮等誘擒到北京，導致事態進

一步擴大。咸豐帝沒有韜略，沒有格局，耍小把戲，玩小權術，使主動局面變成被動局面，又使被動局面更加被動。

第三，咸豐沒有身守社稷。面對英法聯軍6000餘人犯八里橋，咸豐沒有動員兵民「勤王」，全力守衛京師，而是準備逃跑。當年，明成祖朱棣遷都北京，原因之一是「天子守國門」，抵禦入侵。明朝的崇禎皇帝，在社稷危難之時，尚能發出「朕死無面目見祖宗，自去冠冕，以髮覆面」的哀歎，自縊而死而非逃跑。可是，咸豐皇帝在大敵侵入之時，不盡職守，不守國門，卻帶領老婆兒子、軍機大臣、王公貴族，逃之夭夭，美其名曰「巡狩」。咸豐皇帝鑄成了歷史之大錯、特錯！

咸豐皇帝逃到承德避暑山莊做了些什麼？是設法挽救國家危亡，還是關懷黎民塗炭？都不是。咸豐皇帝在避暑山莊裏貪女色、貪絲竹、貪美酒、貪鴉片！

一貪女色。

有書記載：奕詝置兵敗於不顧，攜妃嬪遊行園中，寄情於聲色，既聊以自娛，又自我麻醉。他有所謂漢女「四春」：牡丹春、海棠春、杏花春、陀羅春。此外還眷愛「天地一家春」，就是慈禧。還有野史說咸豐養着一位民間寡婦。《野史叟聞》記載：咸豐鍾情於一位寡婦曹氏，山西人，長得秀美妖豔，嫵媚動人。入宮以後，帝最眷之。野史類似的記載還有：「山西籍孀婦曹氏，風流姝麗，腳甚纖小，喜歡在鞋履上綴以明珠。咸豐帝召入

咸豐孝德顯皇后

宮中，最為眷愛。」

二貪絲竹。

咸豐愛看戲，愛唱戲，有時還
粉墨登場。在熱河行宮，他經常點
戲、看戲。他有時指導太監演戲，
如《教子》、《八扯》等戲，還演
唱過《朱仙鎮》、《青石山》、《平
安如意》等戲。他逃難熱河，更醉
心於戲劇。他把升平署（宮廷戲
班）招到承德行宮承差，親點戲
目，欽定角色。他在避暑山莊的煙
波致爽殿聽戲，幾乎每天都要戲班
承應，有時上午剛聽過花唱，中午

玫貴妃、春貴人行樂圖

還要傳旨清唱。天暖之後，有時在「如意洲」看戲。「如意洲」有水上戲
台，憑水看戲，別有情趣。薛福成《庸盦筆記》記載：咸豐帝在熱河不但
圍獵，而且觀劇。「和議剛成，即召京師升平署人員，到熱河行在唱戲，
使咸豐帝樂不思蜀」。

三貪美酒。

咸豐貪杯，一飲即醉，一醉便鬧，大耍酒風。野史記載：「文宗嗜
飲，每醉必盛怒。每怒必有一二內侍或宮女遭殃，其甚則雖所寵愛者，亦
遭戮辱。倖免於死者，及醒而悔，必寵愛有加，多所賞賜，以償其苦痛。
然未幾而醉，則故態復萌矣。」

四貪鴉片。

咸豐繼位不久，違背祖訓，吸上鴉片，並美其名曰「益壽如意膏」。
咸豐北狩熱河後，京師被英法聯軍侵佔。他不親率軍民抗擊外敵侵略，卻

英嬪、春貴人騎馬圖

以吸食鴉片來刺激自己、麻醉自己。

　　咸豐皇帝沒有國君的使命感，也沒有歷史的責任感。在英法聯軍侵入北京的歷史責任上，咸豐皇帝不僅有過，而且有罪。咸豐皇帝應是《北京條約》簽訂的直接責任者。咸豐在外敵入京、義軍蜂起、社稷多難、江山危急之時，逃離皇都北京，躲在避暑山莊，而且恐懼洋人，拒不回鑾返京，從而鑄成他在民族、國家危難關頭逃離北京的第二個大「錯」！。

錯定了顧命大臣

　　咸豐十一年（1861）七月十五日，咸豐帝在熱河行宮病重。十六日，咸豐在煙波致爽殿寢宮，召見怡親王載垣、鄭親王端華、御前大臣景壽、協辦大學士肅順，軍機大臣穆蔭、匡源、杜翰（杜受田之子）、焦祐瀛等。咸豐諭：「立皇長子載淳為皇太子。」又諭：「皇長子載淳現為皇太子，著派載垣、端華、景壽、肅順、穆蔭、匡源、杜翰、焦祐瀛，盡心輔弼，贊襄一切政務。」以上就是歷史上著名的「顧命八大臣」或「贊襄政務八大臣」。載垣等請咸豐帝朱筆親寫，以昭鄭重。而咸豐帝此時已經病重，不能握管，遂命廷臣承寫朱諭。咸豐在病逝前，授予皇后鈕祜祿氏「御賞」印章，授予皇子載淳「同道堂」印章（由其生母懿貴妃掌管）。十七日清晨，咸豐帝病逝。

當時，朝廷的主要政治勢力，可以分為三股：

朝臣勢力

其集中代表是顧命「贊襄政務」八大臣——載垣、端華、景壽、肅順、穆蔭、匡源、杜翰、焦祐瀛。

載垣：康熙第十三子怡親王允祥之五世孫，承襲親王爵。道光時，任御前大臣，受顧命。咸豐繼位，為宗人府宗正，領侍衛內大臣。扈從咸豐逃難到承德避暑山莊。同端華、肅順相結，資深位重，權勢日張。

端華：清開國奠基者舒爾哈齊之子、鄭親王濟爾哈朗之後，道光年間襲鄭親王爵，授御前大臣。道光帝死，受顧命。咸豐繼位後，為領侍衛內大臣。扈從咸豐逃難到承德避暑山莊。端華與弟肅順同朝用事。

肅順：為宗室，鄭親王之後，端華之弟。道光時為散秩大臣。咸豐繼位後，由護軍統領、授御前侍衛。又任左都御史、理藩院尚書、都統，後任御前大臣、內務府大臣、戶部尚書、大學士、署領侍衛內大臣。肅順同其兄鄭親王端華及怡親王載垣互為奧援，排擠異己，掌握大權。

景壽：景壽先祖為一等誠嘉毅勇公明瑞，乾隆時進攻緬甸得勝而受封，世襲罔替。三傳至景慶，死。弟景壽襲封。景壽為御前大臣、恭親王奕訢同母妹固倫公主額駙。

穆蔭：滿洲正白旗人，軍機大臣、兵部尚書、國子監祭酒（非進士特旨）。

咸豐帝便服像

避暑山莊「煙波致爽」殿

到天津議和，獲巴夏禮送到北京，事情鬧大，改派護駕熱河。

匡源：道光進士，軍機大臣。

杜翰：咸豐師傅杜受田之子。咸豐感激杜受田，授其子杜翰為軍機大臣。翰力駁董元醇請兩宮太后垂簾聽政之議，受到肅順等讚賞。

焦祐瀛：為道光舉人，軍機章京、軍機大臣，依附權臣肅順，詔旨多出其手。

咸豐臨終顧命、贊襄政務的這八位大臣中，主要為兩部分人：載垣、端華、肅順、景壽四人為宗室貴族、軍功貴族；穆蔭、匡源、杜翰、焦祐瀛四人為軍機大臣。當時軍機大臣共有五人，其中文祥兼戶部左侍郎（尚書為肅順兼），因上言力阻「北狩」而被留在北京，是軍機大臣中惟一被排除在贊襄政務大臣之外者。

帝胤勢力

咸豐死時，道光九個兒子中健在的還有五阿哥惇親王奕誴、六阿哥恭

親王奕訢、七阿哥醇郡王奕譞、八阿哥鍾
郡王奕詥、九阿哥孚郡王奕譓等。在咸豐
死時恭親王奕訢三十歲、醇郡王奕譞二十
歲，都年富力強。大敵當前，咸豐皇帝和
軍機大臣、御前大臣、內務府大臣等，多
逃到避暑山莊，幾乎沒有一個人身臨前
線。恭親王奕訢、醇郡王奕譞都是空有爵
位的閒散親王、郡王，既不是大學士，也
不是軍機大臣，更不是御前大臣，卻要挺
身在第一線，處理那麼一個亂攤子。奕訢
等本來就對咸豐登上皇位心懷不滿，且被
免掉軍機大臣、宗人府宗令、八旗都統，
要往承德奔喪又遭到拒絕，特別是他作為

「御賞」、「同道堂」章

咸豐皇帝的血親而未列入顧命大臣，於情於理，都不妥當。舊怨新恨，匯
聚一起。況且，恭親王奕訢不是孤立的一個人，他同諸位兄弟——沒有官
職的醇郡王奕譞等聯合起來，同帝后勢力聯合起來，同朝中顧命大臣以外
的勢力聯合起來，成為朝中一股強大的政治勢力。

帝后勢力

就是六歲的同治皇帝和兩宮太后——東太后慈安、西太后慈禧。他們
雖是孤兒寡母，在帝制時代卻是皇權的核心。咸豐在臨終之前，特製「御
賞」、「同道堂」兩顆印章，作為日後頒佈詔諭的符信。就是說，奏摺「經
贊襄大臣擬旨繕進，俟皇太后、皇上閱後，上用『御賞』下用『同道堂』
二印，以為憑信」。這兩顆印章，「御賞」之章，為印起；「同道堂」之
章，為印訖（結束）。將「御賞」章，交皇后鈕祜祿氏收掌；而將「同道
堂」章交皇太子載淳收掌，因載淳年幼，「同道堂」章實際上是由其生母

懿貴妃掌管。咸豐的旨意是在他死後，由皇后鈕祜祿氏、懿貴妃葉赫那拉氏與八大臣聯合執政，避免出現八大臣專權的局面，也避免出現皇后鈕祜祿氏與懿貴妃葉赫那拉氏專權的局面。皇后鈕祜祿氏與懿貴妃葉赫那拉氏的實權在八大臣之上，因為她們均有對於八大臣所決策軍政大事不予蓋章的否決權。顯然，如果皇后鈕祜祿氏與懿貴妃葉赫那拉氏不加蓋「御賞」和「同道堂」這兩顆起、訖之章，那麼八位贊襄政務大臣是發不出「詔書」和「諭旨」的，贊襄政務八大臣之議決均不能生效。相反，由內臣擬旨而不經過顧命八大臣同意，加蓋「御賞」與「同道堂」兩章即能生效。因此，帝后勢力是朝廷中最為重要的政治勢力。在對待顧命大臣的態度上，帝后一方同帝胤一方的利益是共同的，他們聯合起來共同對付顧命八大臣。在朝臣、帝胤、帝后三個政治集團的政治力量對比上，顯然帝胤勢力與帝后勢力佔有優勢。

贊襄政務八位大臣的共同特點是：滿洲貴族（宗室貴族、軍功貴族、八旗貴族）與軍機大臣結合。從表面上看，這是一個權力平衡的結構，其實不然。因為咸豐沒有把帝胤貴族的勢力納入到「贊襄政務」的權力系統內。比如說，用恭親王奕訢「攝政」、或「議政」、或「輔政」、或「贊襄」，後來情況會不一樣。當時奕訢三

《荷亭晚釣圖》中的大公主（恭親王長女）、大阿哥（同治帝）

十歲、慈禧二十七歲，咸豐可能吸取了睿親王多爾袞攝政引起叔嫂、叔姪矛盾的教訓。從後來慈禧一度重用奕訢來看，這種結合是難以避免的。如果單從人數看，「贊襄政務」大臣八人；兩宮太后、同治及帝胤貴族的奕訢、奕譞才五個人，且帝、后為孤兒寡母。然而，兩宮太后、同治及帝胤貴族奕訢、奕譞、奕誴、奕詥、奕譓等，卻代表兩個強大政治集團、兩股強大政治勢力。因此，咸豐「贊襄政務八大臣」的安排，犯下一個致命的錯誤，就是沒有將朝廷三股政治勢力加以平衡，特別是咸豐對慈禧與奕訢兩人的政治潛能、對權力失衡形成的政治危局，認識不夠，估計不足。其結果是：帝后勢力同帝胤勢力結合，發動宮廷政變即「辛酉政變」，摧毀了「贊襄政務八大臣」集團，代之以兩宮太后與恭親王奕訢聯合主政，繼而出現慈禧太后專權的局面。這是咸豐生前根本沒有預料到的。贊襄政務八大臣在「辛酉政變」中，政治力量對比不佔優勢，其失敗根本原因就在這裏。

咸豐皇帝臨終前沒能正確平衡主要政治力量之間的關係，導致「辛酉政變」的發生，從而出現皇太后「垂簾聽政」的局面，影響中國歷史近五十年！這就鑄成了咸豐皇帝的第三個大錯！

奕詝個人小檔案

姓名：愛新覺羅・奕詝		**出生**：道光十一年（1831）六月初九日	
屬相：兔		**卒年**：咸豐十一年（1861）	
享年：三十一歲		**謚號**：顯皇帝	
廟號：文宗		**陵寢**：定陵（清東陵）	
父親：旻寧（道光）		**母親**：鈕祜祿氏，孝全成皇后	
初婚：十六歲，配偶薩克達氏，為嫡福晉		**配偶**：十六人，皇后薩克達氏	
子女：二子，一女		**繼位人**：載淳（同治）	
最得意：運用智巧登上皇位		**最失意**：英法聯軍攻入北京	
最不幸：簽訂《北京條約》		**最痛心**：圓明園被焚掠	
最擅長：聽戲			

相關閱讀書目推薦

（1）閻崇年：《清朝皇帝列傳・咸豐皇帝》，紫禁城出版社，2002 年

（2）徐立亭：《咸豐同治帝》，吉林文史出版社，1993 年

（3）馬東玉主編：《清朝通史・咸豐同治朝》，紫禁城出版社，2003 年

同治帝載淳

　　同治帝載淳，六歲登極，在位十三年，十九歲病死。年號初定為「祺祥」。「辛酉政變」後改年號為同治，當時兩宮皇太后垂簾聽政，共同治國。

　　同治十二年（1873），同治皇帝親政，十三年死去，實際親政只有一年多。同治六歲繼承皇位之後，對他影響最大的兩個人，一個是他的生母慈禧皇太后，另一個是他的皇叔父恭親王奕訢。這種關係很像順治皇帝同孝莊太后、皇叔睿親王多爾袞的關係，但有兩點不同：一是，當年孝莊太后是在後台懿訓輔政，而慈禧太后是在前台垂簾聽政；二是，當年睿親王多爾袞攝政七年就病死，而恭親王奕訢做議政王直到同治死。關於同治與叔父恭親王的關係，我們將結合歷史事件的敍述展示。先說同治帝與母親慈禧太后的關係。

　　慈禧的地位很特殊，「辛酉政變」後開了皇太后「垂簾聽政」的先河。慈禧皇太后是同治的第一位老師，又一直掌握着朝政大權。慈禧掌控同治、光緒兩代皇帝而成為中國近代史上朝廷權力的中心，長達四十八年之久。因此，講同治不能不先講慈禧，而講慈禧不能不先了解慈禧的身世。

慈禧身世異說

同治的母親慈禧太后，由於她的特殊地位、身份、影響與作用，對其身世，有多種異說。尤其是慈禧的出生地，可謂眾說紛紜。除北京說之外，還有五種說法分別是：甘肅蘭州；浙江乍浦；內蒙古呼和浩特；安徽蕪湖；山西長治。

慈禧出身於滿洲鑲藍旗（後抬入滿洲鑲黃旗）一個官宦世家。慈禧的曾祖父吉朗阿，曾在戶部任員外郎，遺下銀兩虧空，離開人世。祖父景瑞，在刑部山東司任郎中，相當於現在部裏的一個司局長。在道光二十七年（1847）時，因沒能按時退賠其父吉朗阿在戶部任職時的虧空銀兩而被革職。外祖父惠顯，在山西歸化城當副都統。父親名叫惠徵，在吏部任筆帖式，是一個相當於人事部秘書、翻譯的八品文官，後屢有升遷。根據清宮檔案《內閣京察冊》（清政府對京官三年一次的考察記錄）記載：慈禧的父親惠徵，在道光十一年（1831）時是筆帖式，道光十四年考察被定為吏部二等筆帖式。十九年（1839）時是八品筆帖式。道光二十三年（1843）再次考察定為吏部一等筆帖式。二十六年調任吏部文選司主事。二十八年、二十九年因為考察成績又是一等，受到皇帝接見，被外放道府一級的官職。同年四月，任山西歸綏道。咸豐二年（1852），調任安徽徽（徽州府）寧（寧國府）池（池州府）太（太平府）廣（廣德州）道的道員。

從慈禧之父惠徵的履歷看，他曾先後在北京、山西、安徽等地任職。那麼，慈禧出生在何處？

關於慈禧的出生地幾乎沒有留下任何文獻記載，因為誰也沒有料到幾十年後這個普通官宦之家的女子，會成為執掌大清國朝政近半個世紀的聖母皇太后。近幾年，北京的學者從清宮檔案中找到了新的史料，就是清朝皇帝選秀女的名單，這在檔案中叫做「排單」。其中有咸豐五年（1855）

慈禧的親妹妹被選為秀女的記錄。
慈禧的這位妹妹後來成了醇郡王奕
譞的側福晉，光緒皇帝的生母。
「排單」上明確記載：此女屬滿洲鑲
藍旗，姓葉赫那拉氏，父親名叫惠
徵，最高官職做到五品的道員。一
些學者主要根據這份「排單」認定，
咸豐五年之前，慈禧的娘家住在北
京西單牌樓北劈柴（辟才）胡同。所
以，這裏應該是慈禧太后的出生
地。按照京師八旗分城居住的規
定，乾隆三十五年（1770），鑲藍旗
滿洲都統衙門在阜成門內華嘉寺胡
同；到民國初年，鑲藍旗滿洲都統

慈禧太后像

衙門舊地在阜成門內華嘉寺14號。劈柴胡同距華嘉胡同很近。慈禧的父親
屬於滿洲鑲藍旗，應當住在劈柴胡同一帶。

此外，還有人認為慈禧出生在北京東城方家園。《清朝的皇帝》記
述：「慈禧母家在東城方家園，父官至安徽徽寧池太廣道，時當道光末
年，洪楊起事，惠徵守土無方，革職留任，旋即病歿，遺妻一、子女各
二，慈禧居長。」有書說：「恭親王曾慷慨言之：『大清天下亡於方家
園』！」註云：「方家園在京師東北角，為慈禧母家所在地。」慈禧之弟
照祥，襲承恩公。《翁同龢日記》同治九年（1870）八月十七日記載了慈
禧母親發喪一事：「昨日照公（照祥）母夫人出殯，塗車芻靈之盛，蓋自
來所未有，傾城出觀，幾若狂矣！沿途祭棚絡繹，每座千金，廷臣往弔者
皆有籍，李侍郎（軍機大臣、戶部侍郎李鴻藻）未往，頗忤意旨。」

慈禧家的具體地點至今沒有解決，慈禧入宮時選秀女的「排單」至今也沒有發現，所以慈禧的出生地點以及身世仍存在着如下五種異説。

甘肅蘭州説

此論是根據慈禧的父親惠徵曾任過甘肅布政使衙門的筆帖式。傳説慈禧出生在當年他父親住過的蘭州八旗馬坊門（今永昌路179號院）。但是，經過專家查閱文獻、檔案，發現惠徵雖然做過筆帖式，但其地點是在北京的吏部衙門，而不是在蘭州的布政使衙門。

浙江乍浦説

這是根據惠徵曾在浙江乍浦做官。

《人民日報》曾發表一篇小文，題目是：《史界新發現——慈禧生於浙江乍浦》。這篇文章説：慈禧的父親惠徵，在清道光十五年至十八年（1835～1838）間，曾在浙江乍浦做過正六品的武官驍騎校，而慈禧正是在這段時間出生的，所以她的出生地在浙江乍浦。這篇文章又説：在現今乍浦的老人當中，仍然流傳着關於慈禧幼年的傳説。當時的規定，京官每三年考核一次。學者查閱清朝考核官員的檔案記載：這時的惠徵被考核為吏部二等筆帖式，三年後又被作為吏部筆帖式進行考試，可見這時惠徵在北京做吏部筆帖式，為八品文官。所以，這種説法值得懷疑：其一，惠徵不能同時既在北京做官又在浙江做官；其二，官職也不對，

『懿妃（慈禧）遇喜大阿哥』檔案

在京師是文官，在浙江是武官；其三，品級也不合。

安徽蕪湖說

這是根據惠徵曾做過安徽徽寧池太廣道的道員，道員衙署在蕪湖，因此說她出生在蕪湖。

慈禧既然生長在南方，便善於演唱江南小曲，由此得到咸豐帝的寵倖。一些小說、影視多是這麼說的。電影《火燒圓明園》中有一個情節，蘭貴人（就是後來的慈禧）在圓明園「桐蔭深處」唱一曲纏綿小曲，咸豐皇帝聽得如醉如癡，從此博得寵愛。顯然，不能以慈禧擅唱南方小曲，孤立地作為她出生在南方的證據。就像北方人會唱黃梅戲，不能以此證明出生在安徽一樣。根據歷史記載：惠徵當徽寧池太廣道員是在咸豐二年（1852）二月，正式上任是在同年七月。而慈禧已經在咸豐元年入宮，被封為蘭貴人；檔案中還保存有蘭貴人受到賞賜的賞單。可見慈禧不會是生於安徽蕪湖。

內蒙古呼和浩特說

這是根據惠徵曾任過山西歸（化）綏（遠）道的道員。

清代的綏遠城，今為內蒙古自治區呼和浩特市，這種說法又稱為內蒙古說。惠徵當年曾任山西歸綏道，道署在歸化城（今呼和浩特市）。據說在呼和浩特市有一條落鳳街，慈禧就出生於落鳳街的道員住宅裏，甚至傳說慈禧小時候常到歸化城河邊玩耍。但文獻記載，道光二十九年（1849），惠徵任山西歸綏道道員時，慈禧已經十五歲，所以說慈禧不可能出生於歸化城。不過，慈禧可能隨惠徵在歸化城住過。慈禧的外祖父惠顯，從道光十一年至十七年（1831～1837）年，在歸化城做官，當過副都統。慈禧可能在外祖父家住過。以上就成為慈禧出生於歸化（今呼和浩特）說的一個歷史的影子。慈禧的母親不可能從北京回娘家生孩子，因為

這在當時既路途遙遠，也不合禮法。所以，慈禧不大可能出生在今呼和浩特市。

山西長治説

這是近年來的一種新説法。此説認為慈禧不是滿洲人，生父也不是惠徵。

今山西長治當地傳説：慈禧原是山西省潞安府（今長治市）長治縣西坡村王增昌的女兒，名叫王小慊，四歲時因家境貧寒，被賣給上秦村宋四元家，改姓宋，名齡娥。到了十一歲，宋家遭到不幸，她又被轉賣給潞安府知府惠徵做丫頭。一次，惠徵夫人富察氏發現齡娥兩腳各長一個瘊子，認為她有福相，就收她做乾女兒，改姓葉赫那拉氏，取名玉蘭。後來玉蘭被選入宮，成了蘭貴妃。説慈禧是王家的女兒，當地提出的根據有：（1）王姓家譜從乾隆五十九年（1794），一直續譜到現代。家譜上更寫着：「王小慊後來成為慈禧太后」。但是，這份家譜不是原本，是後來重抄的。（2）當地還傳説：在西坡村外邊的山腳下，還有據説是慈禧生母的墳。墳前有碑，原來是木牌，後來豎立石碑。説慈禧是宋家的女兒，當地提出的根據是：（1）在上秦村裏至今保存着一處娘娘院，被認為是慈禧入宮前住過的院落。（2）在宋家的炕上曾刨出當年慈禧給宋家寫的家信等，據説她娘家六代侄孫還保存着這封信。（3）在上秦村居住的宋家老人説：「慈禧太后是咱家的。」為此，宋家曾聯名寫信，要求政府調查澄清這件事。

這些傳説，有文有物，具體生動。長治地方眾口一詞，畫押證明，説慈禧是長治人。長治市還為此專門成立「慈禧童年研究會」。可是經專家考證，在這段時間，歷任潞安府的知府共有七個人，但是沒有惠徵。既然惠徵沒有在山西潞安府做過官，那麼慈禧怎會在潞安被賣到惠徵家呢？

總之，不管慈禧生長在哪裏，她都是出身於官宦家庭。再加上慈禧在

咸豐身邊的政治閱歷，使她具有一般女子所沒有的遠見、膽識、機智、謀略和手腕。慈禧在咸豐帝死後，主導帝后集團與帝胤集團結合，發動宮廷政變，摧毀「贊襄政務八大臣」集團。這場政變發生在咸豐十一年（1861）即農曆辛酉年，所以史稱「辛酉政變」。

「辛酉政變」

同治繼承皇位後，在位的十三年間，主要發生了四件大事：第一件是即位當年發生的「辛酉政變」；第二件是清軍攻佔南京，太平天國失敗。大家對此很熟悉，就不講了；第三件是同治新政；第四件是重修圓明園。下面講一講「辛酉政變」。

上文提到，咸豐皇帝的第三錯，是臨終前錯定了顧命大臣。它的一個直接後果是引發了「辛酉政變」。

當時，朝廷主要分為三股政治勢力：其一是顧命大臣勢力，其二是帝胤勢力，其三是帝后勢力。三股政治勢力的核心是同治皇帝，哪股政治勢力能夠同帝后勢力相結合，它就會增加勝利的可能性。

當時朝廷大臣實際上分為兩部分：一半在承德，另一半在北京。即：前者是以肅順為首的「承德集團」，後者是以奕訢為首的「北京集團」。在北京的大臣，又發生了分化，一部分傾向於顧命大臣，大部分則傾向於帝胤和帝后勢力。從而出現錯綜複雜的局面。「承德集團」隨駕，主要人物有贊襄政務八大臣：載垣、端華、景壽、肅順和軍機大臣穆蔭、匡源、杜翰、焦祐瀛等。「北京集團」以恭親王奕訢為首，其支持者為五兄惇親王奕誴、七弟醇郡王奕譞、八弟鍾郡王奕詥、九弟孚郡王奕譓，還有軍機大臣文祥、桂良、寶鋆等人。

文祥，滿洲正紅旗人，道光進士，軍機大臣。英法聯軍逼京師，咸豐帝決定巡幸熱河。文祥「以動搖人心，有關大局，且塞外無險可扼，力持

229

不可」，而被留守京師。軍機大臣中獨其一人被排除在贊襄政務大臣之外。

桂良，滿洲正紅旗人，為奕訢岳父，官湖廣總督、直隸總督、東閣大學士。咸豐赴熱河，同奕訢留守。

寶鋆，滿洲鑲白旗人，道光進士，署理戶部三庫事務。咸豐至熱河，調帑銀二十萬兩修葺行宮，寶鋆「以國用方亟，持不可」，而受責降級。

翁心存，道光進士，入直上書房，授惠郡王讀書，又授六阿哥、八阿哥讀書。咸豐時任上書房總師傅，拜體仁閣大學士。對肅順興大獄心存不滿，載垣等請褫其頂帶，歸案訊質，被降五級，革職留任。翁心存、祁寯藻、彭蘊章，他們都是上書房的師傅，翁、祁、彭「三人者，並與肅順不協，先後去位」。

賈楨，山東黃縣人，道光一甲二名進士，後擢侍講，入直上書房，授皇六子奕訢讀書，後任武英殿大學士。咸豐赴熱河，命楨留守，楨「日危坐天安門，阻外軍不令入」。

所以，奕訢周圍這些人的特點：一是漢儒老臣多，二是正直不阿之臣多，三是對西方了解之臣多，四是力議咸豐在京主政者多，五是議和後請皇帝回鑾者多，六是官員年富力強者多。以奕訢為首的「北京集團」，得到兩宮皇太后與同治皇帝的支持。

以上兩個朝廷集團，咸豐承德斷氣之日，便是較量開始之時。

政變過程

七月

十七日，咸豐帝死。他臨終前做了三件事：立皇長子載淳為皇太子；命御前大臣載垣、端華、景壽，大學士肅順和軍機大臣穆蔭、匡源、杜翰、焦祐瀛八人為贊襄政務大臣，八大臣控制了政局；授予皇后鈕祜祿氏「御賞」印章，授予皇子載淳「同道堂」印章（由慈禧掌管）。顧命大臣

擬旨後要蓋「御賞」和「同道堂」印章。
八大臣同兩宮太后發生矛盾。

十八日，大行皇帝入殮後，以同治
皇帝名義，尊孝貞皇后為皇太后即母后
皇太后，尊懿貴妃為孝欽皇太后即聖母
皇太后。

八月

初一日，恭親王奕訢獲准趕到承德
避暑山莊叩謁咸豐的梓宮。《我的前半
生》記載：相傳奕訢化妝成薩滿，在行
宮見了兩宮皇太后，密定計，旋返京，
做部署。奕訢獲准同兩宮太后會面約2個
小時。奕訢在熱河滯留六天，盡量在肅
順等面前表現出平和的姿態，麻痹了顧

慈安太后便服像

命大臣。兩宮太后與恭親王奕訢，破釜沉舟，死中求生，睿智果斷，搶奪
先機，外柔內剛，配合默契。恭親王奕訢同兩宮太后密商決策與步驟後，
返回北京，準備政變。此時，咸豐皇帝剛駕崩十三天。

初五日，醇郡王奕譞 為正黃旗漢軍都統，掌握實際的軍事權力。

初六日，御史董元醇上請太后權理朝政、簡親王一二人輔弼的奏摺。

初七日，准兵部侍郎勝保到避暑山莊。勝保在下達諭旨不許各地統兵
大臣赴承德祭奠後，奏請到承德哭奠，並率兵經河間、雄縣一帶兼程北
上。

十一日，就御史董元醇奏摺所請，兩宮皇太后召見八大臣。肅順等以
咸豐遺詔和祖制無皇太后垂簾聽政故事，擬旨駁斥。兩宮皇太后與八位贊
襄政務大臣激烈辯論。八大臣「嘵嘵置辯，已無人臣禮」。《越縵堂國事

231

日記》記載：肅順等人恣意咆哮，「聲震殿陛，天子驚怖，至於涕泣，遺溺後衣」，小皇帝嚇得尿了褲子。兩宮太后不讓，載垣、端華等負氣不視事，相持愈日，卒如所擬。八大臣想先答應兩宮太后，把難題拖一下，回到北京再說。

十八日，宣佈咸豐靈柩於九月二十三日起靈駕，二十九日到京。

九月

初一日，同治上母后皇太后為慈安皇太后、聖母皇太后為慈禧皇太后徽號。

初四日，鄭親王端華署理行在步軍統領，醇郡王奕譞任步軍統領。先是，兩宮太后召見顧命大臣時，提出端華兼職太多，端華說我只做行在步軍統領；慈禧說那就命奕譞做步軍統領。奕譞做步軍統領就掌握了京師衛戍的軍權。不久，奕譞又兼管善捕營事。

二十三日，大行皇帝梓宮由避暑山莊啟駕。同治與兩宮皇太后，奉大行皇帝梓宮，從承德啟程返京師。兩宮太后和同治只陪了靈駕一天，就以皇帝年齡小、兩太后為年輕婦道人家為藉口，從小道趕回北京。

同治帝在大典上穿過的小朝袍

二十九日，同治奉兩宮太后回到北京皇宮。因為下雨，道路泥濘，靈駕行進遲緩。同治奉兩宮皇太后間道疾行，比靈駕提前四天到京。兩宮皇太后到京後，即在大內召見恭親王奕訢等。

三十日，發動政變。同治與兩宮皇太后，宣佈在承德預先由醇郡王奕譞繕就之諭旨，宣佈載垣等罪狀：

一、「上年海疆不靖，京師戒嚴，總由在事之王大臣等籌劃乖張所致。載垣等不能盡心和議，徒以誘惑英國使臣以塞己責，以致失信於各國，澱園被擾。我皇考巡幸熱河，實聖心萬不得已之苦衷也！」就是將英法聯軍入侵北京、圓明園被焚掠、皇都百姓受驚、咸豐皇帝出巡的政治責任全扣到載垣等八大臣頭上。

二、以擅改諭旨、力阻垂簾罪，解載垣、端華、肅順、景壽任，穆蔭、匡源、杜翰、焦祐瀛退出軍機。《清史稿‧肅順傳》記載：此前，「肅順方護文宗梓宮在途，命睿親王仁壽、醇郡王奕譞往逮，遇諸密雲，夜就行館捕之。咆哮不服，械繫。下宗人府獄，見載垣、端華已先在。」《清穆宗毅皇帝實錄》記載：「以醇郡王奕譞管善捕營事。」這可能同奕譞逮捕肅順事有關。

十月

初一日，命恭親王奕訢為議政王、軍機大臣。隨之，軍機大臣文祥奏請兩宮皇太后垂簾聽政。《清史稿‧文祥傳》記載：「十月，回鑾，（文祥）偕王大臣疏請兩宮皇太后垂簾聽政。」命大學士桂良、戶部尚書沈兆霖、侍郎寶鋆、文祥為軍機大臣。

初三日，大行皇帝梓宮至京。

初五日，從大學士周祖培疏言「怡親王載垣等擬定『祺祥』年號，意義重複，請更正」，詔改「祺祥」為「同治」。「同治」含義可作四種詮釋：一是兩宮同治，二是兩宮與親貴同治，三是兩宮與載淳同治，四是兩宮、載淳與親貴同治。

初六日，詔賜載垣、端華在宗人府空室自盡，肅順處斬，褫景壽、穆蔭、匡源、杜翰、焦祐瀛職，穆蔭發往軍台效力。據記載：「將行刑，肅

順肆口大罵，其悖逆之聲，皆為人臣子所不忍聞。又不肯跪，劊子手以大鐵柄敲之，乃跪下，蓋兩脛已折矣。遂斬之。」

初九日，載淳在太和殿即皇帝位。

二十六日，禮親王世鐸奏遵旨會議並上《垂簾章程》。懿旨：依議。於是，皇太后垂簾聽政之舉，輿論已經造勢，章程亦已制定。

十一月

初一日，同治奉慈安皇太后、慈禧皇太后御養心殿垂簾聽政。垂簾聽政之所設在大內養心殿東間，同治帝御座後設一黃幔（初為黃屏），慈安皇太后與慈禧皇太后並坐其後。恭親王奕訢立於左，醇親王奕譞立於右。引見大臣時，吏部堂官遞綠頭箋，恭親王奕訢接後，呈放在御案上。皇太后垂簾聽政，這在中國歷史上，既是空前的，也是絕後的。在這裏附帶說一點。慈禧本來沒有文化，但她注重學習。兩宮太后命南書房、上書房師傅編纂《治平寶鑑》，作為給兩宮太后的教科書，仿照經筵之例，派翁同龢等定期進講。後來慈禧也能批閱奏章，但常有語句不通和錯別字之處。

這次政變，因載淳登極後擬定年號為祺祥，故史稱「祺祥政變」；這年為辛酉年，又稱「辛酉政變」；因政變發生在北京，也稱為「北京政變」。其時，「辛酉政變」的三個主要人物——慈安皇太后二十五歲，慈禧皇太后二十七歲，恭親王奕訢三十歲。

「辛酉政變」取勝的直接原因是：

第一，兩宮皇太后和恭親王奕訢，抓住並利用官民對英法聯軍入侵北京、火燒圓明園的強烈不滿，對「承德集團」不顧民族、國家危亡逃到避暑山莊的不滿，把全部歷史責任都加到顧命八大臣頭上。也把咸豐皇帝到承德的責任加到他們頭上。從而兩宮皇太后和恭親王奕訢取得政治上的主動，爭取了官心、軍心、旗心、民心，顧命八大臣則成了替罪羊。

第二，兩宮皇太后和恭親王奕訢，利用顧命大臣對慈禧與奕訢的力量

估計過低而產生的麻痺思想，又利用帝后雖是孤兒寡母，卻掌握「御賞」、「同道堂」兩枚印章——顧命大臣雖可擬旨，但不加蓋這兩枚印章卻不能生效，兩宮太后與奕訢可由大臣擬旨加蓋這兩枚印章便能生效的有利條件。

第三，兩宮皇太后和恭親王奕訢，搶佔先機，先發制人，沒有隨大行皇帝靈柩同行，擺脫了顧命大臣的控制與監視，並從間道提前返回，利用自七月十七日咸豐死，到咸豐靈柩運到皇宮，其間七十四天的充分時間，進行政變準備。原定九月二十三日起靈駕二十九日到京，因下雨道路泥濘，而遲至十月初三日到京，比原計劃晚了四天。兩宮太后於二十九日到京，三十日政變，時間整整差了三天。這為她們準備政變提供了時間與空間。

第四，兩宮皇太后和恭親王奕訢，意識並預感到：這是他們生死存亡的歷史關鍵時刻，惟一的出路就是拼個魚死網破。慈禧曾風聞咸豐帝生前肅順等建議他仿照漢武帝殺其母留其子的「鉤弋夫人」故事，免得日後皇太后專權。這個故事，《漢書·外戚傳上》記載：漢武帝寵倖鉤弋夫人趙婕妤，欲立其子，以「年稚母少，恐女主顓恣亂國家」。趙婕妤遭漢武帝譴責而死。漢武帝臨終前，立趙婕妤子為皇太子，以大司馬、大將軍霍光輔少主，是為漢昭帝。但是，咸豐帝沒有像漢武帝那樣做，而是用「御賞」和「同道堂」兩枚印章來平衡顧命大臣、兩宮太后之間的關係，並加以控

同治帝穿過的小朝靴

制。結果，這兩枚印章被兩宮太后利用，打破了初始的權力平衡結構。

「辛酉政變」是君權與相權的一次大衝突，表現了兩宮皇太后和恭親王奕訢的聰明才智。它的重大結果是清朝體制的一大改變。經過「辛酉政變」，否定贊襄政務大臣，而由慈安皇太后與慈禧皇太后垂簾聽政，這是重大的改制。「辛酉政變」後，恭親王奕訢為議政王，這是當年睿親王多爾袞輔政的再現。但有一點不同：既由帝胤貴族擔任議政王、軍機大臣，又由兩宮太后垂簾聽政。這樣皇權出現二元：議政王奕訢總攬朝政，皇太后總裁懿定。這個體制最大的特徵是皇太后與奕訢聯合主政，後來逐漸演變為慈禧獨攬朝政的局面。隨之產生一個制度：領班軍機大臣由親貴擔任，軍機大臣滿洲兩人、漢人兩人。在同治朝，大體維持了這種五人軍機結構的局面。

「辛酉政變」就滿洲貴族而言，主要是宗室貴族同帝胤貴族的矛盾與拼殺。兩宮皇太后特別是慈禧皇太后，主要利用和依靠帝胤貴族，打擊宗室貴族，取得了勝利。

同治皇帝在「辛酉政變」後，內有兩宮皇太后垂簾聽政，外有議政王奕訢主政，從而開始了同治新政。

同治新政

同治朝遇上了難得的歷史機遇：在國內處於「太平天國」與「義和團」兩次重大社會動盪之間，在國際處於英法聯軍與八國聯軍兩次入侵之間，如同處在兩次大風暴中間的緩衝期。同治之前的道光、咸豐，之後的光緒、宣統，都沒有這樣的有利條件。這就給同治朝實行新政提供了難得的機遇。日本明治維新也正在此時。兩宮太后垂簾聽政、議政王奕訢主持政務，互相配合，推行新政。在奕訢集團的主持下，新政的主要措施是：成立總理衙門、設立同文館、辦新式學校、派人出洋、開工廠、開礦、修築

鐵路等，學習西方近代化舉措，開始走向開放、進步。

設立總理衙門

全稱為總理各國通商事務衙門，一般稱作「總理各國事務衙門」，於咸豐十年十二月初十日（1861年1月20日）正式批准成立。它的實際職能是總攬新政的中央政府機構，是面對世界局勢、完全創新的機構。它不僅掌管清廷與各國間的外交事務，而且包括對外貿易、海關稅務、邊疆防務、海軍建設、新式工礦業，以及建新式學校、興修鐵路、礦務等，實際上它相當於清廷的內閣兼外交部。這是二千年來第一個專門處理外事的中央機構。總理衙門由親王一人總領，實為首席大臣，其他大臣從軍機大臣、大學士、尚書、侍郎等中指派充任。下設獨立公所，計有英、法、俄、美和海防五股機構。其中，俄國股，兼理俄、日兩國外交事務；英國股，兼理奧地利交涉事務；美國股，掌辦對美、德、秘魯、意大利、瑞典、挪威、比利時、丹麥、葡萄牙各國交涉事務；法國股，兼理法國、荷蘭、西班牙、巴西各國交涉事務；後設海防股，掌管南北洋海防等。總理各國事務衙門的主旨是辦理同西方關係事務，創辦近代化事業，它的出現

總理各國
事務衙門

是中國走向近代化的一個標誌。隨之，設立駐外使領館。

出洋考察

西方國家兩次破門而入，清朝才被迫開門而出。中國走向世界，世界也走向中國。漢、唐盛世時，中國沒有人走出過亞洲，法顯和玄奘「取經」的「西天」，是印度而不是歐洲。明朝的鄭和下西洋也沒有到達歐洲。清朝向西洋考察，始於同治五年（1866）。這年的春天，總稅務司赫德要回國結婚，向奕訢請6個月假，順便建議清政府派人到西方去考察。這正合奕訢的心意，於是上奏請派員出國考察並獲准，從而有了清政府派斌椿等人走出國門的破天荒事件。

斌椿，《清史稿》無傳，旗人。當時官員們對出國考察都不願去，也不敢去，而六十三歲的斌椿報名應徵。親朋故舊以「雲風險濤」相勸止，甚至有人以蘇武被扣匈奴相告誡，但他決心親自一試。斌椿是既受政府派遣，又為政府官員中赴西歐考察的「東土西來第一人」。

同治五年正月二十一日，斌椿率三名同文館的學生及自己的兒子廣英（為照顧其父同行），離京從上海乘輪船出洋，經過一個月零八天的航程，到達法國馬賽。他在歐洲遊歷一百一十多天，訪問了法、英、荷蘭、丹麥、瑞典、芬蘭、俄國、普魯士、挪威、比利時等國，於九月十八日回到北京。斌椿寫出《乘槎筆記》，第一次記錄下親眼所見諸如火車、輪船、電報、電梯、機器印刷、蒸汽機、攝影、起重機、抽水機、顯微鏡、幻燈機、紡織廠、兵工廠等。還第一次參觀並記述了歐洲博覽會、芭蕾舞、大英博物館、國家議院、近代報社、高等學院，以及法國的凡爾賽宮、凱旋門等。他看到了西方近代的科技與文明。

培養洋務人才

開辦外國語學校、實業學堂、近代軍事學校、派遣留學生等。

同治朝新式學校最早者是京師同文館。從京師八旗子弟中選出十名學生，教員則由英國教士包爾騰擔任。同文館除了聘請洋人教授外語，還請徐樹琳教授儒家經典。當時的工薪，漢文教員年薪一百兩，外國教師年薪一

京師同文館

千兩。同文館學生膳食、文具全由政府承擔，每月另發十兩津貼。月課合格者獎銀三十二兩，季考合格者獎銀四十八兩，歲試及格者獎勵七十二兩。若三次考試都及格，共得獎銀一百五十二兩，加上每月津貼，每年得銀二百七十二兩。後奕訢請在同文館開設「天文」、「算學」館，「採西學」、「製洋器」，在京師內外引起軒然大波。有人說：學「西技」是「捨本求末」，講「氣節」才是「強根固本」。也有人認為：設立同文館將使中國傳統喪失，令中國官員士子向外人學習技藝，不僅是一大恥辱，而且將使中國「變而從夷」。京師流傳出一副對聯：「鬼計本多端，使小朝廷設同文館；軍機無遠略，誘佳弟子拜異類師」。於是傳稱奕訢為「鬼子六」。前門外牆壁上出現「揭帖」，上寫「未同而言，斯文將喪」，此帖裏嵌着「同文」二字，諷刺設立同文館，中國將喪失傳統文明。候補直隸知州楊廷熙呈遞條陳道：「西學」乃「西洋數千年魑魅魍魎橫恣中原」之學，請洋人為教員將使「忠義之氣自此消」，「廉恥之道自此喪」。有人將當年春旱，渲染為「天道示警」，攻擊是奕訢等人倡行「西學」而致，

乃紛紛上摺，要求同文館停止招考。更嚴重的是，大學士、同治皇帝的師傅倭仁也上書反對。他認為：「立國之道，尚禮義不尚權謀；根本之圖，在人心不在技藝。」又說：「古往今來未聞有恃術數而能起衰振弱者。」認為不必向外國學，以中國之大，「必有精其術者」。奕訢等遞上駁斥倭仁的奏摺：僅尚空談，不切時務，中國將愈益落後。英、法皆小國，卻幾次打敗中國，所恃者正是科學技術。朝廷一味因循敷衍，才一敗再敗。並請倭仁保舉「精其術者」。倭仁保舉不出人才，只好退讓。由於兩宮皇太后態度明朗，使攻擊同文館招生之風被壓下去。然而同文館的招生受到很大影響，原報名者九十八人，但參加考試者僅有七十二名，其中三十人是為了優厚的獎學金而報考。半年後只餘下十名學員尚能跟上學業，遂與原來在館的八旗子弟合為一班。後在上海、廣州也開設了類似的學校，招收滿、漢子弟入學，只開設外語課，請美國人做教師。同文館後來聘請美國人丁韙良為總教習，開設化學、數學、天文、物理、國際法、外國史地、醫學、生理學、政治經濟學等課程，畢業年限改為八年，至此同文館初具一所綜合性高等學府之規模。作為第一所近代學堂開辦起來後，它帶動了其他近代學校的出現。該校在光緒二十八年（1902）併入京師大學堂。它培養了一大批通「西學」人才，其中僅駐外公使就培養出二十八人。

同治朝開設的新式學校，還有江南製造局附設的機械學堂、福州船政局附設的船政學堂等。福州船政學堂又稱「求是堂藝局」，是同治五年（1866）由左宗棠主持福州船政局時附設。這所學校是近代較早開設的一所以學習自然科學為主的新式學校，同時又有軍事學校的性質，以培養海軍和造船人才為目的之一。

派留學生出國

同治十一年（1872），首批三十名「幼童」奔赴美國留學，史稱「幼童出洋」。

　　同治年間留學之風興起，與容閎分不開。容閎（1828～1912），廣東香山（今中山）人，道光二十一年（1841）入澳門馬禮遜教會學堂讀書，家長想讓他學成後做買辦。後該校教員、美國人布朗回美國時，容閎隨他去了美國，成為近代早期留學生之一。他在美國先讀中學，後入耶魯大學，攻讀四年，於咸豐四年（1854）獲該校文學學士學位後回國。同治九年（1870），曾國藩任直隸總督，容閎為其幕僚和譯員。他多次向曾國藩建議派遣留學生出國學習。

　　1870年，清政府批准了曾國藩等上奏派留學生的章程，決定派遣一百二十名十二三歲的幼童去美國留學，學習期限為十五年，在上海成立留學出洋局管理此事。後以陳蘭彬、容閎為正副委員，常駐美國，經管留學生

首批赴美留學幼童

事務。幼童留學生年齡一般在十二至十六歲，出國前在上海培訓。因為當時風氣未開，招生工作極難進行，幼童父母都不願把孩子送到遙遠的大洋彼岸去。如詹天佑，他的鄰居在香港做事，向其父介紹留學招生一事，並勸他送詹天佑報名。但其父要兒子走科舉正途，而不願意出去留學。這位鄰居再三說明去美國留學比科舉進士有出息，並提出如果詹天佑去美國留學，就把女兒許配給他。他父親才願送子出國，當時詹天佑才十二歲。後來詹天佑學成回國，修築京張鐵路，建灤河大橋，稱著於世。幼童先受預備班半年教育，學習簡單的英語，了解美國情況。學校要求極嚴格，學習差的經常受體罰，幼童們都很努力，完成了預期學業。同治十一年（1872）夏，經過考試選拔，第一批幼童三十名，在上海乘輪船出洋。從同治十一年到光緒元年（1875），每年出國一批，每批三十人，共有四批一百二十人赴美國留學。幼童們到了美國，成為美國新聞中的轟動事件，美國總統還接見了他們。中國留學生給美國人留下「聰明能幹，彬彬有禮」的印象，並說他們是「中國的榮譽」。容閎提出並把他們分別安排在美國平民家庭中生活。美國的教師、醫生、紳士們紛紛把中國幼童領到自己家中，每個家庭對幼童都關懷備至，為他們提供較好的吃住條件，關心他們的學習和生活。他們成為中西文化交流的橋樑。

但是，清政府派往美國監督留學的官員陳蘭彬等，以留學生學運動、學跳舞，不穿長袍馬褂而穿西服，不行跪拜禮而行握手禮，甚至於有的剪了辮子等，認為「他們縱能學成歸國，非特無益於國家，亦且有害於社會」，向清廷建議將留美學生撤回。總理衙門大臣奕訢雖是要求實行新政的人，但對留學生違背「祖訓」卻接受不了，便奏請於光緒七年（1881）五月，「將出洋學生一律調回」。留美學生自同治十一年（1872）首批出洋，至光緒七年撤回，最長者達九年。出國時的少年，歸來時已是二十多歲的青年。他們在美國雖未完成計劃的學業，但都受到西方的教育。這些

留學歸國的青年，後來逐步成為中國政界、軍界、學界、工商界等方面的知名人物和科技骨幹，為中國近代建設做出了貢獻。據不完全統計：從事行政和外交者24人，其中成為領事、代辦者12人，外交次長、公使2人，成為總長者1人，內閣總理1人；加入海軍者20人，其中成為海軍將領者14人；從事教育者5人，其中成為大學校長者2人；從事實業者30人，其中成為工礦負責人者9人、工程師6人、鐵路局長3人等。

洋務求強

曾國藩、李鴻章、左宗棠等在上海、南京、福州相繼辦起了近代軍工廠，多聘請洋員充當技術指導。這就是所謂的「洋務運動」，它包括舉辦新式軍用工業，編練新式軍隊，加強國防建設等，其宗旨是「求強」與「求富」。奕訢強調學習「西學」，製造「西器」。他認為，「採西學」、「製洋器」早在清初康熙大帝時就進行過了，如今再搞是發揚光大祖制和傳統。

咸豐十一年（1861）十一月，安慶軍械所辦成，並很快仿製出一批洋槍洋炮。曾國藩集合起湘軍軍官、幕僚試看演射。後腔槍、開花炮的威力、射程、射速、準確度、殺傷力比起鳥槍、抬槍和土炮的確強多了。湘軍和幕僚拍手稱讚，曾國藩興奮不已。

海軍建設，主要還是向外國購艦。十九世紀七十年代，由李鴻章主持向英國購買的軍艦有「龍驤」、「虎威」、「飛霆」、

曾國藩像

「策電」、「鎮東」、「鎮西」、「鎮南」、「鎮北」等炮艇。十九世紀八十年代，德國的軍火和造船工業有了突出的發展，李鴻章轉向德國訂購戰艦。

同治三年（1864），清政府才開辦大型兵工廠，計有江南製造局、金陵製造局、福州船政局、天津機器局、西安機器局等二十餘個。而規模大、有典型性的為江南、金陵、福州、天津、漢陽等幾個兵工廠。

江南製造總局是曾國藩與李鴻章共同創辦的一個當時規模最大的軍事工業。同治四年，李鴻章委託海關道員丁日昌買下設立在虹口的美商旗記鐵工廠，把上海、蘇州兩個洋炮局搬至上海高昌廟，成立了大型軍事工業製造局。同治六年，曾國藩主張在該廠製造輪船，又在上海海關撥出兩成關稅，為造船經費之用。此後，工廠逐年擴充，計有洋槍廠、洋炮廠、炮彈廠、火藥廠、輪船廠、煉鋼廠、子彈廠、水雷廠，並設有學校和翻譯館，規模較為宏大。同治七年，造船廠造出了第一艘輪船，取名「惠吉」，至中法戰爭前共製出 15 艘軍艦，最大者為 2800 噸，小者只有數百噸。

金陵製造局是同治四年李鴻章任兩江總督時把馬格里主持的蘇州洋炮局遷到南京雨花台，並加以擴充，更名為金陵製造局，主要製造大炮和彈藥。到光緒初年，該廠計有三個機器廠，還有火藥、火箭、水雷等工廠，規模也很大。

福州船政局設於同治五年，是閩浙總督左宗棠創設的造船廠。該廠所聘洋員分別任監督和副監督。該廠由煉鋼廠、船廠和學堂三部分組成。工廠尚未建成，左宗棠便調往西北鎮壓回民起事，該局由福州船政大臣沈葆楨接辦。同治八年

李鴻章像

（1869），該局造出第一艘輪船，取名「萬年青」，到同治十三年，共造出輪船十五艘。此後外籍工匠全部撤走，由船政學堂的畢業生接管技術工作。到甲午戰前，又造輪船二十艘。中法戰爭前製造的輪船質量較差，全為木殼船，直到光緒十年（1884）才能製造鐵甲艦，其造船技術一直未見提高，同英、德等國所製的鐵甲艦和巡洋艦皆無法相比，中法戰爭之前所造的軍艦多數毀於中法馬尾之戰中。

江南製造局、金陵製造局、天津機器局皆為李鴻章直接控制，這三個軍事工業統稱為「北洋三局」。

這些軍事工業的出現，引進了先進

左宗棠像

的科學技術和大機器生產，對吸收西方先進科學技術和培養科技人才，起到了積極的作用。

重修圓明園之爭

同治十二年（1873）正月，同治帝親政，時年十八歲。他親政時，詔「恪遵慈訓」，就是要遵守聖母的懿旨。他親政後也辦了些事，如在西苑紫光閣會見日本國大使副島種臣、俄國大使倭良嘎里、美國大使鏤斐迪、英國大使威妥瑪、法國大使熱福理、荷蘭國大使費果蓀，並接受他們呈遞國書。同治親政只有一年多的時間，他親自主持經辦的一件大事就是重修圓明園。

同治接見西方使節銅版畫

慈禧退簾後，想到宮外遊冶愉悅，回憶起當年的圓明園生活，她懿旨重修圓明園。這是重大的工程，至少要花幾千萬兩白銀。九月，同治帝發佈上諭：興修圓明園以為兩宮太后居住和皇帝聽政之所，讓王公以下京內外大小官員量力捐修。

同治帝書《恭賀慈禧四旬萬壽節詩》

恭親王不好完全拒絕，報效銀二萬兩，指令戶部先撥銀二萬兩。撥款之後，朝廷震動。接著百官疏奏，反對重修圓明園。御史沈淮疏請緩修圓明園工程。同治覽奏大怒，立即召見沈淮，嚴詞申責。接著御史遊百川再上疏諫阻，同治又下諭將遊百川革職。經過一段準備，十三年（1874）正月，圓明園重修工程正大光明殿、天地一家春（原慈禧住處）等處先後開工。四月，同治視察圓明園，慈禧親自看取圖樣，應修殿宇不下三千餘間。七月初六日，發生廣東商人李光昭自稱「圓明園李監督」，藉購修園木料詐騙白銀三十萬兩的事件，引起朝臣反對。同治帝仍不理

眛，繼續其工程。七月十八日，恭親王奕訢、大學士文祥等十人（三位親王郡王、三位御前大臣、三位軍機大臣、一位師傅）聯銜疏奏，請停止圓明園工程：「宜培養元氣，以固根本；不應虛糜帑糈，為此不急之務。」同治帝與十重臣幾番面對面地辯論，明知錯誤，卻仍不悔改。當大家一再反對時，同治帝準備發上諭，以十大臣「朋比為奸，謀為不軌」的罪名，宣佈將十大臣革職。兩宮太后見事情鬧大，只好出面調解。據吳汝綸日記載：

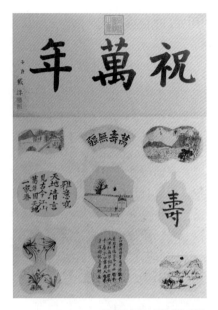

同治帝繪《祝萬年圖》

召見時「兩宮垂涕於上，皇上長跪於下。謂十年以來，無恭邸何以有今日？皇上少未更事，昨諭著即撤銷云云」。其結果是：革十大臣職的上諭沒有發佈，重修圓明園改為修葺三海。在奕訢等諫阻下，同治說：「我停工何如！爾等尚何嘵舌！」二十九日，停止圓明園工程。重修圓明園工程是慈禧的懿旨，奕訢等的諫阻，觸怒了慈禧。三十日，同治帝上諭：「著革去親王世襲罔替，降為郡王。」此次補蓋、添建、粘修、揭瓦後基本成型的殿閣亭樹等一百座五百間。八月初一日，同治發出上諭：「朕奉慈安端裕康慶皇太后、慈禧端佑康頤皇太后懿旨：皇帝昨經降旨，將恭親王革去親王世爵罔替，降為郡王，……著加恩賞還親王世爵罔替」云云。諭修葺西苑三海工程。

　十二月，同治帝死於養心殿。他的死因，是個疑案。

同治死因疑案

　　同治六歲到十四歲期間，每天應景做皇帝，到養心殿擺樣子，兩宮皇太后垂簾聽政。他還要抽出半天時間，到弘德殿讀書。同治從小沒有得到嚴父的教育，母后皇太后與聖母皇太后都沒有文化，不得教育皇子讀書的要領。她們常在重華宮漱芳齋辦事、傳膳、聽戲，沒有給同治以文化的熏陶。同治貪玩，不愛讀書，「見書即怕」，不好學，沒有長進。他的師傅教他學習看奏摺，但他「精神極散」；聽講奏摺，也極不用心。他的伴讀奕詳、奕詢，本意在陪同讀書、互相激勵、彼此切磋，實際上往往代其受過，起到「殺雞嚇猴」的作用。在課堂上，「無精神則倦，有精神則嬉笑」，實在是一個頑皮的學生。同治到十七八歲的時候，「摺奏未能讀」，連「在內背《大學》皆不能熟」。

　　同治皇帝就其個人來說，出生在帝王之家，享受着「普天之下莫非王土，率土之濱莫非王臣」的獨尊榮光，過着「鐘鳴鼎食」的生活，沒有兄弟競爭便順利地登上皇帝寶座，這是他人生的幸運。但是，同治也有人生的悲劇——他短暫的十九年就有六大不幸：幼年喪父是為第一大不幸！童年擔當社稷重任而不能享受正常童真快樂是為第二大不幸！同聖母皇太后關係不好是為第三大不幸！婚姻不如意是為第四大不幸！無子無女是為

少年同治帝寫字像

第五大不幸！十九歲便早亡是為第六大不幸！下面簡單説一下他的后妃。

同治有一后三妃，其中皇后的人選：慈安皇太后喜歡侍講崇綺的女兒阿魯特氏，慈禧皇太后則喜歡員外郎鳳秀的女兒富察氏。兩宮太后意見不一，要同治自選。同治選定蒙古正藍旗崇綺的女兒阿魯特氏。於是奉兩宮皇太后懿旨，同治十一年（1872）九月，冊立阿魯特氏為皇后，同治十七歲，皇后十九歲。又冊富察氏為慧妃。

皇后的祖父為大學士、軍機大臣賽尚阿，外祖父是鄭親王端華。皇后的父親崇綺，是有

同治帝繪《管城春滿圖》

清一代惟一的「蒙古狀元」，是有清一代滿洲、蒙古以漢文獲翰林院編修的第一人。滿蒙士林，以其為榮。同治九年（1870），選侍講，後充日講起居注官，再調盛京將軍。義和團事起，崇綺同朝廷勛貴多人信仰，事敗之後，隨榮祿走保定，住居蓮池書院，自縊而死。崇綺妻，瓜爾佳氏，在京師陷落時，闔門死難。《清史稿·崇綺傳附崇綺妻傳》記載：「崇綺妻，瓜爾佳氏，先於京師陷時，預掘深坑，率子、散秩大臣葆初及孫員外郎廉定，筆帖式廉容、廉密，監生廉宏，分別男女，入坑坐瘞，闔門死難。」

皇后出身於官宦名門、詩書大家，自幼習書達禮，性格耿爽，不善阿諛。據記載，皇后阿魯特氏「雍容端雅」，「美而有德」，且文才好。皇后幼年在家，崇綺親自授課，讀書聰穎，十行俱下，「后幼讀書，知大義，端靜婉肅，內外稱賢。及正位六宮，每聞諫阻，自奉儉約，時手一編」。她被冊為皇后，同治帝很喜愛她，也很敬重她，據説不久懷有身

同治孝哲毅皇后

孕。慈禧皇太后不喜歡這個兒媳婦，常找碴兒難為這位小皇后。慈禧不許她與同治皇帝同房，而要同治對慧妃好。同治帝不敢違抗，但他不喜歡慧妃，只好賭氣獨宿養心殿，生活寂寞寡歡。因為慈禧處處刁難，皇后日子過得很不舒心。同治病重，皇后護侍，也遭到慈禧訶責。《我的前半生》記載：同治病重，皇后前去養心殿探視，二人說了些私房話，被慈禧皇太后知道。慈禧怒不可遏，闖入暖閣，「牽后髮以出，且痛捶之」，並叫來太監備大杖伺候。據說皇后情急之下說了句：「媳婦是從大清門抬進來的，請太后留媳婦的體面！」慈禧一直以側居西宮為遺憾，也為咸豐臨終前沒有冊封自己為皇后而不滿。慈禧動怒，同治被嚇暈，病情加重。慈禧見狀，才未對皇后動刑。

同治之死，慈禧將責任栽到皇后頭上。皇后阿魯特氏見同治帝死，大慟大悲，不思飲食，吞金自殺，獲救得生。皇后之父崇綺，奏告慈禧皇太后。皇太后回答：「可隨大行皇帝去罷！」皇帝死了，尚未入葬，稱大行皇帝，就是說可以隨夫殉死。崇綺將此話告訴女兒。而且慈禧不為同治立嗣，卻讓同治堂弟兼姨表弟載湉繼承皇位，實際上是不為皇后留餘地。皇后只有自盡一條路可走。光緒元年（1875）二月，同治帝死後七十五天，皇后阿魯特氏「遽爾崩逝」，年二十二。野史或謂：皇后阿魯特氏懷孕，慈禧恐其生男孩，將來續承大統，自己不能垂簾聽政，故逼其死。

同治生活放縱，同家庭關係不和諧有關。據說：同治既近女色，或著微服冶遊。有人給他進「小説淫詞，秘戲圖冊，帝益沉迷」。他常出入崇文門外的酒肆、戲館、花巷。野史記載：「伶人小六如、春眉，娼小鳳輩，皆邀幸。」又記載同治寵倖太監杜之錫及其姐：「有閹杜之錫者，狀若少女，帝幸之。之錫有姊，固金魚池娼也。更引帝與之狎。由是溺於色，漸致忘返。」據記載：醇親王奕譞曾經泣諫其微服出行，同治質問從哪裏聽來的？醇親王怫然語塞。又召恭親王奕訢，問微行一事是聽何人所言？答：「臣子載澂。」同治微行，沸沸揚揚，既不能輕信説其有，也不能斷然説其無！

同治十三年（1874）十二月初五日，同治帝崩於皇宮養心殿。同治之死，傳説頗多，主要有死於天花、死於梅毒、死於天花和梅毒三説。

主同治死於天花説。主要是根據歷史檔案和翁同龢日記。翁的日記記載：同治於十月「二十一日，

清宮后妃的高底鞋

西苑着涼，今日（三十日）發疹」。十一月初二日，「聞傳蟒袍補褂，聖躬有天花之喜」。又記載：「昨日治疹，申刻，始定天花也。」初九日，召見御前大臣時，「氣色皆盛，頭面皆灌漿泡飽滿」。上諭云：「朕於本月遇有天花之喜，經惇親王等合詞籲請靜心調攝」云云。經學者研究清宮歷史醫案《萬歲爺進藥用藥底簿》後認為：同治帝係患天花而死。在同治得了天花以後，太醫公佈病情與藥方，宣佈同治之病為「天花之喜」。慈

禧太后暨文武大臣對同治之病，不是積極地尋求新醫藥和新療法，而是依照祖上傳下的規矩，在宮內外「供送痘神」，敬請「痘神娘娘」入皇宮養心殿供奉。宮內張掛驅邪紅聯，王公大臣們身穿花衣，按照「前三後四」的說法，要穿七天花衣。同治的「花衣期」延長為「前五後七」，就是可望十二天度過危險期。慈禧、慈安兩宮太后，還親自到景山壽皇殿行禮，祈求祖先神靈賜福。內務府行文禮部，諸天眾聖，皆加封賞。一身瘡痍的同治，在皇宮求神祭祖的喧囂中離開了人世。他死在養心殿，這裏恰是他的祖先順治被天花奪去性命的寢殿。《崇陵傳信錄》記載：「惠陵上仙，實係患痘，外傳花柳毒者非也！」近年專家們發現了御醫給同治看病的《脈案》。醫學史專家對相關檔案進行了認真分析，結論是：同治皇帝死於天花。

主同治死於梅毒說。也主要是根據歷史檔案和翁同龢日記。野史中也有載述，《清宮遺聞》記載，同治到私娼處，致染梅毒。翁同龢日記云：十一月二十三日，「晤太醫李竹軒、莊某於內務府坐處，據云：脈息皆弱而無力，腰間腫處，兩孔皆流膿，亦流腥水，而根盤甚大，漸流向背，外潰則口甚大，內潰則不可言，意甚為難。」二十八日又記：太醫云：「腰間潰如椀，其口在邊上，揭膏藥則汁如箭激，丑刻如此，卯刻復揭，又流半盅。」二十九日再記：見「御醫為他揭膏藥擠膿，膿已半盅，色白而氣腥，漫腫一片，腰以下皆平，色微紫，看上去病已

同治帝《患天花進藥檔》

同治皇帝的惠陵

深。」李慈銘日記也記載：「上旋患癰，項腹皆一，皆膿潰。」但他又
說：「宮廷隔絕，其事莫能詳也。」

　　但清宮史專家指出，清朝的典章制度是非常嚴格的，皇帝私自從紫禁
城裏出去尋花問柳，沒有什麼可能性。另一種意見卻認為，同治重修圓明
園計劃遭百官反對而失敗後，百般無聊，便在太監引導下，微服出宮，尋
歡取樂。時外國人可能已知同治帝之病，如美國公使給本國政府的報告
說，「同治皇帝病若以西醫及科學方法診治，決無不可醫治之理，決非不
治之症。」然而，同治帝是一國之君，太醫開方要經過嚴審，出於為君者
諱，是不能公佈病症實情，也不能按病開方，下藥不對症，醫治無療效。

　　主同治死於天花梅毒說。也主要是根據歷史檔案與文獻資料推斷。御
醫診斷同治的症狀是：濕毒乘虛流聚，腰間紅腫潰破，漫流膿水，腿痛盤
攣，頭頸、胳膊、膝上發出痘癰腫痛。這種看法是：同治或先患天花未愈

而又染上梅毒，或先患梅毒而又染上天花，兩種疾病併發，醫治無效而死。

民間對於同治皇帝死因有種種説法，清朝官方則保持沉默，不予申辯。因此，同治到底是死於什麼病，成了一個歷史疑案。

同治死後，慈安皇太后、慈禧皇太后急召惇親王奕誴、恭親王奕訢、醇親王奕譞，孚郡王奕譓、惠郡王奕詳，貝勒載治、載澂、公奕謨，御前大臣伯彥訥謨祜、奕劻、景壽，軍機大臣寶鋆、沈桂芬、李鴻藻，內務府大臣英桂、崇綸、魁齡、榮祿、明善、貴寶、文錫，直弘德殿徐桐、翁同龢、王慶祺，南書房黃鈺、潘祖蔭、孫詒經、徐郙、張家驤入，奉懿旨，以醇親王之子載湉——既是同治的堂弟，又是同治的姨表弟，入繼文宗（咸豐），為嗣皇帝。

《清史稿‧穆宗本紀》論曰：「沖齡即祚，母后垂簾。國運中興，十年之間，盜賊剗平，中外乂安。非夫宮府一體，將相協和，何以臻茲!」同治年間，機遇難得：內處「太平軍」與「義和團」兩大社會動盪之間，外處英法聯軍與八國聯軍兩次入侵之間。太后垂簾，親王議政，宮府一體，尚能協和，推行新政，有一定成效。

同治壽短病故，載湉入繼大統，就是光緒皇帝。

載淳個人小檔案

姓名：愛新覺羅・載淳   **出生**：咸豐六年（1856）三月二十三日

屬相：龍   **卒年**：同治十三年（1874）

享年：十九歲   **諡號**：毅皇帝

廟號：穆宗   **陵寢**：惠陵（清東陵）

父親：奕詝（咸豐）   **母親**：葉赫那拉氏，後尊為孝欽顯皇后

初婚：十六歲，配偶阿魯特氏   **配偶**：五人，皇后阿魯特氏

子女：無   **繼位人**：載湉（光緒）

最得意：興辦維新諸事   **最失意**：父親早故

最不幸：身後皇后自盡   **最痛心**：無子女

最擅長：戲耍

相關閱讀書目推薦

（1）閻崇年：《清朝皇帝列傳・同治皇帝》，紫禁城出版社，2002 年

（2）徐立亭：《咸豐同治帝》，吉林文史出版社，1993 年

（3）馬東玉主編：《清朝通史・咸豐同治朝》，紫禁城出版社，2003 年

光緒帝載湉

　　光緒皇帝名載湉，四歲登極，在位三十四年，享年三十八歲。年號光緒，意為繼承光大咸豐統緒。載湉是清朝第一位非皇子而入繼大統的皇帝，是大清國的第十一位皇帝。

　　光緒皇帝三十八年的人生歷程，可以分作四個時期：從出生到四歲為醇親王子時期，從四歲到十七歲為少帝時期，從十七歲到二十八歲為親政時期，從二十八歲到三十八歲為「囚帝」時期。

　　下面先從載湉四歲入繼大統說起。

慈禧一言定大統

　　同治十三年（1874）十二月初五日，同治皇帝病死。同治沒有兒子，皇位由誰繼承？

　　據《清穆宗毅皇帝實錄》、《光緒朝東華錄》、《翁同龢日記》等書記載：同治十三年十二月初五日酉時（17～19時），同治帝崩於皇宮養心殿東暖閣。戌時（19～21時），兩宮太后在養心殿西暖閣，召見醇親

王奕譞、恭親王奕訢等王公大臣二十九人，諭曰：「文宗無次子，今遭此變，若承嗣年長者，實不願；需幼者乃可教育。現在一語即定，永無更移。我二人同一心，汝等敬聽。」宣佈：「醇親王奕譞之子載湉，著承繼文宗顯皇帝為子，入承大統，為嗣皇帝。」

就是說，讓醇親王奕譞之次子四歲的載湉入繼皇位，成為大清國的第十一位皇帝。諸臣奉懿旨退下，軍機大臣退到軍機處擬旨。一個時辰之後，「亥正（22時），請見面，遞旨意，太后哭而聽之」。然後，派人到醇親王府（南府）接載湉入宮，到同治的御榻前，叩頭號哭，即正皇位。

又宣佈懿旨：「皇帝龍馭上賓，未有儲貳，不得已以醇親王奕譞之子載湉，承繼文宗顯皇帝為子，入承大統，為嗣皇帝。俟嗣皇帝生有皇子，即承繼大行皇帝為嗣。」就是說，先將載湉過繼給早已去世的咸豐皇帝（廟號「文宗」）為子，即皇帝位。將來載湉有了兒子，再過繼給同治為嗣子。頒佈這道諭旨，與吳可讀屍諫的悲劇有關。吳可讀，道光進士，官御史，為人耿直敢言。烏魯木齊提督成祿濫殺平民，被告論斬。有的官員請改死緩。吳可讀奏言：「請斬成祿以謝甘民，再斬臣以謝成祿。」因言語過於憨直，被降三級。光緒五年（1879），同治奉安惠陵。吳可讀請求送葬，夜間在薊州廢寺中自殺，懷中揣有一封遺疏，奏請讓將來光緒的兒子繼承同治為嗣。這件事震動朝廷上下。

慈禧為什麼要選擇載湉（光緒）入繼皇位呢？這要從道光說起。

道光皇帝有九個兒子，長子奕緯、次子奕綱、三子奕繼皆早死；第四子奕詝即咸豐皇帝；第五子奕誴過繼給惇親王綿愷（嘉慶帝第三子）為嗣，襲惇郡王，晉親王；第六子恭親王奕訢任議政王、軍機大臣；第七子醇郡王奕譞，同治十一年晉親王；第八子鍾郡王奕詥，同治七年死；第九子孚郡王奕譓。當時入繼大統的可能人選應當是「溥」字輩（永、綿、奕、載、溥、毓、恒、啟），道光帝曾長孫是載治之子溥倫，慈禧以其宗

支疏遠而不同意立溥倫。溥倫時年十七歲，如立溥倫慈禧便不能垂簾聽政。那就只有在「載」字輩找。恭親王奕訢長子載澂無子，第二子載瀅出繼。且慈禧根本不願意立載澂、載瀅，若立他們中的一人，則恭親王的權力過大，對自己不利；那就在醇親王奕譞家裏找。醇親王奕譞有四位福晉，共生育七個兒子：第一子、第三子早殤，第二子為載湉，就是光緒皇帝。第四子為載洸、第五子為載灃（宣統皇帝的父親）、第六子為載洵、第七子為載濤。醇親王奕譞於咸豐十年（1860），年十九歲，奉旨同慈禧的妹妹葉赫那拉氏成婚。當時，慈禧還是懿貴妃，受咸豐帝寵愛。她曾說：「入宮後，宮人以我美，咸妒我，但皆為我所制。」後又生皇子載淳，其地位更為鞏固。懿貴妃在深宮之內，接觸外人的機會少，能見到的男性除太監外，就是幾個小叔子，即皇六弟奕訢、皇七弟奕譞、皇八弟奕詥和皇九弟奕譓。懿貴妃有個胞妹尚待字閨中，她時常想在宗室中找個妹夫。在四位小叔子中，就年齡而言，奕訢已結婚分府，奕詥、奕譓又偏小；就性格而言，奕訢過於機變，奕譓又羞怯靦腆。懿貴妃看中皇七弟奕譞。咸豐十年，醇郡王奕譞奉旨與懿貴妃葉赫那拉氏的胞妹成婚。依例，奕譞應分府出宮，受賜在宣武門內太平湖東岸建府邸（今中央音樂學院和三十四中學址）。這就是第一座醇王府，後稱醇親王府南府（光緒做皇帝後，依雍親王府後升為雍和宮例，改為醇親王祠；慈禧皇太后懿旨又將什剎海北岸的一座貝子府賜給醇親

慈禧太后朝服像

王奕譞，這裏又稱醇親王府北府，也就是今宋慶齡故居）。載湉就出生在這裏，是醇郡王與慈禧妹妹的骨肉。

醇親王奕譞在咸豐朝的十一年間，除十歲那年因咸豐登極按例封為醇郡王之外，幾乎沒有受到大的晉封。咸豐病逝時，奕譞二十歲。這一年，妻子的親姐姐做了皇太后。他以姻婭至親，而受到重用。在「辛酉政變」中，奕譞受懿旨，帶侍衛、親兵到密雲半壁店，將隨梓宮回京的協辦大學士、贊襄政務大臣蕭順在熟睡中擒拿，押回北京後處斬。奕譞在這次政變中，為妻姐慈禧立下奇功。「辛酉政變」之後，醇郡王奕譞官階迭升：封為都統、御前大臣、領侍衛內大臣、管神機營、管善捕營等。同治三年（1864），加親王衛。四年，命在弘德殿行走。十一年（1872），晉親王。

同治帝死後，慈禧皇太后懿旨，由其外甥醇親王奕譞之子載湉入繼大統。據《清史稿・奕譞傳》記載：「忽蒙懿旨下降，擇定嗣皇帝，倉猝昏迷，罔知所措。」爾後，「舁回家內，身戰心搖，如癡如夢」。因為兒子載湉入繼大統當皇帝，這是福，還是禍？事情叵測，吉凶難料。

慈禧一言定載湉（光緒）繼承皇位，這是對清朝皇室祖制的重大改變。太后懿旨召見列名者有二十九人之多，可謂空前。這說明非皇子入承大統，為大清首次，既示鄭重，又免物議。載湉繼承咸豐為嗣皇帝，這實在是清朝皇儲嗣立的又一次大改制：

第一，慈禧改變皇位父死子繼的祖制。

清太祖努爾哈赤死後由皇八子皇太極繼承皇位，皇太極死後由皇九子福臨（順治）繼承皇位，福臨死後由皇三子玄燁（康熙）繼承皇位，康熙死後由皇四子胤禛（雍正）繼承皇位，雍正死後由皇四子弘曆（乾隆）繼承皇位，乾隆死後由皇十五子顒琰（嘉慶）繼承皇位，嘉慶死後由皇次子旻寧（道光）繼承皇位，道光死後由皇四子奕詝(咸豐）繼承皇位，咸豐死後由皇長子載淳繼承皇位，同治死後卻由堂弟載湉繼承皇位。

第二，慈禧改變皇位繼承程序的祖制。

清太祖、太宗的遺位繼承人由滿洲貴族會議決定，順治、康熙用遺詔決定皇位繼承人，雍正創建秘密立儲制度，乾隆、嘉慶、道光、咸豐都是這樣繼位的，同治沒有兄弟，順利繼承皇位。但是，載湉繼承皇位，既不是滿洲貴族會議推舉，也不是用遺詔的形式決定，更不是秘密立儲，而是由皇太后「一言而定」，這是沒有先例的。

第三，慈禧改變幼帝由大臣輔政的祖制。

幼帝繼承皇位，必有大臣輔政。順治六歲繼位，由鄭親王濟爾哈朗、睿親王多爾袞先為輔政王，後為攝政王；康熙八歲繼位，由索尼、蘇克薩哈、遏必隆和鰲拜四大臣輔政；同治六歲繼位，先由贊襄政務八大臣，後由議政王奕訢輔政。但是，載湉四歲繼位，沒有輔政王、攝政王、輔政大臣、贊襄政務大臣、議政王輔政，而只有皇太后垂簾聽政。載湉繼承咸豐，即為咸豐的嗣皇帝，這就為皇太后垂簾聽政提供了合乎儀規的輩份。如新皇帝繼承同治為嗣皇帝，則應由同治皇后垂簾聽政。因而，慈禧將皇權緊緊地抓在個人手中，達到了清朝極權體制的頂峰。至於奕訢，他與慈禧有聯合，也有衝突。到光緒十年（1884年），發生了「午門案」。事情的經過是：慈禧派宦官往娘家送東西，事先敬事房沒有向守門護軍傳旨，護軍阻攔，太監不服，互相毆打。太監報告慈禧，慈禧要對值班護軍廷杖。有的書記載了奕訢同慈禧的精彩對話──奕訢說：「廷杖乃前朝虐政，不可效法。」慈禧說：「汝事事抗我，汝為誰乎訢」奕訢說：「臣是宣宗第六子！」慈禧說：「我革了你！」奕訢說：「革了臣的王爵，革不了臣的皇子。」慈禧太后沒有辦法，只好讓步。但慈禧從此加深了對奕訢的怨恨，後奕訢被解除軍機大臣職務。

慈禧立載湉繼承皇位，是咸豐故去十三年以來，慈禧在皇位繼承與親理朝政上，繼第一次垂簾聽政後的第二次改變祖制。這兩次改變祖制，其

目的只有一個：垂簾聽政，獨掌朝綱。

光緒入繼皇位後，從四歲到十七歲的十二年間，是他作為兒皇帝——少帝的時期。

光緒的少帝生活

載湉繼承皇位後，按照清朝皇室的「家法」，小皇帝到了六歲，就要到上書房讀書，他自然也不例外。因為光緒年齡太小，母親又在醇親王府不能見面，只好由他父親醇親王奕譞到宮裏幫助照顧。醇親王奕譞是一位知進退、明榮辱的人，也是深知慈禧的性格與為人的人。

先說醇親王奕譞在兒子做了皇帝之後，做的幾件事情：

第一，上《豫杜妄論》密奏。

先講一個歷史故事：明朝武宗正德皇帝（朱厚照）死後無子，由他的堂弟朱厚熜（嘉靖）繼承皇位。嘉靖被從湖北安陸（今鍾祥）接到北京登上皇位後，演出了一場「大禮儀」的鬧劇。正德的父親、嘉靖的父親應當怎樣稱謂？一些朝臣的意見是，「本生父曰興獻帝」、過繼父稱「皇伯父敬皇帝」；另一種意見則相反。何孟春等大臣一百三十六人跪

光緒皇帝的生父醇親王奕譞、生母葉赫那拉氏

伏在金水橋南，撼門大哭，聲震闕廷，長達兩個時辰。嘉靖帝大怒，命懲治二百二十人，其中編修王相等一百八十餘人遭到廷杖（因病創而死者十七人），成為震動朝野的大事件。醇親王奕譞提出，如果將來有人以嘉靖之說奏進，就以此奏駁斥。慈禧將此密奏留中。後來吳大澂果然有此奏，慈禧便出示奕譞的密奏做回應。

第二，請求免去一切職務。

醇親王奕譞的官職主要有：都統、御前大臣、領侍衛內大臣、管神機營事、管善捕營事、步軍統領、弘德殿行走等。他上奏「誠懇請罷一切職任」，說：「惟有哀懇矜全，許乞骸骨，為天地容一虛糜爵位之人，為宣宗成皇帝留一庸鈍無才之子。」慈禧皇太后在奕譞請求下，命免除其一切職務。最後，奕譞僅接受親王雙俸的待遇。光緒二年（1876），光緒帝在毓慶宮入學，奕譞受命加以照料。

第三，日日敬敬慎慎，夜夜乾乾翼翼。

奕譞住的正房名為「謙思堂」；書齋名為「退省齋」；几案上擺放「欹器」。欹器是一種「巧器」，它的特點是：「虛則欹，中則正，滿則覆。」孔子曾命弟子將水注入欹器裏，結果正是如此。孔子歎曰：「吁！惡有滿而不覆者哉！」奕譞將「欹器」作為座右器，上有「滿招損，謙受益」的銘句。奕譞以「恭謹敬慎」四個字，作為待人處世的準則，更作為侍奉慈禧的圭臬。奕譞子女的房中，掛着他寫的治家格言：

> 財也大，產也大，後來子孫禍也大。若問此理是若何？子孫
> 錢多膽也大。天樣大事都不怕，不喪身家不肯罷！

這說明奕譞警惕自己「滿招損」、告誡子孫「驕招禍」，要使得自身和家庭，就像醇親王府邸旁邊的「太平湖」一樣，求得一個「太平」。

次說光緒到了皇宮之後的生活。

養心殿垂簾聽政處

初六日，就是宣佈載湉嗣承皇位的第二天，光緒皇帝由醇親王府邸乘轎前往皇宮，進了午門，到養心殿。他向兩宮皇太后請安，並在大行皇帝同治靈前祭奠後，便「剪髮成服」，入繼大統，做了皇帝。

初七日，光緒奉慈安皇太后住居在東六宮的鍾粹宮，俗稱慈安皇太后為「東太后」；奉慈禧皇太后住居在西六宮的長春宮，俗稱慈禧皇太后為「西太后」。光緒住在養心殿。慈安皇太后與慈禧皇太后實行垂簾聽政。皇帝訓諭稱「諭旨」，皇太后訓諭稱「懿旨」。

光緒元年（1875）正月二十日，兩宮皇太后懿旨光緒皇帝在太和殿舉行即位大禮，並告祭天、地、廟、社。光緒皇帝繼位後，到乾清宮向同治帝御容（畫像）行禮，又到鍾粹宮向慈安皇太后行禮，再到長春宮向慈禧皇太后行禮，復到儲秀宮向嘉順皇后（同治皇后）行禮。這時光緒皇帝才五歲，實際年齡只有三週歲半。

光緒二年四月二十一日，光緒帝開始在毓慶宮讀書。毓慶宮在東六宮東側齋宮與奉先殿之間。師傅為署侍郎、內閣學士翁同龢和侍郎夏同善。翁同龢與夏同善為同榜進士。翁同龢主要教光緒讀書，夏同善主要教光緒寫仿格（寫字）。御前大臣教習滿語文、蒙古語文和騎射。幼年皇帝讀書先有順治，繼有康熙，再有同治，他們登極時的年齡，順治六歲、康熙八歲、同治六歲，而光緒只有四歲。所以，光緒從六歲，實際上四週歲半，

光緒帝《臨顏真卿自書告》軸

開始讀書。光緒剛開始就讀，對環境、師傅、學習、伴讀都很陌生，很不習慣。他對授讀師傅感到很生疏，有時又哭又鬧，還擇書本。師傅沒有辦法，奏告慈禧皇太后。慈禧懿旨皇帝生父奕譞到毓慶宮，照看小皇帝讀書。隨着歲月推移，載湉年歲漸長，逐漸習慣於讀書生活。光緒讀書很用功，慈禧誇讚他：「實在好學，坐、立、臥皆誦書及詩。」他把讀書同做國君相聯繫，如在《乙酉年御制文》中寫道：「為人上者，必先有愛民之心，而後有憂民之意。愛之深，故憂之切。憂之切，故一民飢，曰我飢之；一民寒，曰我寒之。凡民所能致者，故悉力以致之；即民所不能致者，即竭誠盡敬以致之。」這一年為光緒十一年（1885），光緒才十五歲。他很想當一位有所作為的皇帝。光緒還寫了一首《圍爐》詩：

> 西北明積雪，萬戶凜寒飛；
> 惟有深宮裏，金爐獸炭紅。

從詩中可以看出，少年皇帝念邊塞、掛庶民的心態。

光緒有父親奕譞在毓慶宮照料自己讀書，但君臣之禮，取代父子之情。奕譞「謙卑謹慎，翼翼小心」的性格，對光緒影響並不大。影響光緒性格的重要因素，主要有三：一是遺傳因素。光緒的性格，更多的不是繼承其父「敬謹」的因素，而是母親一支的「桀驁」基因。他的外祖父惠徵

曾因攜銀逃走被免官，可見其不守本分。她的姨媽慈禧太后的強悍性格更是表露鮮明。這些或對光緒皇帝的性格形成有着先天性的影響；二是教育因素。光緒在毓慶宮長達十餘年的讀書學習，儒家經典，師傅薰陶，是其性格形成的教育因素；三是社會因素。光緒面臨戰敗賠款、民族災難，則是其性格形成的社會因素。

經過十二年的少帝生活，光緒早已到了親政的年齡。光緒十二年（1886）六月初十日，慈禧皇太后懿旨：「前因皇帝沖齡踐祚，一切用人行政，王大臣不能無所稟承，因准廷臣之請，垂簾聽政。本日召見醇親王及軍機大臣、禮親王世鐸等，諭以自本年冬至大祀圜丘為始，皇帝親詣行禮，並著欽天監選擇吉期，於明年舉行親政典禮。」光緒十三年，光緒帝開始親理朝政。

光緒做了十二年的少年天子。在這段時間裏，發生了幾件大事：

第一件是中法戰爭。

光緒八年（1882），中法戰爭爆發，清軍恐怕「失和」而「退讓」。光緒十年，法國艦隊司令孤拔率領艦隊駛入福建水師基地馬尾軍港。清軍被迫迎戰。同年，法軍又進攻吳淞口。法軍再侵犯台灣淡水、雞籠（基隆），台灣軍務大臣劉銘傳率領守軍扼守淡水，擊退敵軍侵略。第二年初，法軍在水路進攻浙江鎮海，在陸路進攻鎮南關（今友誼關），清軍獲得「鎮南關大捷」。光緒十一年四月，清朝「以勝求和」、「不敗而敗」，派李鴻章同法國代表在天津簽訂《中法新約》。

第二件是台灣建立行省。

光緒十一年（1885）九月，清朝「改福建巡撫為台灣巡撫」，正式建立台灣行省，劉銘傳為第一任台灣巡撫。《清國史·劉銘傳傳》記載：銘傳，安徽合肥人，「秉性忠勇，卓著戰功」。《清史稿·劉銘傳傳》記載：少有大志，青年從淮軍，後在淮軍「為諸將冠」。他建議修鐵路，史稱：

「中國鐵路之興，實自銘傳始。」中法戰爭期間，加巡撫銜，督辦台灣軍務，率軍英勇抵抗法軍侵略。劉銘傳為第一任台灣巡撫，後在台灣築炮台、修鐵路、架電線，發展經濟、安定社會。加兵部尚書銜。死後，贈太子太保，建祠祭祀。今台北市公園有鄭成功、劉銘傳等的塑像。電視劇《台灣首任巡撫劉銘傳》，就是根據劉銘傳的事蹟改編的。

第三件是慈安皇太后故去。

慈安太后的父親為廣西右江道，早故。家族不繁，較為寒落。慈安的死，《清史稿·后妃傳》載：「同治八年，內監安得海出京，山東巡撫丁寶楨以聞，（慈安）太后立命誅之。」從此，慈禧同慈安結下嫌怨。慈安的死，死得突然。《清史稿·德宗本紀》記載：光緒七年（1881）三月「辛未（初九日），慈安皇太后不豫，壬申（初十日），崩於鍾粹宮」。於是產生一種傳說，慈安是被慈禧害死的。之前慈禧害了一場大病，據說是患「蓐勞」，醫生薛福辰「說假病，下真方」，用補藥，效果好。慈禧病癒，慈安知道慈禧失德，仍置酒感悟她。慈安保存着咸豐臨終前給她的手諭——這份手諭的內容是，如果慈禧跋扈，就用此諭誅之。慈安把這份手諭給慈禧看了，並當着慈禧的面將其燒了，慈禧既驚訝又感動。數日後，慈禧請慈安到自己所在的長春宮，並拿出點心招待。慈安有午睡醒後吃點心的習慣，就吃了點心，連說「好，好！」慈禧說這是她娘家送來的。過了幾天，慈禧再次派人送點心給慈安。慈安吃後，腹痛惡心，遽然死去，年四十五歲。慈安死

光緒之寶

後，沒等娘家人來就入殮，更加引起人們的猜疑。當時慈禧得的什麼病？慈禧是否害死慈安？慈安是否保存手諭？宮廷詭秘，沒有證據。這正給影視創作留下想像的空間，也是學者難以解開的歷史之謎。慈安病死之後，慈禧獨掌大權。

主戰求變兩失敗

光緒十三年（1887）正月十五日，光緒皇帝在太和殿舉行大典，開始親政，頒詔天下。到光緒二十四年（1898）八月初六日，慈禧太后重新垂簾訓政，光緒被囚禁，其間十二年，為光緒親政時期。

光緒雖說已親政，但實際上仍被慈禧掌控在手裏，或被慈禧作為顯示威嚴的權杖，或被慈禧看作御座上的玩偶。慈禧規定，每隔一日，光緒必須親自到頤和園向她奏報政務，聽候訓示。光緒經常披星戴月，往來奔波。遇有重大事情，更得隨時請旨，名為皇帝，實則傀儡。慈禧一方面處處限制光緒的權力，國家大事都要秉承她的懿旨去辦理；另一方面又通過自己的侄女隆裕皇后及親信太監李蓮英等人，暗中監視光緒的行蹤。光緒在宮內、宮外遇到的困局，超過了他的先祖。

光緒遇到的國際環境也與同治不一樣。這時，日本經過明治維新，開始向外擴張，進攻矛頭指向朝鮮和中國東北；俄國也極力向遠東、向中國東北和西北擴張；英、法等西方殖民者，更從海上對中國進行新的侵略。光緒皇帝面臨國際、國內局勢，親政後十年間，在政治上最大的舉動是兩件大事：第一是在甲午戰爭中「主戰」，第二是在戊戌變法中「求變」。

甲午戰爭，光緒「主戰」

在中法戰爭結束後，清政府成立了海軍衙門。十九世紀八十年代末，清政府的海軍有北洋、南洋、福建、廣東四支水師，擁有大小七十多艘軍

艦。其中北洋水師實力最強，擁有軍艦二十餘艘，其主力艦皆購自英國和德國。南洋水師也有二十餘艘軍艦，多係江南製造局和福州船政局製造，也有購自英國的幾艘炮艇。福建水師的二十艘軍艦是福州船政局生產，還有幾艘購自英、美的炮艇。這些拼湊的軍艦，戰鬥能力薄弱，無力參加重大海戰。十九世紀九十年代世界造船技術又有新的發展，相形之下清政府的海軍力量沒有跟上艦船製造技術的發展。

同時，日本明治維新後，也建立了一支海軍艦隊，並把侵略的矛頭指向朝鮮和中國，從而爆發了中日甲午戰爭。光緒在這場戰爭中，堅決主戰。清軍在平壤之戰、黃海之戰中，都遭到失敗。結果被迫簽訂《馬關條約》，規定：割讓遼東半島、台灣、澎湖列島及附近島嶼給日本，賠償日本軍費白銀二萬萬兩（相當於清政府三年的財政總收入）等。

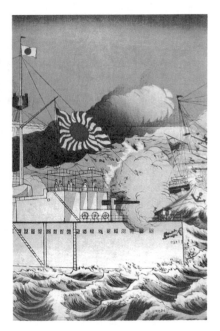

日繪《甲午海戰圖》

這時的慈禧在做什麼？在準備慶賀自己的六十大壽。據文獻記述：慈禧六十大壽，一切籌劃都仿照乾隆二十六年（1761）皇太后七十大壽慶典辦理。當年為清朝的全盛時期，所謂「物產豐盈」、「富有四海」。而慈禧六十大壽時，已經是今非昔比。慈禧慶壽，從頭一年就開始準備。改清漪園名為頤和園，大興土木。自皇宮到頤和園沿途佈置彩棚、彩燈，備賞的餑餑八百五十桌，用彩綢十萬匹、紅氈條六十萬尺。《藏園羣書題記》載「用銀至七百萬兩」，其中戶部庫銀四百萬兩，京官報效銀一百二十一萬兩，外官報效銀一百六十七萬兩，兩淮鹽商各捐銀四十萬兩，太監、宮女等也都報效銀兩。當時災荒嚴重，北京開設粥廠，救濟難民。有人不滿，題寫門聯，貼於京城：

> 萬壽無疆，普天同慶；
>
> 三軍敗績，割地求和。

說來也算巧合。慈禧逢甲不吉利：甲戌（同治十三年），獨子同治死；甲申（光緒十年），五十大壽，中法戰爭；甲午（光緒二十年），六十大壽，中日戰爭；甲辰（光緒三十年），七十大壽，日俄戰爭。

戊戌變法，光緒「求變」

甲午戰敗，割地賠款。光緒在康有為、梁啟超等人的影響下，試圖維新政治，富國強兵。光緒二十四年（1898）四月二十三日，光緒皇帝頒佈《明定國是詔》，宣佈變法，博採西學，推行新政，授予康有為「專摺奏事」權。那些守舊的權貴重臣，害怕光緒皇帝的改革觸動自己的權力與利益，紛紛投靠慈禧，並竭力挑撥他們「母子」的關係。慈禧也深恐光緒改革的成功會影響到她的獨裁。這樣朝廷大臣裏出現了「后黨」與「帝黨」，雙方鬥爭異常激烈。光緒親政的十年，是與慈禧進行政治和權力鬥爭的十年。從中日甲午戰爭到戊戌變法，雙方矛盾日益尖銳。光緒二十四年八月

康有為

初六日，在以慈禧為首的守舊勢力的反對和鎮壓下，變法運動僅開展了百餘天就失敗了。康有為、梁啟超出逃，譚嗣同等「戊戌六君子」遇害。光緒也被囚禁在中南海瀛台或頤和園玉瀾堂（至今還存留當時防範光緒逃走的隔牆），他的政治生涯到此結束。此後，光緒度過了十年沒有人身自由的「囚帝」生活。他摯愛的珍妃被慈禧囚在鍾粹宮後北三所，並且給她立下了一條規矩，今後不許再見皇上。慈禧重新出面訓政，多方凌辱折磨光緒。起初，慈禧想把光緒廢掉。光緒也深知慈禧的險惡用心，日夜擔驚受怕、提心吊膽，對天長歎：「我連漢獻帝都不如啊！」

光緒「百日維新」，初現變革生機。然而，「戊戌政變」，痛失良機。

坐在乾清宮寶座上拍照的八國聯軍軍官

清朝皇室，自相殘殺，錯過維新變革的機會，喪失選擇發展道路的機會。接着，義和團興起，八國聯軍侵入北京，慈禧與光緒逃難。其受害者，自然是百姓、國家、民族。而皇室、貴冑、滿洲，最終也在劫難逃，在辛亥革命中，皇清宗室，滿洲貴族，成為「革命對象」。清廷拒絕維新，終遭滅頂之災。

光緒帝與李蓮英

與光緒十年「囚帝」生活密切相關的人，有慈禧身邊的大太監李蓮英。

李蓮英是慈禧太后的貼身大太監。在李蓮英之前，慈禧的大太監是安得海。同治八年（1869），安得海受慈禧派遣，乘樓船沿運河南下。時曾國藩為直隸總督，安得海過境，沒有動作。安得海行至山東泰安進香，山東巡撫丁寶楨密派人跟蹤追捕抓獲，將其送到濟南。安得海言：「我奉皇太后命，織龍衣廣東，汝等自速辜耳！」有的官員長跪力諫，請耐心候旨。丁寶楨未等旨到，「棄安得海於市，支黨死者二十餘人，籍其輜重，得駿馬三十餘匹，黃金珠玉珍寶稱足，皆輸內務府」。先是，丁寶楨上奏朝廷，慈安太后問：「法當如何？」諸臣叩頭奏：「祖制太監不得出都門，擅出者，死無赦！」丁寶楨殺了安得海，暴屍三天。慈禧對丁寶楨不僅沒有怨恨、報復，反而讓他升為總督。其中的原因，有人分析道：慈禧年輕守寡，傳聞同安得海有男女之事。丁寶楨將安得海暴屍三天，公示安得海的確是一個太監，從而為慈禧洗刷了不白之傳言。

在這裏補充一點。清朝汲取明亡教訓，對太監嚴加控制。大家知道，明朝曾出現數個擅權的大太監，如王振、劉瑾、魏忠賢等。王振鼓動明英宗親征瓦剌，兵敗土木堡，「成國公朱永等白事，皆膝行進。尚書鄺埜、王佐忤振意，罰跪草中」，最後英宗兵敗被俘。劉瑾，明武宗時太監，曾

慈禧在頤和園仁壽殿前乘輿拍照。前右為大總管李蓮英，左為二總管崔玉貴

召集羣臣跪在金水橋南，宣示「皆海內號忠直者」大學士劉健、尚書韓文等五十三人之罪。魏忠賢，大家比較熟悉。當時袁崇煥守寧遠、錦州，魏忠賢派監軍，位在主帥之上。這些太監，沒有文化，不懂軍事，卻在總兵、經略之上，指手畫腳，發號施令。明軍獲得寧錦大捷後，魏忠賢的孫輩在襁褓中得封公侯，而前線總指揮袁崇煥僅得銜一級、銀三十兩。慈禧時的安得海與明朝的太監不可同日而語。

安得海死後，由李蓮英伺候慈禧。李蓮英是直隸河間府大城縣人。民間傳說他原是河間府一帶的無賴，因私販硝磺被關入監獄，出獄後改行做皮匠，所以被稱為「皮硝李」。後他來到北京，因為會梳頭，便託同鄉太監沈蘭玉介紹，進宮當了慈禧太后的梳頭太監，受到太后的寵信。這些傳說並不完全可靠。據李蓮英墓誌銘記載，他生於道光二十八年（1848），比慈禧小十三歲，九歲入宮。清宮檔案記載他在咸豐七年（1857），由鄭親王端華府上送進皇宮當太監。

李蓮英入宮後的名字叫李進喜，慈禧太后改其名為蓮英。他先後在奏

事處和東路景仁宮當差，直到同治三年（1864）十六歲時，才調到長春宮慈禧太后跟前。此時，安得海正受到慈禧太后的寵信。安得海的死，給李蓮英留下深刻教訓，也給他提供發展的機會。李蓮英是個聰明乖巧的人，很快揣摸透了慈禧的秉性和好惡，千方百計地討慈禧的喜歡。他還能「事上以敬，事下以寬」，這是李蓮英太監人生的秘訣。

同治十三年（1874），年僅二十六歲的李蓮英，任儲秀宮首領太監。光緒五年（1879），升任儲秀宮四品花翎總管。隨着慈禧太后大權獨攬，他的聲望、地位也一天天地顯赫起來。李蓮英三十一歲時，已經和敬事房大總管即清宮太監總頭目平起平坐。到了光緒二十年（1894），四十六歲的李蓮英被賞戴二品頂戴花翎。早先雍正皇帝規定太監以四品為限，慈禧太后卻以自己的權勢，為李蓮英而違反「家法」。慈禧太后是政治權力慾望極強的女人，又是感情脆弱、害怕孤寂的女人。幾十年來，慈禧身邊的宮女、太監換了一茬又一茬，但能善解她心意的除了安得海，就是李蓮英。在《晚清宮廷生活見聞》中記載：每天三餐、早晚起居，慈禧太后和李蓮英都當面或互派太監問候。慈禧太后在中南海、頤和園居住的時候，經常找李蓮英，說：「蓮英啊，咱們遛彎去呀！」李蓮英便陪慈禧去散

慈禧手書『敬事房』匾

273

步。他倆走在前邊，其餘的人遠距離地跟隨在後面。慈禧太后有時還把李蓮英召到寢宮，談些黃老長生之術，兩人常常談到深夜。李蓮英實際上成為慈禧晚年生活中離不開、信得過、用得上的一個「伴兒」。

慈禧太后對李蓮英的寵信引起了朝廷大臣的不安。有人說：李蓮英權傾朝右、營私納賄，奔走其門者，就得到高官。甚至還有人說：李蓮英構陷帝黨及維新派。按照清制，這些指控如果屬實，李蓮英是要被砍頭的。

奕譞在天津大沽炮台

光緒十二年（1886）四月，直隸總督兼北洋大臣李鴻章，以北洋海軍已經訓練成軍，奏請朝廷派大臣前往巡閱。慈禧太后就派總理海軍衙門大臣醇親王奕譞，去天津、旅順港巡閱。奕譞是醇親王，又是光緒的生父，因此要加派太監、御醫隨行。醇親王奕譞主動要求派李蓮英隨行，以免太后猜忌自己。他的奏請得到懿准，因為李蓮英代慈禧做耳目，可以通過李蓮英知道新建的海軍、港口的實情。四月十三日，醇親王奕譞抵達天津，李蓮英同奕譞、李鴻章一起乘軍艦出海，先後檢閱了大沽、旅順口、威海衛、煙台等處，五月初一日回京復命。

對此朝臣不滿之聲鵲起。御史朱一新奏稱：「我朝家法，嚴馭宦寺。世祖宮中立鐵牌，更億萬年，昭為法守。聖母垂簾，安得海假採辦出京，立置重典。」奏摺批評派李蓮英隨醇親王視察海軍。還有人說，李蓮英妄

自尊大，結交地方，收受賄賂。實際情況如何呢？清代文人、著名維新派人士王小航說：醇親王離開京城以後，每次接見文武官員，都讓李蓮英作陪。他的本意在避免攬權之嫌，以李蓮英為他佐證。而李蓮英一直記着安得海的教訓，每夜不住淮軍為他準備的華麗行館，只隨醇親王起居。醇親王見客，李蓮英穿着樸實，侍立裝煙、點煙，退歸私堂，不見外客，日夜安靜，一無所擾。當時直隸、山東的一些地方官員，想巴結這位太后身邊的大太監，但都大失所望。慈禧看了朱一新的奏摺，找醇親王問明情況後，命將朱一新降級。

李蓮英在慈禧與光緒之間採取什麼態度呢？有人說他完全站在太后一邊，反對變法，陷害光緒。也有人說李蓮英生性圓滑，兩面討好，不但慈禧太后喜歡他，光緒皇帝因為從小就受李蓮英看護，也喜歡他，叫他「諳達」（師傅），還誇他「忠心事主」。王小航曾講述一個故事：庚子年（1900）八國聯軍侵入北京，慈禧率光緒和王公大臣出逃，第二年回京在保定駐蹕。慈禧臨時寢宮被褥鋪陳潔淨華美，李蓮英住得也不錯，而光緒皇帝如何呢？李蓮英侍候慈禧太后睡下後，前往光緒住處探望，見光緒在燈前孤坐，無一太監值班。李蓮英一看，十分驚訝：光緒皇帝竟然沒有鋪蓋。時值隆冬，天寒地凍。李蓮英立即跪下，抱着光緒的腿痛哭說：「奴才們罪該萬死！」並且親自把自己住處的被褥抱過來給光緒帝使用。光緒回到北京以後，回憶西逃的苦楚時曾說：「若無李諳達，我活不到今天。」

光緒皇帝和慈禧太后死後，李蓮英辦理完喪事，於宣統元年（1909）二月初二日，離開了生活五十一年的皇宮。隆裕太后准其「原品休致」，就是帶原薪每月六十兩白銀退休。李蓮英死於宣統三年，終年六十四歲。李蓮英死後，得到清廷祭奠銀一千兩。北京恩濟莊太監墓地修造了一座豪華的李蓮英墓，「文革」時被毀，現在只有李蓮英墓誌銘的拓片保留下來。

家庭生活悲劇

光緒皇帝生命的第四個時期是十年「囚帝」生活。這十年他過得很辛苦。國家發生不幸：八國聯軍侵入北京，簽訂《辛丑合約》；個人也發生不幸：大清國的皇帝居然做了「囚帝」。可以說，光緒皇帝的一生，政治生活是悲劇，家庭生活也是悲劇。

在家庭生活中，除了生母之外，影響光緒最大的三個女人是：慈禧太后、隆裕皇后和珍妃。慈禧既是光緒的恩人、親人，又是光緒的仇人、敵人。據瞿鴻禨《聖德記略》載述，慈禧對光緒也有怨氣：「外間疑我母子不如初年。試思皇帝入承大統，本我親侄；以外家言，又我親妹之子，我豈有不愛憐者？皇帝抱入宮時才四歲，氣體不充實，臍間常流濕不乾，我每日親與滌拭。」所以，光緒不聽話，搞變法維新，慈禧既痛又氣。光緒同慈禧的關係，貫穿在光緒一生中，不單獨講述；光緒同隆裕皇后和珍妃的關係，本節略作介紹。

光緒帝有一后、二妃，沒有子女。這在清朝皇帝中是獨特的（宣統六歲遜位另當別論）。

光緒十五年（1889）正月二十日，十九歲的光緒皇帝舉行大婚典禮。光緒的一位皇后和兩位妃子都是慈禧做主選的。

光緒的皇后葉赫那拉氏，是慈禧親弟都統桂祥的女兒，長得

光緒皇帝大婚時用過的喜轎

不漂亮，既瘦弱，又駝背。這門親事是慈禧皇太后懿旨給定的，完全是政治婚姻，光緒雖不滿意，卻也無奈。慈禧將自己的侄女嫁給自己的外甥，目的就是在宮闈椒房探悉皇帝的內情，控制和操縱皇帝，並為爾後母族秉政、太后垂簾聽政做鋪墊。光緒死後，宣統繼位，上光緒皇后徽號為「隆裕」，是為隆裕皇太后。隆裕皇太后在民國二年（1913）正月十七日死於太極殿。

光緒皇后

　　光緒有兩位妃子，一位是瑾妃，另一位是珍妃，二人是親姐妹，均為侍郎長敍之女，姓他他拉氏，但相貌和性格卻大不相同。瑾妃相貌一般，性格柔和脆弱。後因其妹珍妃忤慈禧皇太后，被降為貴人。宣統時，尊為瑾貴妃，民國十三年（1924）死。

　　珍妃，初為珍嬪，晉珍妃。影視作品中的珍妃，聰慧明敏，嫵媚豔麗，機敏多情，非常感人。藝術作品把珍妃理想化，甚至於說她幫助光緒推行戊戌變法。其實，珍妃不像影視作品中描繪的那麼漂亮，而且略胖，有照片為證。光緒十四年（1888）十月，年僅十三歲的珍妃與其姐瑾妃同時被選為嬪。次年二月，姐妹二人一起入宮。光緒二十年（1894），慈禧皇太后六十大壽，宮外雖然硝煙彌漫，宮內卻是歌舞升平。在這喜慶之年，宮裏的人，該賞的賞，該升的升。瑾嬪與珍嬪沾了喜氣，同時晉封：姐姐為瑾妃，妹妹為珍妃。這年珍妃剛滿十九歲，是花樣的年華。珍妃年輕熱情，性格活潑，她對光緒的同情和體貼，激起了光緒對生活的熱情。

大婚後的數年間，光緒與珍妃共度了一段愉悅的時光。而正宮隆裕皇后葉赫那拉氏，卻引不起皇帝的情趣，甚而產生厭煩。皇后與珍妃，宮闈之內，漸起情波。隆裕皇后因失寵而生妒忌，又因妒忌而生怨恨。她利用自己統攝六宮的地位與為慈禧親侄的身份，「頻頻短之於慈禧」，向慈禧太后告珍妃的狀。經過長時間觀察、了解，皇后葉赫那拉氏終於抓到珍妃的把柄。據《西太后遺事》記載：裕寬謀求福州將軍一職，先請託於太監李蓮英，因李蓮英索銀多，又以與珍妃娘家親近關係，「乃輦金獻之珍妃，俾伺便言之上前」。這件事被李蓮英的耳目探得，於是引起一場風波。

瑾妃

光緒二十年（1894）十月二十八日清晨，光緒皇帝如同往常一樣到長春宮東暖閣向慈禧皇太后下跪請安。慈禧坐在御榻上，對光緒閉目不視，也不答話。光緒跪在地上，不敢抬頭，也不敢多言。皇太后同光緒帝僵持了約有一個時辰，慈禧太后才放話：「下去吧！瑾妃、珍妃的事，你不管，我可要管。不能讓她們可着性子，不遵家法，干預朝政，胡作非為！」光緒莫名其妙，唯唯稱是，以禮告退，回養心殿。光緒正在納悶時，有太監跪奏：清晨，皇太后下令總管太監李蓮英，對瑾妃、珍妃杖責處罰。珍妃宮中太監高萬枝，被慈禧太后懿旨正法。珍妃的堂兄志銳被革職，發遣烏里雅蘇台。至於慈禧皇太后對珍妃的嚴懲，有書說是「褫衣廷杖」──這對皇妃來說，是宮史前所未聞的，也是對珍妃最大的羞辱。

慈禧皇太后杖責珍妃，正史沒有記載，宮廷御醫檔案，留下一些資

料：十月二十八日，太醫張仲元請得珍妃脈息，六脈沉伏，抽搐氣閉，牙關緊閉，周身筋脈顫動。十一月初一日，亥刻（21～23時），太醫張仲元請得珍貴人脈息，左寸關沉伏，右寸關滑數，抽搐漸止，仍覺筋惕肉顫，神識已清，惟氣血未調，痰熱尚連下行，以致胸膈煩悶，兩肋串痛。有時惡寒發燒，周身筋脈疼痛。同日子刻（23～1時），張仲元請得珍貴人脈息，左關沉伏，右寸沉滑，抽搐又作，牙關緊閉，人事不醒，周身筋脈

珍妃

顫動。同一日深夜，將御醫請進內宮急診，可見珍妃病情之急重。根據上述醫案，可知珍妃確受重杖。

慈禧皇太后之所以重懲珍妃，其原因主要有五：

一、對光緒：甲午兵敗，慈禧太后將責任推到光緒身上，覺得光緒親政八年，膽子愈來愈大，有些事情甚至不把聖母皇太后放在眼裏。慈禧太后想「殺雞給猴看」，藉廷杖珍妃，告誡光緒：要是不聽話，就給苦頭吃。

二、對皇后：慈禧太后覺得，皇帝結婚五年，對懿定的皇后既不親愛，也不敬重。皇帝一心喜歡珍妃，太使自己傷心。慈禧太后便藉此機會，嚴厲懲治珍妃，給侄女出口氣。

三、對珍妃：珍妃自恃長得嬌俏，能說會道，深受皇帝喜愛，太后心裏氣不過。特別是慈禧年輕守寡，見到別人愛情甜蜜，心裏總是嫉妒怨恨，找個機會，懲罰珍妃。

四、對宮女：內宮應是一片「純淨樂土」，竟然有人串通外朝，賣官鬻爵。珍妃也好，太監也好，賣官之事，確被抓住。於是，慈禧皇太后名正言順懲罰珍妃，誡訓宮女。

五、對自己：慈禧太后廷杖珍妃，以舒解積憤。

慈禧皇太后「廷杖珍妃」，收到一石五鳥之效。

光緒二十六年（1900）七月二十一日，八國聯軍入侵北京，慈禧帶着光緒皇帝倉惶出逃。相傳她臨行前命令太監崔玉貴把珍妃推到寧壽宮外的井中害死。這件事情正史沒有記載，但珍妃確實是那時死的，因為從那以後清宮檔案就沒有出現關於珍妃的記載。後來有個太監的回憶錄提到珍妃被慈禧害死的情況。珍妃之死給光緒造成極大的精神刺激，形成極大的悲苦。過着「囚帝」生活的光緒帝，心情抑鬱，病情益重，死於西苑。

光緒死因疑案

光緒三十四年（1908）十月二十一日，光緒皇帝死於西苑（今中南海）瀛台涵元殿。自被慈禧皇太后「廢黜」之後，光緒整整過了十年的幽禁生活，長期憂悶，無處發泄，「怫鬱摧傷，奄致殂落」。從清宮太醫院檔案選編的《慈禧光緒醫方選議》一書，可以看出光緒體弱多病。該書所選有關光緒182個醫方中，神經衰弱方64個，骨骼關節方22個，種子長壽方17個等。光緒雖常年多病，但醫藥條件極好，不會突然死亡。而光緒在慈禧死去的前一天，突然崩駕，於是光緒被人謀害致死的說法不脛而走。

光緒帝的死因，主要有兩說：一說是患病正常死亡；二說是被人下毒致死。

光緒正常病死說。有人認為：根據光緒三十七歲時的病案，遺精已經將近二十年，前幾年每月遺精十幾次，後幾年每月二三次，經常是無夢不舉就自行遺泄，冬天較為嚴重，腰腿肩背經常感覺酸沉，稍遇風寒即耳鳴

頭疼。光緒一直身體不好，體弱多病。從現代醫學角度來看，他患有嚴重的神經官能症、關節炎和骨結核等疾病。這是導致光緒壯年死亡的直接病因。光緒的御醫六人，每日一人輪診，各抒己見，治法不一，也耽誤了醫治。

光緒三十四年（1908）三月初九日，脈案記載：皇上肝腎陰虛、脾陽不足、氣血虧損，病勢嚴重。在治療上不論是寒涼藥，還是溫燥藥都不能用，處於無藥可用的地步，御醫們束手無策。五月初十日脈案記載：調理多時，全無寸效。七月十六日，江蘇名醫杜鍾駿看過光緒的病症說：「我此次進京，以為能治好皇上的病，博得微名。今天看來，

光緒寫字像

徒勞無益，不求有功，只求無錯。」九月的脈案記載：病狀更加複雜多變，臟腑功能已經失調。十月十七日，三名御醫會診脈案記載：光緒的病情已經出現肺炎及心肺衰竭的臨牀症狀。一致認為光緒皇帝已是極度虛弱，元氣大傷，病情危重。十月二十日，光緒的脈案記載：夜裏，光緒開始進入彌留狀態、肢體發冷、白眼上翻、牙關緊閉、神志昏迷。十月二十一日，脈案記載：光緒的脈搏似有似無，眼睛直視，張口倒氣。傍晚時，光緒死。

有的學者根據清宮醫案記載認為：光緒帝從開始病重，一直到臨終，病狀逐漸加劇，既沒有中毒的蹟象，也沒有暴死的症象，屬於正常死亡。

光緒被人毒死説。這裏面下毒者又分解為慈禧、李蓮英、袁世凱等多

慈禧、光緒用藥底簿

種說法。

其一，說慈禧臨終前派人毒死光緒。《崇陵傳信錄》和《清稗類鈔》等書裏認為：慈禧太后病危期間，惟恐自己身後光緒重新執政，推翻前案，倒轉局勢，於是令人下毒手，將光緒害死。《我的前半生》一書載述：「有一種傳說，是西太后自知病將不起，她不甘心死在光緒前面，所以下了毒手。」人們普遍認為：年僅三十八歲的光緒，反而死在七十四歲的慈禧前面，而且只差一天，這不會是巧合，而是慈禧處心積慮的謀害。

其二，說李蓮英毒死光緒。英國人濮蘭德·白克好司的《慈禧外傳》和德齡的《瀛台泣血記》等書，認為清宮大太監李蓮英等人，平日裏仗着主子慈禧的權勢，經常中傷和愚弄光緒，他們怕慈禧死後光緒重新掌權，對自己不利，就先下毒手，在慈禧將死之前，先把光緒害死。

其三，說袁世凱毒死光緒。溥儀在《我的前半生》一書中，談到袁世凱在戊戌變法時，辜負了光緒帝的信任，在關鍵時刻出賣了皇上。又說：袁世凱擔心一旦慈禧太后死去，光緒決不會輕饒他，所以就藉進藥的機會，暗中下毒將光緒毒死。

其四，說不知姓名之人毒死光緒。曾做過清宮御醫的屈貴庭，在民國間雜誌《逸經》上著文說：在光緒臨死的前三天，他最後一次進宮為皇上看病，發現皇上本已逐漸好轉的病情突然惡化，在牀上亂滾，大叫肚子

疼，沒過幾天便死了。這位御醫認為，雖不能斷定是誰害死了光緒，但光緒肯定是被人暗中害死的。

清代官方文獻和宮廷檔案表明：光緒是病死的。可是，從光緒死的那天開始，人們就懷疑他不是正常死亡。人們總覺得他死在慈禧前面，而且只比慈禧早死了一天，這件事太奇怪了！是慈禧手下的人最後幾天在藥裏下了什麼東西？所有這些猜疑，到今天為止，也只是猜疑，因為至今沒有確鑿史料證明光緒是被害死的。

下面排比正史及一些其他文獻資料，可以看出光緒病情變化。光緒三十四年（1908）十月：

初一日，光緒詣儀鸞殿，問慈禧皇太后安。《清德宗實錄》記載，自癸酉至戊辰「皆如之」，就是從初一日至十六日，每天都是如此。

初二日，奉皇太后御勤政殿，日本使臣伊集院彥吉覲見。又到儀鸞殿向皇太后問安。

瀛台舊照

初三日，到儀鸞殿向皇太后問安。

初四日，到儀鸞殿向皇太后問安。

初五日，到儀鸞殿向皇太后問安。

初六日，上御紫光閣，賜達賴喇嘛宴。又到儀鸞殿向皇太后問安。

初七日，到儀鸞殿向皇太后問安。

初八日，到儀鸞殿向皇太后問安。

初九日，奉慈禧皇太后「幸頤年殿，侍晚膳，至癸亥（十一日）皆如之」。

初十日，慈禧皇太后生日，光緒率百官至儀鸞殿行慶賀禮。幸頤年殿，侍太后晚膳。

十一日，到儀鸞殿問皇太后安。幸頤年殿，侍皇太后晚膳。

十二日，到儀鸞殿問皇太后安。幸頤年殿，侍皇太后晚膳。

十三日，到儀鸞殿問皇太后安。幸頤年殿，侍皇太后晚膳。

十四日，到儀鸞殿問皇太后安。幸頤年殿，侍皇太后晚膳。

十五日，到儀鸞殿問皇太后安。幸頤年殿，侍皇太后晚膳。

十六日，到儀鸞殿問皇太后安。幸頤年殿，侍皇太后晚膳。

十七日至十九日，御醫屈貴庭說：他在光緒臨死前三天給光緒帝看病，病情突然惡化，在御榻上亂滾，大叫肚子疼。

二十日，《清德宗實錄》記載：「上不豫」，光緒帝病。懿旨：「醇親王載灃之子溥儀，著在宮內教養，並在上書房讀書。」又懿旨：「醇親王載灃，授為攝政王。」

二十一日，「上疾增劇」，光緒帝病重。「上疾大漸」，病危。酉刻，光緒帝崩於西苑瀛台之涵元殿。

二十二日，慈禧皇太后葉赫那拉氏疾大漸，未刻，崩於儀鸞殿。

看了以上資料，光緒的死因，的確是一個歷史之謎。

光緒皇帝的崇陵

　　由光緒之死，人們聯想到「三個女人和一個男人」共四條人命同慈禧的關係，這就是：慈安皇太后鈕祜祿氏、同治皇后阿魯特氏、光緒珍妃他他拉氏和光緒皇帝。這些歷史疑案和難題，供大家思考，望學者研究。

　　光緒無子，皇嗣只能在宗室中選擇。慈禧太后懿旨：「攝政王載灃之子溥儀，著入承大統，為嗣皇帝。」這就是宣統皇帝。

載湉個人小檔案

姓名：愛新覺羅‧載湉	**出生**：同治十年（1871）六月二十八日
屬相：羊	**卒年**：光緒三十四年（1908）
享年：三十八歲	**謚號**：景皇帝
廟號：德宗	**陵寢**：崇陵（清西陵）
父親：奕譞（醇親王）	**母親**：葉赫那拉氏
初婚：十八歲，配偶葉赫那拉氏	**配偶**：三人，皇后葉赫那拉氏
子女：無子女	**繼位人**：溥儀（宣統）
最得意：主持戊戌變法	**最失意**：甲午戰爭主戰失敗
最不幸：戊戌政變後被囚	**最痛心**：簽訂《馬關條約》
最擅長：忍辱	

相關閱讀書目推薦

（1）閻崇年：《清朝皇帝列傳‧光緒皇帝》，紫禁城出版社，2002 年

（2）馮元魁：《光緒帝》，吉林文史出版社，1993 年

（3）徐徹：《慈禧大傳》，遼瀋書社，1994 年

（4）余同元主編：《清朝通史‧光緒宣統朝》，紫禁城出版社，2003 年

宣統帝溥儀

　　清朝十二帝中最後一位、登極時年齡最小、在位時間最短的皇帝是宣統帝溥儀。

　　對於光緒帝載湉和同治帝載淳的繼承人，慈禧皇太后先後有過兩個決策：第一，立溥儁為大阿哥，繼承同治皇帝，兼祧光緒皇帝；第二，立溥儀承繼皇位，繼承同治皇帝，兼祧光緒皇帝。從而演繹出同治與光緒之帝統的「立嗣—廢儲—再立」的戲劇性歷史故事。

立嗣—廢儲—再立

立嗣

　　慈禧發動「戊戌政變」，囚禁光緒皇帝。慈禧認為：光緒從四歲進宮，自己費心撫養成人，卻不聽話，搞戊戌變法。慈禧很傷心，想廢掉他。在光緒皇帝即位時，兩宮太后曾有一個說法，等將來光緒帝載湉有了兒子，再過繼給同治帝載淳為嗣。但光緒無子，同治統緒由誰來繼承？廢帝後，光緒又怎麼處置？慈禧反覆思考這兩個難題。《崇陵傳信錄》記

載：光緒二十五年（1899）十一月二十八日，上完早朝之後，慈禧單獨召見榮祿。慈禧與榮祿有一段對話：

> 榮祿問：傳聞將有廢立事，信乎？
>
> 慈禧答：無有也。事故可行乎？
>
> 榮祿答：太后行之，誰敢謀其不可者！顧上（光緒）罪不明，外國公使將起而干涉，此不可不慎也。
>
> 慈禧問：事且露，奈何？
>
> 榮祿答：無妨也，上（光緒）春秋已盛，無皇子，不如擇近宗近支建為大阿哥為上嗣，兼祧穆宗，育之宮中，徐纂大統，則此舉為有名矣！
>
> 慈禧曰：汝言是也。

慈禧與榮祿議立大阿哥，作為同治和光緒帝的繼承人，逐步取代光緒皇帝。

由誰來做大阿哥呢？慈禧最初選中了載漪之子溥儁，為什麼？

第一，從溥儁的父系來說，溥儁是愛新覺羅的血統。

溥儁的曾祖父為嘉慶帝。嘉慶帝第三子惇親王綿愷沒有兒子，以道光（旻寧）第五子奕誴過繼給綿愷為後。奕誴是溥儁的祖父。奕誴第二子載漪是溥儁的父親。載漪又過繼給嘉慶帝第四子瑞親王綿忻之子瑞郡王奕誌（原名奕約）為後，襲貝勒。後載漪晉封為端郡王（應作瑞郡王，因述旨疏誤，錯瑞為端，遂因之）。

第二，從溥儁的母系來說，溥儁有葉赫那拉氏的血統。

《清史稿·綿忻傳》記載：「載漪福晉，承恩公桂祥女，太后侄也。」就是說，溥儁是慈禧太后娘家侄女的兒子。但近年有學者考證，《清史稿·綿忻傳》的上述記載有誤，溥儁的母親並非慈禧的侄女。這個問題有待

進一步考證。

十五歲的溥儁處在愛新覺羅氏與葉赫那拉氏兩支血緣的交叉點上，因此被慈禧選作大阿哥。

光緒二十四年（1898）戊戌政變後，光緒皇帝被囚，慈禧太后訓政。二十五年十一月二十八日，慈禧同榮祿作了上述對話後，十二月二十四日，傳懿旨，詔溥儁入繼穆宗同治為嗣，號「大阿哥」。隨後大阿哥在弘德殿讀書，師傅為同治帝的岳父、承恩公、尚書崇綺和大學士徐桐。二十六年（1900）正月

端郡王載漪

初一日，溥儁恭代皇上到大高殿、奉先殿行禮。

廢儲

慈禧預定庚子年即光緒二十六年舉行光緒禪位典禮，改年號為「保慶」。但京師內外，議論紛紛。大學士榮祿與慶親王奕劻以各國公使有異議，各種勢力也反對，建議停止此事。不久，義和團事起，載漪篤信義和團，認為義和團是「義民」，不是「亂民」。五月，載漪任總理各國事務大臣。日本使館書記杉山彬、德國駐華公使克林德被殺，義和團圍攻東交民巷使館。七月，八國聯軍進逼京師，慈禧太后同光緒等一行西逃，載漪、溥儁父子隨駕從行。慈禧逃到大同，命載漪為軍機大臣。十二月，以載漪為這次事變的禍首，奪爵位，戍新疆。二十七年，慈禧等回鑾。途中，以載漪縱容義和團，獲罪祖宗，其子溥儁不宜做「皇儲」，宣佈廢除「大阿哥」名號。溥儁歸宗，仍為載漪兒子。另以醇親王奕譞第六子載洵

為奕誌後。後來溥儁生活落魄，死得很慘。

這齣「大阿哥」的鬧劇剛收場，溥儀繼位的正劇又開場。

再立

《清德宗實錄》記載：光緒皇帝臨終前一天，慈禧懿旨由溥儀繼承皇位。慈禧皇太后又懿旨：「醇親王載灃，授為攝政王。」醇親王載灃之子溥儀入承皇位，承繼同治皇帝為嗣，兼承光緒皇帝為嗣。後一天，慈禧皇太后葉赫那拉氏崩於西苑儀鑾殿。

慈禧為什麼選擇溥儀繼承皇位？這要從溥儀的家世說起。

第一，溥儀的祖父奕譞的嫡福晉葉赫那拉氏，為慈禧皇太后胞妹。

在溥儀的曾祖父道光皇帝的兒子中，對後代影響最大的有三個人：第四子奕詝（咸豐皇帝），第六子奕訢，第七子奕譞（光緒父親、溥儀祖父、

大阿哥溥儁

咸豐同父異母弟）。溥儀的祖父奕譞有四位福晉，共生七個兒子。那拉氏，為慈禧皇太后胞妹，生下四子：第二子載湉（光緒帝），其餘三子早殤。第一側福晉顏扎氏，去世早，無子。第二側福晉劉佳氏，生有三子：第五子載灃、第六子載洵、第七子載濤。第三側福晉李佳氏，無子。簡單地說，奕譞嫡福晉葉赫那拉氏雖生育四個兒子，實際上只有一個存活，就是光緒皇帝。第一、第三側福晉沒有兒子。第二側福晉劉佳氏雖生育三個兒子，但過繼出去兩個，家中只剩下第五

子，就是溥儀的父親載灃。就是說，奕譞七個兒子中，早殤三位，繼承皇位一位（光緒帝），過繼出去二位，只留下一位，就是溥儀的父親載灃。

第二，溥儀的母親是慈禧的養女。

奕譞過世時，載灃八歲，因醇親王「世襲罔替」而承襲為醇親王。載灃承襲醇親王後，十八歲開始在朝廷上效力，後任閱兵大臣。慈禧懿旨將心腹權臣榮祿之女，又是慈禧認作養女的蘇完瓜爾佳氏，指配給載灃為嫡福晉。在這裏，簡單介紹一下溥儀的外祖父榮祿。

榮祿，蘇完瓜爾佳氏，滿洲正白旗人，是清開國五大臣之一費英東的後裔。榮祿曾因貪污罪，險些被肅順處斬。後花銀子買了個直隸候補道。同治初，榮祿為慈禧的親信，任總管內務府大臣。同治帝死，光緒即位。慈禧遇到難題：將來新皇帝的兒子與新皇帝、與同治帝的關係怎樣處置？對此，榮祿建言：等嗣皇帝（光緒）有子，承繼同治為嗣，兼承光緒之祧。這為慈禧提供了解決上述關係的方案，很討慈禧喜歡。光緒元年（1875），榮祿兼步軍統領，後擢工部尚書。二十年（1894），任步軍統領。疏薦袁世凱練新軍。任兵部尚書、協辦大學士。二十四年，兼直隸總督、軍機大臣。在戊戌政變中，袁世凱出賣機密、通過榮祿奏報慈禧太后。當時任步軍統領的榮祿，奉懿旨捉拿康有為與梁啟超，斬譚嗣同等六君子。慈禧西逃回鑾後，加太子太保，轉文華殿大學士，即首席大學士。榮祿身兼將相，權傾朝

溥儀的祖父奕譞

溥儀的生父載灃（右一）、生母瓜爾佳氏（左一）與祖母劉佳氏（右二）

野。《清史稿·榮祿傳》記載：「榮祿久直內廷，得太后信仗。眷顧之隆，一時無比。事無巨細，常待一言決焉。」榮祿之女，常入宮中，受到慈禧喜愛，認作養女，慈禧將她指配給載灃。時載灃的生母劉佳氏已為他定親，奏告慈禧太后。慈禧堅持給載灃指婚，劉佳氏只有取消原來的婚約。

載灃有兩位福晉，共有四子。嫡福晉姓蘇完瓜爾佳氏，名幼蘭，大學士、軍機大臣榮祿之女、慈禧太后之養女，光緒二十八年（1902）與載灃完婚，生有兩子——長子溥儀，次子溥傑（光緒三十三年即1907年生）。側福晉鄧佳氏，民國二年（1913）完婚，生有二子：三子溥俁，早殤；四子溥任，後改名金友之，民國七年（1918）生。

從上可以看出：慈禧親手指定的三位皇位繼承人——光緒帝載湉是親胞妹的兒子，大阿哥溥儁是親姪女的兒子，宣統帝溥儀是養女的兒子。這表明慈禧在愛新覺羅宗室中，挑選的是同葉赫那拉氏有關係之人，一代大清興亡，繫於懿親宮闈！

雖然兩代醇親王家出了兩個皇帝，但兩代醇親王還是謹謹慎慎，乾乾

翼翼。溥傑先生在《回憶醇親王府的生活》中寫道：「在慈禧和光緒的多年反目當中，在兩派你死我活常年明爭暗鬥的既複雜又尖銳的政局中，一方面能和慈禧方面的榮祿等人詩酒往還，終於成為親戚關係；一方面也和光緒方面的翁同龢等人以文會友地保持着相當的關係。這是我的祖父所以能夠一生榮顯未遭蹉跌的主要原因。」醇親王載灃繼承乃父奕譞的家風，小心謹慎，明哲保身。他的廳堂掛着楹聯：「有書真富

監國攝政王載灃

貴，無事小神仙。」表明自己超然政治，讀書為樂，只求平安無事。這既有真情的流露，也為做樣子給別人看。他還在團扇上寫着：

> 蝸牛角上爭何事，石火光中寄此身。
> 隨富隨貧且隨喜，不開口笑是癡人。

借布袋和尚的偈，表示自己與世無爭，超然物外。但這對溥儀似乎沒有多少影響。

登極─退位─復辟

溥儀短暫的皇帝生涯，經歷了「登極─退位─復辟」的曲折複雜過程。這是清朝十二帝中獨一無二的。

登極

慈禧皇太后於十月二十日懿旨由溥儀繼承皇位。醇親王載灃領受要溥

儀入宮的懿旨後，當日傍晚，同軍機大臣、內監們回府，將溥儀從醇親王府北府（今宋慶齡故居）迎入宮中。溥儀在《我的前半生》中回憶當時的情形：

> 光緒三十四年（1908）舊曆十月二十日的傍晚，醇王府裏發生了一場大混亂。這邊老福晉不等聽完新就位的攝政王帶回來的懿旨，先昏過去了，王府太監和婦差丫頭們灌薑汁的灌薑汁，傳大夫的傳大夫，忙成一團；那邊又傳過來孩子的哭叫和大人們哄勸聲。攝政王手忙腳亂地跑出跑進，一會兒招呼着隨他一起來的軍機大臣和內監，叫人給孩子穿衣服，這時他忘掉了老福晉正昏迷不醒；一會被叫進去看老福晉，又忘掉了軍機大臣還等着送未來的皇帝進宮。這樣鬧騰好大一陣，老福晉甦醒過來，被扶送到裏面去歇了。這裏未來的皇帝還在「抗旨」，連哭帶打地不讓內監過來抱他。內監苦笑着看軍機大臣怎麼吩咐，軍機大臣則束手無策地等攝政王商量辦法，可是攝政王只會點頭，什麼辦法也沒有。——那一場混亂後來還虧着乳母給結束的。乳母看我哭得可憐，拿出奶來喂我，這才止住了我的哭叫。這個卓越的舉動啟發了束手無策的老爺們。軍機大臣和我父親商量了一下，決定由乳母抱我一起去，到了中南海，再交內監抱我見慈禧皇太后。

溥儀從出生到三歲離開王府前，一直在祖母劉佳氏的撫育下。醇王府的府例，頭生孩子過滿月後離開生母歸祖母撫育，第二個孩子由母親撫育。所以，溥儀降生滿月之後，就在祖母劉佳氏膝下撫育。溥儀回憶錄寫道：「祖母非常疼愛我的。聽乳母說過，祖母每夜都要起來一兩次，過來看我。她來的時候連鞋都不穿，怕木底鞋的響聲驚動了我，這樣看我長到三歲。」慈禧太后讓溥儀進宮的懿旨，改變了溥儀一生的命運。

紫禁城西六宮

　　溥儀離府進宮，第二天光緒皇帝死。溥儀是三歲的孩童，一會兒到光緒靈前磕頭哭祭，一會兒到慈禧病榻前叩頭祈福。面對光緒的遺體，也面對慈禧行將入木的軀體，溥儀在驚恐、陌生、寒冷與悲哀的氣氛中受着折磨。第三天慈禧太后死。光緒靈柩停在乾清宮，慈禧靈柩停在皇極殿。兩喪並祭，一片悲戚。

　　十一月初九日，溥儀登極大典在太和殿舉行。溥儀在《我的前半生》中回憶道：

　　　　我被他們折騰了半天，加上那天天氣奇冷，因此當他們把我抬到太和殿，放到又高又大的寶座上的時候，早超過了我的耐性限度。我父親單膝側身跪在寶座下面，雙手扶我，不叫我亂動，我卻掙扎着哭喊：「我不挨這兒，我要回家！我不挨這兒，我要回家！」父親急得滿頭是汗。文武百官的三跪九叩沒完沒了，我的哭叫也越來越響。我父親只好哄我說：「別哭，別哭，快完了，快完了！」

　　　　典禮結束後，文武百官竊竊私議：「怎麼可以說『快完了』

295

呢？」「說『要回家』可是什麼意思呵？」王公大臣們，議論紛紛，垂頭喪氣，認為這是大清皇朝的不祥之兆。

宣統皇帝溥儀在宮內宮外，共有「三父七母」。「三位父親」：一位是生身父親醇親王載灃，一位是同治皇帝（過繼給同治為嗣子），再一位是光緒皇帝（過繼給光緒為嗣子）。還有「七位母親」：第一位是生身母親瓜爾佳氏，第二位是庶母鄧佳氏，第三位是同治帝瑜妃赫舍里氏，第四位是同治帝珣妃阿魯特氏，第五位是同治帝瑨妃西林覺羅氏，第六位是光緒皇后葉赫那拉氏（隆裕太后），第七位是光緒瑾妃他他拉氏。溥儀進宮後，離開生母，便被隆裕皇太后撫養，實際上是乳母王焦氏照料。宣統在母親眾多卻沒有母愛的環境中長大。

宣統從繼位到退位，只有三年。他的年齡，從三歲長到六歲，還是個幼兒。朝廷政務，由攝政王載灃和隆裕太后執掌。這三年時間，朝廷上下，宮廷內外，大事要事，多不勝舉。其中影響宣統一生最重大的事情，就是辛亥革命。

監國攝政王寶

清朝飽受鴉片戰爭、第二次鴉片戰爭、中日甲午戰爭、日俄戰爭、英法聯軍侵入北京、八國聯軍再侵入北京，一次接一次的失敗；《南京條約》、《天津條約》、《北京條約》、《璦琿條約》、《馬關條約》、《辛丑合約》，一次接一次的屈辱──「人心所向，天命可知」。人們厭惡帝制、希望共和，厭惡君主、渴望民主。孫中山發動的辛亥革命，順應了歷史的潮流，適應了人們的要求，「近慰海內厭亂望治之心，遠協古聖天

下為公之義」。

光緒三十一年（1905），中國同盟會在日本東京成立，推舉孫中山先生任總理，以「驅除韃虜，恢復中華，建立民國，平均地權」為綱領。

光緒三十二年七月，清廷頒詔宣佈「仿行憲政」。先是，諸大臣面奏請行憲政，但清廷諭旨：「大權統於朝廷」，「民智未開」，數年之後，再定期限。

光緒三十三年四月，同盟會組織民眾在廣東黃岡（今饒平）、安徽安慶、浙江紹興等地起義，均告失敗。

宣統二年（1910）正月，同盟會發動廣東新軍起義，失敗。

宣統三年八月十九日，同盟會組織武昌新軍起義，起義軍成立湖北軍政府，黎元洪為都督，廢除宣統年號。隨之，湖南等十三省紛紛回應，宣佈獨立，清政府迅速解體。不久，各省代表到南京召開會議，推選孫中山為臨時大總統，決議改用西曆紀元。本年為辛亥年，史稱這年的鼎革之變為辛亥革命。辛亥革命結束了二百六十八年的清朝統治，也結束了中國兩千多年的帝制。

宣統三年十一月十三日，孫中山在南京就任中華民國臨時大總統，宣告中華民國成立。此間，袁世凱與孫中山秘密協商，孫中山以袁世凱支持共和、推翻清帝為條件許袁世凱繼任大總統。

退位

1912年2月12日（宣統三年十二月二十五日），以隆裕太后的名義，頒佈了宣統皇帝退位詔書。其文曰：

> 前因民軍起事，各省回應，九夏沸騰，生靈塗炭。特命袁世凱遣員，與民軍代表，討論大局。議開國會，公決政體。兩月以來，尚無確當辦法。南北暌隔，彼此相持。商輟於途，士露於

野。徒以國體一日不決,故民生一日不安。今全國人民心理,多傾向共和。南中各省,既倡議於前;北方諸將,亦主張於後。人心所向,天命可知。予亦何忍因一姓之尊榮,拂兆民之好惡。是用外觀大勢,內審輿情,特率皇帝將統治權公諸全國,定為立憲共和國體。近慰海內厭亂望治之心,遠協古聖天下為公之義。袁世凱前經資政院選為總理大臣,當茲新舊代謝之際,宜有南北統一之方,即由袁世凱以全權組織臨時共和政府,與民軍協商統一辦法。總期人民安堵,海宇乂安。仍合滿、蒙、漢、回、藏五族完全領土為一大中華民國。予與皇帝得以退處寬閒,優遊歲月,長受國民之優禮,親見郅治之告成,豈不懿歟!

上述詔文,由張謇幕僚楊廷棟捉刀。廷棟,清末舉人,留學日本。歸國後,以其知識淵博,思維敏捷,文筆流暢,而為張謇器重。廷棟受命起草詔文後,經張謇潤色,袁世凱審閱,隆裕太后發佈。《退位詔書》最後說:「予與皇帝得以退處寬閒,優遊歲月,長受國民之優禮,親見郅治之告成,豈不懿歟!」一代皇朝之終結,中華兩千年帝制之終結,說得如此之輕鬆,如此之清雅,極致文思,頗為得體,可謂大格局,亦為大手筆!

同日,頒佈《關於大清皇帝辭位之後優待條件》、《優待

隆裕太后與溥儀像

清帝退位詔書

皇室條件》。《清宣統政紀》記載其主要內容是：

> 甲、關於大清皇帝宣佈贊成共和國體，中華民國於大清皇帝辭位之後，優待條件如左：

> 一、大清皇帝辭位之後，尊號仍存不廢，中華民國以待各外國君主之禮相待。

> 二、大清皇帝辭位之後，歲用四百萬兩，俟改鑄新幣後，改為四百萬元。此款由中華民國撥用。

> 三、大清皇帝辭位之後，暫居宮禁，日後移居頤和園。侍衛人等，照常留用。

> 四、大清皇帝辭位之後，其宗廟、陵寢，永遠奉祀，由中華民國酌設衛兵，妥慎保護。

> 五、德宗崇陵未完工程，如制妥修，其奉安典禮，仍如舊制，所有實用經費，均由中華民國支出。

> 六、以前宮內所用各項執事人員，可照常留用，惟以後不得

再招閹人。

七、大清皇帝辭位之後，其原有之私產，由中華民國特別保護。

八、原有之禁衛軍，歸中華民國陸軍部編制，額數俸餉，仍如其舊。

乙、關於清族待遇之條件：

一、清王公世爵，概仍其舊。

二、清皇族對於中華民國國家之公權及私權，與國民同等。

三、清皇族私產，一體保護。

四、清皇族免當兵之義務。

丙、關於滿、蒙、回、藏各族待遇之條件：

今因滿、蒙、回、藏各民族贊同共和，中華民國所以待遇者如左：

一、與漢人平等。

二、保護其原有之私產。

三、王公世爵，概仍其舊。

四、王公中有生計過艱者，設法代籌生計。

五、先籌八旗生計，於未籌定之前，八旗兵弁俸餉，仍舊支放。

六、從前營業、居住等限制，一律蠲除，各州縣聽其自由入籍。

七、滿、蒙、回、藏原有之宗教，聽其自由信仰。

以上條件，列為公文，由兩方代表照會各國駐北京公使，轉達各國政

府。不過，宣統皇帝退位以後，還在尋找機會，進行復辟。

復辟

溥儀退出皇位後，上演了一齣張勳兵變、宣統復辟的鬧劇。

袁世凱死後，黎元洪為大總統，段祺瑞為內閣總理。黎、段意見不合，時有衝突，稱「府院之爭」。黎元洪召張勳率軍入京相助。張勳，少孤貧，後投軍。曾參加中法之戰，升至參將。光緒二十一年（1895），隨袁世凱於天津小站練兵，後升副將。三十四年（1908），升雲南提督。宣統三年（1911），任江南提督。武昌起義時，張勳鎮守南京，與起義新軍激戰於雨花台，戰敗後退守徐州。清廷任張勳為江蘇巡撫兼署兩江總督。袁世凱當大總統後，張勳任長江巡閱使、安徽督軍。宣統退位，張勳禁止部下剪辮，以示忠於清室，被稱為「辮帥」，其兵被稱為「辮子軍」。張勳以調解「府院之爭」為名，於民國六年（1917）五月，帶三千辮子兵入京。五月十二日（6月30日）夜，張勳等潛入故宮，與陳寶琛等會議，將復辟事告知前清宗室。五月十三日（7月1日）凌晨，張勳穿紗袍馬褂，

設在太和殿的
隆裕太后靈堂

溥儀復辟的
乾清宮

戴紅頂花翎，率康有為、北京政府參謀總長兼陸軍總長王士珍等五十餘人
進入宮中。溥儀在《我的前半生》中回憶道：到養心殿，召見張勳。張勳
說：「共和不合咱的國情，只有皇上復位，萬民才能得救。」溥儀說：
「我年齡小，當不了如此大任。」張勳給溥儀講了康熙八歲做皇帝的故
事。溥儀說：「既然如此，我就勉為其難吧！」溥儀將當天改為宣統九年
五月十三日（7月1日）。溥儀連發九道上諭封官授爵：封黎元洪為一等
公；授七位內閣議政大臣，他們是張勳、王士珍、陳寶琛、梁敦彥、劉廷
琛、袁大化、張鎮芳；授各部尚書：梁敦彥為外務部尚書、張鎮芳為度支
部尚書、王士珍為參謀部大臣、雷震春為陸軍部尚書、朱家寶為民政部尚
書；授徐世昌、康有為為弼德院正副院長；授趙爾巽等為顧問大臣；授原
各省督軍為總督、巡撫；授張勳兼直隸總督、北洋大臣，仍留北京；馮國
璋為兩江總督、南洋大臣等。十四日（7月2日），授瞿鴻等為大學士，
補授沈曾植為學部尚書、薩鎮冰為海軍部尚書、勞乃宣為法部尚書、李盛

鐸為農工商部尚書、詹天佑為郵傳部尚書、貢桑諾爾布為理藩部尚書。要求全國「遵用正朔，懸掛龍旗」。當天，北京街上出現大門掛龍旗的現象。

張勳率兵入京，溥儀第二次登極當皇帝，是為溥儀復辟或宣統復辟。又因這年為丁巳年，史稱「丁巳復辟」。但是，一些歷史教科書及論著文章稱此事件為「張勳復辟」，這很值得商榷。「復辟」二字：「復」，《史記·平原君列傳》：「三去相，三復位。」其意思是恢復；「辟」，《爾雅·釋詁》：「辟，君也。」其意思是君位。「復」與「辟」兩個字合起來的意思，就是恢復君位或恢復帝位。這次宣統復辟，是由張勳統兵進京，扶持溥儀重新恢復皇位。張勳何許人也？張勳僅是一個長江巡閱使、安徽督軍，相當於省軍區司令。許多書文稱「張勳復辟」，其有何「辟」之可「復」？實際上是張勳兵變，溥儀復辟或宣統復辟，而不是張勳復辟。

然而，黎元洪拒不受命，避居日本公使館，電令各省出師討伐；電請馮國璋代行大總統，重新任命段祺瑞為國務總理。湖南等省督軍通電反對復辟。十五日（7月3日），段祺瑞組織討逆軍，自任總司令，討伐張勳。十八日（7月6日），馮國璋在南京就任代理大總統，任命段祺瑞為國務總理。十九日（7月7日），南苑航空學校派飛機向宮中投下三枚炸彈。太妃們有的鑽到桌子底下，有的嚇得驚叫，太監們更為驚慌，宮裏亂成一團。同日，討逆軍敗張勳軍於廊坊。二十一日（7月9日），北京公使團照會清室，勸告其解除張勳武裝。二十四日（7月12日），討逆軍進入北京，張勳兵與戰，兵寡失敗。張勳逃到東交民巷荷蘭公使館內。溥儀的師傅和父親替他擬好批准張勳辭職的諭旨和退位詔書。這是溥儀的第二個退位詔書，溥儀看了放聲大哭。這年溥儀十四歲。歷時十二天的張勳兵變、溥儀復辟的鬧劇結束。

溥儀復辟的鬧劇剛閉幕，溥儀出宮的悲劇又開場。

國民—戰犯—公民

溥儀復辟的一個後果是：許多人覺得「宣統太不安分了」！留溥儀在宮中，就等於給中華民國還留着一條辮子。舊皇宮成為復辟勢力的大本營。於是，引出北京政變。

國民

民國十三年（1924）10月23日，馮玉祥發動北京政變，改所部為國民軍，任總司令兼第一軍軍長。11月4日，民國政府國務會議討論並通過馮玉祥關於驅逐溥儀出宮的議案。5日，正式下令將溥儀等驅逐出宮，廢除帝號。溥儀等成為國民。

溥儀被逼出宮，事情來得突然。北京警備總司令鹿鍾麟，限溥儀等在

驅逐溥儀出宮的鹿鍾麟

2小時內全部搬離紫禁城。溥儀覺得太匆忙，來不及準備。他想找莊士敦、找醇親王商量，但電話已被切斷。這時隆裕太后已死，敬懿（同治妃）、榮惠（同治妃）兩位太妃死活不肯走。載灃進宮，也沒有主意。鹿鍾麟極力催促，聲言如果逾時不搬，外面就要開炮。王公大臣要求寬限時間，以便入告，盡快決定。鹿鍾麟對軍警說：「趕快去！告訴外邊部隊，暫勿開炮，再限20分鐘！」內務府大臣紹英入告溥儀，限20分鐘，否則要開炮。溥儀在修正優待條件上簽了

字，決定出宮，去醇親王府北府。溥儀交出「皇帝之寶」和「宣統之寶」兩顆寶璽。當日下午4時10分，從故宮開出五輛汽車——北京警備總司令鹿鍾麟乘第一輛，溥儀乘第二輛，婉容、文繡及其他親屬、隨侍人員乘第三、第四輛，警察總監張璧乘第五輛，首尾相連地直奔溥儀的出生地——醇親王府北府。這真是應了在宣統登極時說的那句話：「我不挨這兒，我要回家！」現在溥儀回家了！

戰犯

1925年溥儀移居天津，先後住在張園、靜園。1931年到東北，1932年任偽滿洲國「執政」，1934年3月改稱「滿洲帝國皇帝」。1945年日本投降後被蘇軍俘虜，在伯力（今俄羅斯哈巴羅夫斯克）收容所。1950年8月被移交中國政府，後在撫順戰犯管理所。溥儀前後共度過十五年的監獄生活。

公民

1959年溥儀得到特赦。1964年任全國政協委員。1967年10月17日，因患腎癌病故，終年六十一歲。溥儀死後，愛新覺羅家族商量，決定將溥儀的骨灰安放在北京八寶山公墓骨灰堂。爾後，將溥儀骨灰重新安放在八寶山革命公墓。在這裏補充一下。溥儀三歲登極後，清室曾考慮為其選擇「萬年吉地」。此事有兩說：一說溥儀登極後選「吉壤」在清西陵崇陵旁旺隆村，並於宣統二年（1910）破土動工；另一說1915年溥儀十歲時選定「吉壤」，也在旺隆村。溥儀生前是否建陵，毓嶦（溥儀之侄）先生與筆者函中說：「梁鼎芬為（崇）陵工大臣，豈能同時為溥儀建陵？」所以，溥儀在位時，並沒有建陵。1994年，香港人張世義出資，在清西陵崇陵（光緒陵）西北闢建「華龍陵園」。張世義同溥儀遺孀李淑賢商量後，李淑賢於1995年1月26日，將溥儀骨灰遷葬於華龍陵園內。李淑賢生前遺囑，

溥儀出宮時的養心殿寢宮原狀

據毓君固《末代皇帝的二十年——愛新覺羅・毓嶦回憶錄》記載：「我的骨灰堅決不要和溥儀葬在一起，我要去八寶山人民公墓。」所以，李淑賢的骨灰沒有在華龍陵園內同溥儀的骨灰合葬。

溥儀的家庭，他的父母、兄弟，前面已經敘述。溥儀先後共有五位妻子：

（1）「皇后」郭博勒氏（又作郭布羅氏），名婉容，達斡爾族。民國十一年（1922），溥儀十八歲時同婉容結婚。婉容結婚前住在北京東城鼓樓南帽兒胡同今35、37號院。溥儀在退位後結婚，但根據《優待條件》，其尊號仍不廢。故其結婚仍稱「大婚」，婉容仍稱「皇后」。而實際上此時溥儀已經不是皇帝，郭布羅・婉容也就不成其為皇后。

（2）「淑妃」額爾德特・文繡，與婉容同日和溥儀結婚。後來文繡在天津與溥儀離婚。

（3）「祥貴人」他他拉氏，後改姓譚，名玉齡，與溥儀在長春結婚。譚於1942年死。

（4）「福貴人」李玉琴，1943年與溥儀在長春結婚，1957年離異。李於2001年病逝。

（5）夫人李淑賢，1924年生，於1962年5月1日同溥儀結婚，屬於平民婚姻。李於1997年病死。

宣統皇帝溥儀對清朝歷史，因為年幼而沒有獨立政治責任，其是非功過，用不着加以評論。溥儀只是作為一個清朝末帝的歷史符號，而存在於歷史典冊。至於溥儀出宮以後的歷史，不屬於「清十二帝」的敍述範圍，這裏不必贅言。

清朝皇帝有兩個巧合的歷史現象：

第一，清朝太祖高皇帝興起於今撫順市所屬新賓赫圖阿拉，清朝末代皇帝溥儀則曾監押在撫順戰犯管理所。

溥儀妻婉容（右）、姜文繡

撫順——既是清朝首位皇帝興起的地方，又是清朝末位皇帝被囚禁的地方。這是歷史的巧合。

第二，清朝興起時的皇后是葉赫那拉氏，清朝覆亡時的太后也是葉赫那拉氏。

蔡東藩《清史演義》第二回有一段話說：努爾哈赤建祭天之所堂子時，掘出一塊石碑，上書六個大字「滅建州者葉赫」！後果然葉赫那拉氏慈禧太后、葉赫那拉氏隆裕太后時清亡。這是小說家言，屬附會之詞。可

以肯定地説：所有滿文、漢文、朝文史料，沒有關於這塊石碑的記載。

宣統沖齡登極，成為大清末帝。中國自公元前221年秦始皇稱皇帝以降，到1912年宣統皇帝退位，歷經2132年，有492位皇帝。溥儀不僅是清朝最後一位皇帝，也是中國歷史上最後一位皇帝。溥儀退位，既是大清皇朝的終結，又是中華帝制的終結。辛亥革命與宣統退位是中華歷史上劃時代的大事件！從此，共和代替帝制，民主代替君主。

溥儀個人小檔案

姓名：愛新覺羅・溥儀		**出生**：光緒三十二年（1906）正月十四日	
屬相：馬		**卒年**：1967 年	
享年：六十二歲		**謚號**：無	
廟號：無		**陵寢**：先葬八寶山公墓，後移葬清西陵華龍陵園	
父親：載灃（醇親王）		**母親**：蘇完瓜爾佳氏	
初婚：十八歲，配偶郭布羅・婉容		**配偶**：五人	
子女：無		**最得意**：在紫禁城騎自行車	
最失意：倉促離開紫禁城		**最不幸**：坐監獄十五年	
最痛心：無子女		**最擅長**：照相	

相關閱讀書目推薦

（1）閻崇年：《清朝皇帝列傳・宣統皇帝》，紫禁城出版社，2002 年

（2）溥儀：《我的前半生》，羣眾出版社，1964 年

（3）溥儀：《愛新覺羅・溥儀日記》，天津人民出版社，1996 年

（4）王慶祥：《溥儀的後半生》，東方出版社，1999 年

（5）孫喆蚌：《愛新覺羅・溥儀傳》，華文出版社，1990 年

（6）毓嶦：《末代皇帝的二十年》，中國社會科學出版社，2000 年

正說清朝十二帝

2005年5月初版　　　　　　　　　　　　　　　定價：新臺幣350元
2013年5月初版第十三刷
有著作權・翻印必究
Printed in Taiwan.

<table>
<tr><td>著　　　者</td><td>閻　崇　年</td></tr>
<tr><td>發　行　人</td><td>林　載　爵</td></tr>
</table>

出　版　者　聯經出版事業股份有限公司
地　　　址　台北市基隆路一段180號4樓
台北聯經書房　台北市新生南路三段94號
　　電　話　（ 0 2 ） 2 3 6 2 0 3 0 8
台中分公司　台中市北區健行路321號1樓
暨門市電話　(0 4) 2 2 3 7 1 2 3 4 ext.5
郵政劃撥帳戶第0100559-3號
郵　撥　電　話　(0 2) 2 3 6 2 0 3 0 8
印　刷　者　文聯彩色製版印刷有限公司
總　經　銷　聯合發行股份有限公司
發　行　所　新北市新店區寶橋路235巷6弄6號2F
　　電　話　(0 2) 2 9 1 7 8 0 2 2

行政院新聞局出版事業登記證局版臺業字第0130號

聯經網址 http://www.linkingbooks.com.tw
電子信箱 e-mail:linking@udngroup.com

本書中文繁體字版由北京中華書局授權出版

國家圖書館出版品預行編目資料

正說清朝十二帝／閻崇年著．
初版．臺北市：聯經，2005 年（民 94）
308 面；15.3×21 公分．
ISBN　978-957-08-2852-8(平裝)
[2013年5月初版第十三刷]

1.皇帝-中國-清（1644-1912）
2.中國-歷史-明（1644-1912）

627　　　　　　　　　　　94005643